88のキーワードから広がる

芋づる式
フランス語
単語・表現集

久松健一　Michel Gonçalves　著

ナツメ社

はじめに

新発想で全方向に広がる本物の単語力・表現力アップを目指す！

言ってみれば、いにしえの単語帳の多くは"１＋１＝２"になるはずが、覚えた単語を展開させることができないので"１＋１→１"という計算になってしまう。

たとえば〈 père（男）＋父親 〉、〈 cravate（女）＋ネクタイ 〉という形だ。しかし、仏語と日本語を単純につなぐ覚え方は、基本が欠けている人には使えない。冠詞や所有形容詞、指示形容詞など名詞標識語をプラスして、せめても〈 le père 〉〈 mon père 〉〈 une cravate 〉〈 cette cravate 〉のように展開ができないと、フランス語としての体を成さない。それに、単語を記憶していても例文が浮かばないと実際には使えない。そのために、"１＋１→０"というむなしい結果となりかねない。

本書が目指したのは、１章では 1（見出語）×４（４品詞）をベースに"平均10語×88"、２章では88語をベースにした派生語の展開。とりわけ〈 ４品詞 〉にはこだわり、「文中ではできるだけ同語の反復を避けよ！」というフランス語のタブーを破って、あえて４品詞で展開する応用例文（エッセイ）を載せた。もちろん不自然にならないよう心がけ、読者が飽きないようにテーマもひとつひとつ変えながら書き進めた。版元には無理を言って、幾度も試行錯誤を繰り返した。

２章の３パターン展開に至る道も平坦ではなかった。しかし、形容矛盾だが、それは楽しい苦しみ。フランス語学習者に「新しい効率的な単語学習法を伝えたい」との思いで、数か月、机に向かい続けた。

結果、例文を豊富に載せ、単語の実用頻度順に目を配り、語源に触れ、練習問題を盛るという、１冊でおおむね３～４冊分の情報を載せる本書ができあがった。QR コードの付いている応用例文は、ナチュラルスピードとゆっくりスピードの２つのバージョンが録音されている。発音の確認としてはもちろん、練習問題の解答用に、あるいはディクテーションに、時に聞き流しとして、あれこれと活用してほしい。

この１冊から、フランス語のさらなる高みへと向かう方が増えたとしたら、それは著者として望外の喜びである。

＊スタート段階からナツメ出版企画の柳沢裕子様にはお世話になった。面倒な組版は、オフィスミィの森貴美様のお手をわずらわせた。Richard-木口 Julien さんには実に丁寧な校正をしていただいた。ここに心からの感謝の意を表します。

久松健一

目次

1章 頻出度別 88語を徹底活用する記憶術

頻出度 A

- 01 actif ·········· 9
- 02 bas ·········· 11
- 03 complet ·········· 13
- 04 considérer ·········· 15
- 05 courir ·········· 17
- 06 définir ·········· 19
- 07 direct ·········· 21
- 08 effectuer ·········· 23
- 09 exclure ·········· 25
- 10 facile ·········· 27
- 11 faveur ·········· 29
- 12 fin ·········· 31
- 13 fort ·········· 33
- 14 franc ·········· 35
- 15 habitude ·········· 37
- 16 juste ·········· 39
- 17 liberté ·········· 41
- 18 nécessaire ·········· 43
- 19 note ·········· 45
- 20 ouvrir ·········· 47
- 21 passer ·········· 49
- 22 possible ·········· 51
- 23 pratique ·········· 53
- 24 préciser ·········· 55
- 25 progressif ·········· 57
- 26 public ·········· 59
- 27 réel ·········· 61
- 28 simple ·········· 63
- 29 tard ·········· 65
- 30 vérité ·········· 67
- 31 vie ·········· 69
- 32 vouloir ·········· 71

頻出度 B

- 33 actuel ·········· 73
- 34 aimer ·········· 75
- 35 apparence ·········· 77
- 36 calme ·········· 79
- 37 certain ·········· 81
- 38 clair ·········· 83
- 39 comparer ·········· 85
- 40 contraire ·········· 87
- 41 correct ·········· 89
- 42 courage ·········· 91
- 43 décider ·········· 93
- 44 différent ·········· 95
- 45 durable ·········· 97
- 46 économie ·········· 99
- 47 égal ·········· 101
- 48 explicite ·········· 103
- 49 fermer ·········· 105
- 50 finance ·········· 107
- 51 forme ·········· 109
- 52 fréquent ·········· 111
- 53 général ·········· 113
- 54 grand ·········· 115
- 55 haut ·········· 117
- 56 honneur ·········· 119
- 57 industrie ·········· 121
- 58 large ·········· 123
- 59 long ·········· 125

- 60 manifeste ·········· 127
- 61 mort ·········· 129
- 62 naturel ·········· 131
- 63 nouveau ·········· 133
- 64 obliger ·········· 135
- 65 penser ·········· 137
- 66 personnel ·········· 139
- 67 remarquable ·········· 141
- 68 résolution ·········· 143
- 69 respect ·········· 145
- 70 signification ·········· 147
- 71 spécial ·········· 149
- 72 suffisant ·········· 151
- 73 total ·········· 153
- 74 unique ·········· 155
- 75 visuel ·········· 157

頻出度 C

- 76 brave ·········· 159
- 77 continuer ·········· 161
- 78 exception ·········· 163
- 79 expérience ·········· 165
- 80 faux ·········· 167
- 81 léger ·········· 169
- 82 lent ·········· 171
- 83 mondial ·········· 173
- 84 normal ·········· 175
- 85 passion ·········· 177
- 86 raison ·········· 179
- 87 sensible ·········· 181
- 88 terrible ·········· 183

頻出度 A

01 **actif** ·········· 187
02 **bas** ··········· 188
03 **complet** ······· 188
04 **considérer** ····· 189
05 **courir** ········· 190
06 **définir** ········ 191
07 **direct** ········· 192
08 **effectuer** ······· 193
09 **exclure** ········· 193
10 **facile** ·········· 194
11 **faveur** ·········· 194
12 **fin** ············ 195
13 **fort** ··········· 196
14 **franc** ·········· 197
15 **habitude** ······· 197
16 **juste** ·········· 198
17 **liberté** ········· 199
18 **nécessaire** ····· 200
19 **note** ··········· 200
20 **ouvrir** ········· 201
21 **passer** ········· 202
22 **possible** ······· 202
23 **pratique** ······· 203
24 **préciser** ········ 204
25 **progressif** ····· 204
26 **public** ·········· 205
27 **réel** ··········· 206
28 **simple** ·········· 206
29 **tard** ··········· 207
30 **vérité** ·········· 208
31 **vie** ············· 208
32 **vouloir** ········· 209

頻出度 B

33 **actuel** ·········· 210
34 **aimer** ·········· 211
35 **apparence** ····· 212
36 **calme** ·········· 213
37 **certain** ········· 214
38 **clair** ··········· 215
39 **comparer** ······· 216
40 **contraire** ······· 216
41 **correct** ········· 217
42 **courage** ········ 218
43 **décider** ········· 218
44 **différent** ········ 220
45 **durable** ········ 220
46 **économie** ····· 221
47 **égal** ··········· 222
48 **explicite** ········· 222
49 **fermer** ········· 223
50 **finance** ········· 224
51 **forme** ·········· 224
52 **fréquent** ········ 225
53 **général** ········· 226
54 **grand** ·········· 227
55 **haut** ··········· 228
56 **honneur** ········ 229
57 **industrie** ······· 230
58 **large** ·········· 231
59 **long** ··········· 232
60 **manifeste** ···· 233
61 **mort** ··········· 234
62 **naturel** ········· 235
63 **nouveau** ······· 236
64 **obliger** ········· 236
65 **penser** ········· 237
66 **personnel** ······ 238
67 **remarquable** ·· 238
68 **résolution** ····· 239
69 **respect** ········· 240
70 **signification** ··· 240
71 **spécial** ········· 241
72 **suffisant** ········ 242
73 **total** ··········· 242
74 **unique** ········· 243
75 **visuel** ·········· 244

頻出度 C

76 **brave** ·········· 246
77 **continuer** ······ 247
78 **exception** ······· 248
79 **expérience** ····· 249
80 **faux** ··········· 250
81 **léger** ··········· 250
82 **lent** ··········· 251
83 **mondial** ········ 252
84 **normal** ········· 252
85 **passion** ········· 253
86 **raison** ·········· 254
87 **sensible** ········· 255
88 **terrible** ········· 256

⁰⁰

brillant

イタリア語brillare「光る」から「きらきら輝く」の意味。ダイヤモンドのブリリアントカット。

briller v	brillance nf	brillant(e) adj	brillamment adv
光る、輝く、能力を発揮する	(芸術作品の) 輝き、光沢	**光る、輝く、すばらしい**	明るく、輝かしく

Phrases fréquentes よく使う言い回し

□今日は太陽が輝いている。　*The sun is shining today.*　**Le soleil brille aujourd'hui.**

> たとえば、初級レベルの方ならこんな使い方はどうでしょうか？ 文型の流れを踏まえて日本語を並べ変えながら考えてみるのです。

太陽は (主語)	輝いている (動詞)	今日 (修飾語)
Le soleil	**brille**	**aujourd'hui.**

Texte d'exemple d'application 応用例文

Pour modifier la *brillance* de vos photos, je vous conseille d'utiliser ce logiciel. Les développeurs ont *brillamment* amélioré la rapidité de traitement et vous imprimerez des images plus *brillantes* que jamais. C'est le meilleur programme si vous souhaitez *briller* auprès de vos amis photographes.

> この文をいきなり丸ごと覚えるのは実に大変ですが、【 Traduction japonaise 】和訳を使ってこんなふうに考えてみては？ マーカーなどで線を引いて、ポイントとなる箇所 (語句) だけを捉える方法です。

①写真の光沢を変えるには、②このソフトウェアを使用するようお勧めいたします。

Pour ①modifier la brillance de vos photos, je vous conseille d'②utiliser ce logiciel.

> あるいはもう少しレベルが高い方なら、この和訳をこんな風にアレンジして……

(あなたの) 写真の光沢を変えるために	**Pour modifier la brillance de vos photos**
私はあなたに勧めます	**je vous conseille**
このソフトウェアの使用を	**d'utiliser ce logiciel.**

> もちろん、使い方は自由です。どうぞ、自分なりの工夫で本書と向き合ってみてください。

1章

頻出度別 **88語を
徹底活用する
記憶術**

1章の学習法

たとえば、日本語では形容詞「良い」の名詞が「良さ」で、形容詞が「良く」であることは誰もが知っている。ところがフランス語だとこれが言えない。仏検2級レベルを超えると必要になる、「動詞から名詞」「形容詞から名詞」「副詞」といった語の置き換えは意外に難しい。母語では当たり前のことが、外国語では容易でない。そもそも、そうした発想で単語を覚えない。

1単語1和訳という覚え方は記憶力の訓練にはなるが、本物の語学力にはつながらない。

この「もどかしさ」を解消する意味で本書は4品詞※を載せている。

v＝動詞　**nm**＝名詞（男性）　**nf**＝名詞（女性）　**adj**＝形容詞　**adv**＝副詞

本来、学び方は各人の自由だが、著者としては基本的には次のようなステップを踏んで学習してほしいと思っている。

1） Phrases fréquentes よく使う言い回し、 Phrases d'exemple de base 基本例文 で4品詞に慣れる。その際に、単語や例文を一度はノート に書き出してほしい。

2） Texte d'exemple d'application 応用例文 （超ミニエッセイ）の和訳を考えてみる（必要なら偶数ページの囲み内の語彙を参考に）。

3） 偶数ページに載っている Texte d'exemple d'application et exercices 応用例文と練習問題 を解く。

4） 音源を利用して音読を行う。ディクテ（聞いて書く練習）に活用してもいい。

　＊2）、3）、4）の学習順は各人の必要度に応じて。仏検・準1級レベル以上を目指すなら、日本語からフランス語を書いてみるのも有効な学びにつながる。

5） 最後に載っている Mots dérivés 派生語 で、今一度、掲載されている4語を思い出しながら、記憶の整理をする。

＊ただし、本書では以下のような例は載せていない。おわかりのように、色文字の箇所が本書の品詞展開ルールから外れているからだ。

[例1] → **heureux**から直接派生する動詞がない。

rendre heureux v	bonheur nm	heureux(se) adj	heureusement adv

[例2] → 副詞 **inquiètement**は「稀」で滅多に使わない。

(s') inquiéter v	inquiétude nf	inquiet(e) adj	avec inquiétude adv

01 ————————————————————

actif

〈 act［行動する］＋ -if［性質を持つ］〉から。

(s') activer v	activité, activation nf	actif, active adj	activement adv
活発にする、（情報を）アクティブ化する、活発に動く	活動、活発さアクティベーション	活動的な、積極的な、効力のある	活発に、積極的に

Phrases fréquentes　よく使う言い回し

□アカウントをアクティブ化（登録して機能を実際に使えるように）するには、ここをクリックしてください。　*Click here to activate your account.*
Cliquez ici pour *activer* **votre compte.**

□市庁舎は、子ども向けのいろいろなアクティビティを提供している。
The town hall offers many activities for the children.
La mairie propose de nombreuses *activités* **pour les enfants.**

□彼は年齢の割にはとても活発だ。　*He is very active for his age.*
Il est très *actif* **pour son âge.**

□消防士たちは積極的に生存者を探している。　*Firefighters are actively looking for survivors.*
Les pompiers cherchent *activement* **des survivants.**

Phrases d'exemple de base　基本例文

□式典が始まる前は、皆が忙しく動いていた。　*Everyone was busy before the ceremony started.*
Tout le monde *s'activait* **avant le début de la cérémonie.**

□アクティベーションコード＊を受け取っていません。*I have not received my activation code.*
Je n'ai pas reçu mon code d'*activation***.**
　＊製品購入時に提供される23文字の英数字（ハイフンを含む）で作られた番号。

□彼は活動的なのかそうでないのか、よくわかりません。　*I don't really know if he's active or not.*
Je ne sais pas bien s'il est *actif* **ou non.**

□私たちはこのプロジェクトを積極的に支援しています。
We are actively supporting this project.　**Nous soutenons** *activement* **ce projet.**

音声♪ 1_01.mp3

Texte d'exemple d'application　応用例文

La détermination de cette jeune scientifique, dynamique et *active* **a permis l'***activation*** du satellite à distance après avoir** *activement* **travaillé sur le développement du système de communication. La dernière étape du projet consiste maintenant à** *activer* **le système de navigation autonome.**

1章 頻出度別 88語を徹底活用する記憶術

頻出度 **A**

頻出度 **B**

頻出度 **C**

【Traduction japonaise】 和訳

通信システムの開発に精力的に取り組んだあと、この若くてダイナミックで仕事熱心な科学者の決断が、人工衛星をリモートでアクティブ化することを可能にした。プロジェクトの最終段階は、自律ナビゲーションシステムをアクティブ化することにある。

□ **détermination** nf　決断、決定　action de déterminer quelque chose
□ **satellite** nm　人工衛星　engin fabriqué par l'homme puis envoyé en orbite autour de la terre
　▶新しい人工衛星は、国中にブロードバンドインターネットアクセスを提供することになる。
　Le nouveau satellite fournira un accès internet haut débit à tout le pays.
　＊ satellite artificiel のこと。「（天体の）衛星」は satellite naturel と言う。
□ **étape** nf　（進歩・発展の）段階、行程　période qui se situe à un certain moment d'une évolution
　▶段階的に進める必要がある。　*On doit procéder par étapes.*
□ **autonome** adj　自立した、自律的な　qui est indépendant

（ Texte d'exemple d'application et exercices ）応用例文と練習問題

La ① [　　　　　　　　　] de cette jeune scientifique, dynamique et active a permis l'② [　　　　　　　　] du satellite à distance après avoir activement travaillé sur le ③ [　　　　　　　] du système de communication.
La dernière ④ [　　　　　　　　] du projet consiste maintenant à activer le système de navigation autonome.

　①〜④に入る適当な語句を、次の中から選びなさい。
　activation / détermination / développement / étape

Mots dérivés　派生語

préfixe（接頭辞）**+ actif, active**

inactif, inactive adj　動きのない、活気のない

□その火山は50年以上活動していない。　*The volcano has been inactive for more than 50 years.*
　Le volcan est inactif depuis plus de 50 ans.

hyperactif, hyperactive adj　（子どもが）ひどく落ち着きのない

□この子はひどく落ち着きがなく、じっと同じ場所にとどまっていられない。
　This child is hyperactive, he never stays in one place.
　Cet enfant est hyperactif, il ne reste jamais au même endroit.

réactif, réactive adj　反応を示す、化学反応する

interactif, interactive adj　（コンピュータ）双方向性の、対話式の

bas

低音パートを担当する弦楽器（総称）「ベース」を仏語では contrebasse **nf** あるいは、basse **nf** という。

baisser **v**	baisse **nf**	bas, basse **adj**	bas **adv**
下げる、弱める、低下する	低下、下落	（高さや位置が）低い	低く

Phrases fréquentes　よく使う言い回し

□テレビの音量を下げてくれる？　*Can you turn the volume down on the TV?*
Tu peux *baisser* **le son de la télé ?**

□政府によって減税が発表された。　*A tax cut has been announced by the government.*
Une *baisse* **des impôts a été annoncée par le gouvernement.**

□彼女は小声（低い声）で話す。　*She speaks in a low voice.*　**Elle parle à voix** *basse.*

□飛行機がとても低く飛んでいる。　*The plane is flying very low.*　**L'avion vole très** *bas.*

Phrases d'exemple de base　基本例文

□今朝、株価が急落した。　*Stocks fell sharply this morning.*
Les actions *ont* **brusquement** *baissé* **ce matin.**

□先週から気温が下がっている。　*The temperature has been dropping since last week.*
Les températures sont en *baisse* **depuis la semaine dernière.**

□居間に新しいコーヒーテーブルを買いました。
I bought a new coffee table for my living room.
J'ai acheté une nouvelle table *basse* **pour mon salon.**

□私の両親は2階下に住んでいます。　*My parents live two floors down.*
Mes parents habitent deux étages plus *bas.*

音声♪ 1_02.mp3

Texte d'exemple d'application　応用例文

J'ai passé une visite médicale l'autre jour et mon docteur m'a dit que ma tension était trop *basse.* **Il m'a conseillé de boire beaucoup d'eau et de** *baisser* **ma consommation d'alcool. Il m'a aussi demandé de faire plus de sport mais d'éviter de garder ma tête** *en bas*.* **Il m'a également informé que toute** *baisse* **supplémentaire risquerait d'entraîner des évanouissements et que je dois donc faire plus attention.**

＊en bas：「副詞句」

【Traduction japonaise 】和訳

先日、検診を受け、主治医から血圧が低すぎると言われました。たくさん水を飲みアルコール摂取を減らすよう言われたのです。さらに医者の忠告は、もっとスポーツをして、頭を逆さにする状態は避けなさいというものでした。あわせて、これ以上血圧が下がると失神する危険があり、さらなる注意を要すると知らされました。

□ **visite médicale** nf 検診 examen physique pour contrôler l'état de santé d'une personne

＊examen médical「健康診断」も類義。

□ **tension** nf 血圧 pression du sang dans les artères

▷血圧が高いので、薬を飲んでいます。 *Je prends des médicaments car ma tension est élevée.*

□ **supplémentaire** adj 追加の、補足の en plus, qui s'ajoute à quelque chose

▷夫は週一で残業する。 *Mon mari fait des heures supplémentaires une fois par semaine.*

□ **évanouissement** nm 失神 fait de perdre conscience

(Texte d'exemple d'application et exercices) 応用例文と練習問題

J'ai passé une visite médicale l'autre jour et mon docteur m'a dit que ma t_____ était t_____ b_____.

Il m'a conseillé de boire beaucoup d'eau et de [ma / d'alcool / baisser / consommation].

Il m'a aussi demandé de faire plus de sport mais d'éviter de [en / ma / bas / tête / garder] .

Il m'a également informé que toute b_____ supplémentaire r_____ d'entraîner des évanouissements et que je dois donc faire plus attention.

下線部に足りない語句を加えたり、[　　] 内の単語の順番を並べ替えて、正しい文にしなさい。

Mots dérivés 派生語

abaisser v 下げる、低める、低くなる

□この電動昇降デスクには机を上げ下げできるボタンが付いています。
This electric desk has a button to raise or lower it.

Ce bureau électrique a un bouton qui permet de l'élever ou de l'abaisser.

étymologie 語源 〈 a [（行為の）完了・強調] + baisser [下げる] 〉

abaissement nm （物の位置を）低くすること、低下、減少

□水位の低下 *lowering of the water level* **abaissement du niveau d'eau**

contrebasse nf コントラバス ＊basse と略す。

＊「バス」（音域）より「さらに倍（1オクターブ）低い」楽器の意味。

complet

〈com［完全に］＋［満たす］〉の意味。「全部が揃っている様」を指す英語の「コンプリート」complete は今では日本語。

compléter v	complément nm	complet, complète adj	complètement adv
（補って）完全なものにする、補う	（完全なものにするための）補足	**完全な、完璧な、満員の**	完全に、すっかり

Phrases fréquentes　よく使う言い回し

□次の文を完成させなさい。（設問の文）　*Complete the following sentence.*
　Complétez **la phrase suivante.**

□私はサプリメント（補助栄養食品）を摂取しています。
　I take food supplements.　**Je prends des** *compléments* **alimentaires.**

□ホテルは満室です。　*The hotel is full.*　**L'hôtel est** *complet*.

□会う約束を完全に失念していました。　*I completely forgot our appointment.*
J'ai *complètement* **oublié notre rendez-vous.**

Phrases d'exemple de base　基本例文

□彼女が先ほど言ったことを私から補足したいと思います。
I would like to expand on what she said earlier.
Je voudrais *compléter* **ce qu'elle a dit tout à l'heure.**

□このオプションを利用するには、追加料金を支払う必要がある。
To benefit from this option, you will have to pay a supplement.
Pour bénéficier de cette option, il faudra payer un *complément*.

□ジュール・ヴェルヌの完全なコレクションを買った。　*I bought the complete collection of Jules Verne.*　**J'ai acheté la collection** *complète* **de Jules Verne.**

□彼は事故から完全に回復することはありませんでした。
He never fully recovered from his accident.
Il ne s'est jamais *complètement* **remis de son accident.**

Texte d'exemple d'application　応用例文

音声♪ 1_03.mp3

Oh là là !　Je dois retourner chez le médecin, la dernière fois j'ai *complètement* **oublié de lui demander des** *compléments* **alimentaires. J'espère que les rendez-vous ne sont pas** *complets* **aujourd'hui, j'aimerais vraiment qu'il** *complète* **ma prescription rapidement.**

【 Traduction japonaise 】 和訳

いやはや！　また、医者に行かないといけない。前回、サプリメントを頼むのをすっかり忘れていた。今日は予約がいっぱいでないとよいのだが。医者が処方をさっさと仕上げてくれることを願っている。

□ **oh là là ! int** 　（多くは感心しない事態を前に、驚きや困惑を表して）いやはや、あら、まあ
pour exprimer la surprise, la déception, ou l'admiration

□ **retourner v** 　〜へ再び行く、再訪する　aller de nouveau
▶またロンドンを訪れたい。*J'aimerais retourner à Londres.*

□ **alimentaire adj** 　食物の、栄養の　qui concerne les aliments
▶食料品販売の専門店　*magasin spécialisé dans la vente de produits alimentaires*

□ **prescription nf** 　（医者の）指示、処方　ce qui est prescrit
▶医者の指示に従わなくてはなりませんが、それは処方箋に書かれています。
Vous devez suivre les prescriptions du médecin, qui sont écrites sur l'ordonnance.

(Texte d'exemple d'application et exercices) 応用例文と練習問題

Oh là là !

Je dois [le / retourner / médecin / chez]. La dernière fois j'ai
c_____ o_____ de lui demander des c_____
a_____ .
J'espère que [sont / ne / les / pas / complets / rendez-vous] aujourd'hui,
j'aimerais vraiment qu'il c_____ ma p_____
r_____ .

[　] 内の単語の順番を並べ替えたり、下線部に足りない語句を加えて、正しい文にしなさい。

Mots dérivés 派生語

accomplir v 　（最後まできちんと）やり遂げる（= achever, terminer）

□彼らはすばらしい仕事をやり遂げた。　*They have done an amazing job.*
Ils ont accompli un travail extraordinaire.
étymologie 語源 〈 ac [〜のほうへ] + complir [完全に満たす] 〉

accomplissement nm 　（計画や任務の）達成

complément nm 　（完全なものとするための）補足、（文法）補語

complémentaire adj 　補足的な

□このプロジェクトには追加予算が必要だ。　*We need an additional budget for this project.*
Nous avons besoin d'un budget complémentaire pour ce projet.

considérer

〈con［しっかり］＋ sidér［星、天体］〉を観察する →「よく考える、考慮する」。

considérer v	considération nf	considérable adj	considérablement adv
（AをBと）みなす、考える、考察する	考慮、考察、敬意	かなりの、著しい	著しく、大いに

Phrases fréquentes　よく使う言い回し

□私は彼を家族の一員だと思っています。　*I regard him as a member of my family.*
Je le *considère* **comme un membre de ma famille.**

□すべてを考慮しなくてはなりません。　*You have to take everything into consideration.*
Il faut tout prendre en *considération*.

□彼は成功するために、かなりの努力をしました。　*He put in considerable efforts to be successful.*
Il a fourni des efforts *considérables* **pour réussir.**

□私はアルコールの消費量を大幅に減らした。*I have drastically reduced my alcohol consumption.*
J'ai *considérablement* **réduit ma consommation d'alcool.**

Phrases d'exemple de base　基本例文

□こちらであなたの申し出を検討して、すぐに連絡いたします。　*We will consider your offer and get back to you soon.*　**Nous allons** *considérer* **votre offre et vous recontacterons bientôt.**

□大統領は信じられないほどの思いやりのなさを示した。
The President showed an incredible lack of consideration.
Le Président a fait preuve d'un manque de *considération* **incroyable.**

□このプロジェクトの予算は莫大だ。　*The budget for this project was considerable.*
Le budget pour ce projet était *considérable*.

□状況は著しく悪化している。　*The situation has worsened considerably.*
La situation s'est *considérablement* **aggravée.**

音声♪ 1_04.mp3

Texte d'exemple d'application　応用例文

Pour obtenir un saké de qualité, il faut prendre plusieurs éléments en *considération*. **Tout d'abord, la pureté de l'eau. Celle-ci peut** *considérablement* **changer le goût final. Additionnellement, il faudra** *considérer* **le taux de polissage du riz pour une saveur plus ou moins raffinée. Enfin, le processus de fermentation aura une influence** *considérable* **sur l'arôme. Un long travail qui demande beaucoup de patience.**

【 Traduction japonaise 】和訳

高品質の日本酒を手に入れるには、いくつかの要素を考慮する必要があります。まず、水の純度。これにより最終的な味が大幅に変わることがあり得ます。加えて、多かれ少なかれ洗練された味わいのためには米の精米歩合を考慮する必要があるでしょう。最後に、発酵プロセスは香りにかなりの影響を及ぼします。（酒造りは）多くの忍耐を必要とする長い仕事なのです。

- □ **obtenir** v 手に入れる、獲得する recevoir quelque chose, atteindre un objectif
  ▶父は望んでいた昇進を果たした。 *Mon père a obtenu la promotion qu'il voulait.*
- □ **de qualité** loc. adj 高品質の、上質の excellent
- □ **pureté** nf 純粋さ、純度 qui n'a pas été mélangé
- □ **taux** nm 比率、パーセンテージ pourcentage
  ▶試験の合格率は30%だ。 *Le taux de réussite à l'examen est de 30%.*
- □ **polissage** nm 研磨 action de rendre lisse et brillant en frottant
- □ **raffiné(e)** adj 洗練された qui montre du goût et de la distinction
  ▶洗練された物腰の女性だ。 *C'est une femme aux manières raffinées.*
- □ **fermentation** nf 発酵 transformation chimique d'une substance par certains microbes

Texte d'exemple d'application et exercices 応用例文と練習問題

Pour obtenir un saké de qualité, il faut prendre plusieurs éléments en considération.
Tout d'abord, ① [   ].
Celle-ci peut considérablement changer ② [   ].
Additionnellement, il faudra considérer ③ [   ] du riz pour une saveur plus ou moins raffinée.
Enfin, ④ [   ] aura une influence considérable sur l'arôme.
Un long travail qui demande ⑤ [   ].

①〜⑤に入る適当な語句を、次の中から選びなさい。

beaucoup de patience / la pureté de l'eau / le goût final /
le processus de fermentation / le taux de polissage

Mots dérivés 派生語

reconsidérer v 再検討する、考え直す < **reconsidération** nf

□決定を再検討することができますか？ *Can you reconsider your decision?*
  Pouvez-vous reconsidérer votre décision ?

courir

〈currere［走る、流れる］〉から。courant は courir の現在分詞派生なので「今、走っている」→「行われている」の意味になる。

courir v	courant nm	courant(e) adj	couramment adv
走る、 （うわさなどが）流れる	（液体や空気などの） 流れ、電流	流れる、普通にある、 日常普通に使う	すらすらと、流暢に、 日常的に

章 頻出度別　88語を徹底活用する記憶術

頻出度 **A**

頻出度 **B**

頻出度 **C**

Phrases fréquentes　よく使う言い回し

□毎朝５キロ走っています。　*I run 5 km every morning.*　**Je** *cours* **5 km tous les matins.**

□昨夜あの界隈は停電だった。　*There was a power outage in that neighborhood last night.*
Il y a eu une panne de *courant* **dans ce quartier hier soir.**
＊「（事故による）停電」は une panne d'électricité ともいう。

□この単語は日常会話では使われません。　*This word is not used in everyday conversation.*
Ce mot ne s'emploie pas dans la conversation *courante*.

□友人のポールは５つの言語を流暢に話します。　*My friend Paul is fluent in five languages.*
Mon ami Paul parle *couramment* **cinq langues.**

Phrases d'exemple de base　基本例文

□従業員は四方八方に走っていった。　*The employees were running in all directions.*
Les employés *couraient* **dans tous les sens.**

□私に知らせてください。　*Keep me informed.*　**Tenez-moi au** *courant*.
＊tenir qqn au courant で「（状況などを逐一）知らせる」の意味。

□スマートフォンを持った幼い子どもを見ることがだんだん当たり前になっている。
It is more and more common to see young children with smartphones.　**Il est de plus en plus**
courant **de voir de jeunes enfants avec des smartphones.**

□この薬はフランスで日常的に使用されています。　*This drug is commonly used in France.*
Ce médicament est *couramment* **utilisé en France.**

音声♪ 1_05.mp3

Texte d'exemple d'application　応用例文

Les rumeurs sont comme les lapins, il faut les laisser *courir*.
Malheureusement, cette technique est *couramment* **utilisée par**
certains *courants* **politiques pour propager de fausses idées et faire de la**
propagande. Ces infox sont relayées sur les réseaux sociaux sans jamais
disparaître complètement. Il est d'ailleurs *courant* **de les voir resurgir après**
plusieurs années.

【 Traduction japonaise 】和訳

うわさはウサギのようなもので、流れるままに（走りたいように）しておかなくてはならない。不幸にして、この技法は特定の党派によって誤った考えを広め、宣伝を行うために日常的に使われている。こうしたフェイクニュースは完全に消えることはなくソーシャルネットワーク上で流される。加えて、そうしたニュースが数年後に再び現れるのを目にすることもよくあることだ。

- ☐ **(se) propager** v　広める、普及させる、広がる　faire connaître à tout le monde, répandre
  ▶そのニュースはすぐに広まった。　La nouvelle s'est propagée rapidement.
- ☐ **propagande** nf　宣伝、プロパガンダ　stratégie pour influencer l'opinion publique
- ☐ **infox** nf　フェイクニュース（偽の情報）　fausse information
  ▶フェイクニュースと戦わなくてはなりません。　Il faut lutter contre les infox.
- ☐ **resurgir** v　再び現れる　apparaître de nouveau
  ▶彼（彼女）の話は嫌な記憶を思い起こさせた。　Son histoire a fait resurgir de mauvais souvenirs.

Texte d'exemple d'application et exercices　応用例文と練習問題

Les rumeurs sont ① [　　　　　　　], il faut les laisser courir.

② [　　　　　　　], cette technique est couramment utilisée par certains courants politiques pour propager ③ [　　　　] et faire de la propagande.

④ [　　　　　　] sont relayées sur les réseaux sociaux sans jamais disparaître complètement.

Il est ⑤ [　　　　　　] courant de les voir resurgir après plusieurs années.

①～⑤に入る適当な語句を、次の中から選びなさい。

ces infox / comme les lapins / d'ailleurs / de fausses idées / malheureusement

Mots dérivés　派生語

course nf　走ること、競争

☐ロードバイクを持っています。　I have a road bike.　**J'ai un vélo de course.**

coureur, coureuse n　ランナー

courrier nm　（集合的に）郵便物

☐たくさんの郵便物を受け取った。　I have received a lot of mail.
J'ai reçu beaucoup de courrier.

parcourir v　走破する　étymologie 語源〈par [(広がり)～の中を] + courir [走る]〉

☐休暇中に1000キロを走破した。　We traveled 1000 km during our vacation.
Nous avons parcouru 1000 km pendant nos vacances.

définir

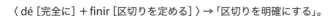

〈 dé［完全に］＋ finir［区切りを定める］〉→「区切りを明確にする」。

définir v	définition nf	définitif, définitive adj	définitivement adv
明確にする、明示する、定義する	（言葉や概念の）定義	（この先変更なく）最終的な、（決着をつけ）決定的な	（以後変更なく）最終的に、決定的に、永久に

Phrases fréquentes　よく使う言い回し

□ プロジェクトに着手する前に、目標を明確に規定することが不可欠です。
It is essential to define our goals before embarking on the project.
Il est essentiel de *définir* **nos objectifs avant de nous lancer dans le projet.**

□ この言葉の定義がわかりません。　*I don't understand the definition of this word.*
Je ne comprends pas la *définition* **de ce mot.**

□ 最終的な決定は何らなされていない。　*No final decision has been made.*
Aucune décision *définitive* **n'a été prise.**

□ メッセージは 15 日後に永久に削除されます。　*The messages will be permanently deleted after 15 days.* **Les messages seront** *définitivement* **supprimés après 15 jours.**

Phrases d'exemple de base　基本例文

□ 今夜の会議はクラブの未来を方向づけるだろう。*Tonight's meeting will shape the future of our club.*
La réunion de ce soir *définira* **l'avenir de notre club.**

□「愛」という単語のあなたなりの定義とは？　*What is your definition of the word "love"?*
Quelle est votre *définition* **du mot « amour » ?**

□ この問題への決定的な解決策を見つける時が来ました。
It is time to find a definitive solution to this problem.
Il est temps de trouver une solution *définitive* **à ce problème.**

□ 彼は学業をすっかりあきらめた。　*He definitively gave up on his studies.*
Il a *définitivement* **renoncé à ses études.**

音声♪ 1_06.mp3

Texte d'exemple d'application　応用例文

La *définition* **d'un mot n'est jamais** *définitive*. **Elle change avec le temps, et parfois de manière importante. Le mot « débile », par exemple,** *définissait* **autrefois une personne faible, qui manquait de force. Aujourd'hui, ce mot n'a** *définitivement* **plus du tout le même sens car il parle d'une personne qui manque de capacité intellectuelle, un idiot.**

【 Traduction japonaise 】 和訳

単語の定義はけっして決定的なものではありません。時間が経てば、ときとして大きく変化します。たとえば、débileという語。これはかつて、弱い人、力に欠ける人を定義するものでした。今日、この単語は知的能力を欠く人、愚か者について語るもので、もはやまったく決定的に同じ意味ではありません。

□ **autrefois** adv　昔、かつて　il y a longtemps
▶昔、人々は馬で移動していた。　*Autrefois, les gens se déplaçaient à cheval.*

□ **important(e)** adj　（数量や規模が）大きな、著しい　qui est considérable
▶大勢の人が式に出席した。　*Une foule importante a assisté à la cérémonie.*

□ **faible** adj　弱い　qui manque de force physique ou mentale
▶彼はひ弱すぎて走り続けられなかった。　*Il était trop faible pour continuer à courir.*

□ **idiot(e)** n　ばか、愚か者　personne stupide, totalement privée d'intelligence
▶ばかなことはやめなさい！　*Arrête de faire l'idiot !*

Texte d'exemple d'application et exercices　応用例文と練習問題

La définition d'un mot n'est ① [　　　　　　　　].
Elle change ② [　　　　　　　], et parfois de manière importante.
Le mot « débile », par exemple, définissait autrefois une personne faible, ③ [　　　　　　　]. Aujourd'hui, ce mot n'a définitivement ④ [　　　　　　　] le même sens car il parle d'une personne ⑤ [　　　　　　] intellectuelle, un idiot.

①〜⑤に入る適当な語句を、次の中から選びなさい。

avec le temps / jamais définitive / plus du tout / qui manquait de force / qui manque de capacité

Mots dérivés　派生語

indéfini(e) adj　際限のない、無限の

□彼はゴルフクラブを永久追放された。
He has been banished from the golf club for an indefinite time.
Il a été banni du club de golf pour une durée indéfinie.

indéfiniment adv　際限なく、いつまでも

□この議論は際限なく続く可能性がある。　*These discussions can go on indefinitely.*
Ces discussions peuvent durer indéfiniment.

indéfinissable adj　定義の下せない、不可解な

□この単語は定義できない。　*This word is indefinable.*
Ce mot est indéfinissable.

direct

〈 di [完全に] + rect [まっすぐ導く] 〉から。

(se) diriger v	direction nf	direct(e) adj	directement adv
指揮（監督）する、経営する、向ける、向かう、進む	方向、指導、（集合的に、労働者に対して）経営陣、経営幹部	直接の、直行の、まっすぐな、率直な	まっすぐに、直接に

Phrases fréquentes　よく使う言い回し

□ 彼はチームをどう率いていいかわからない。　*He doesn't know how to lead a team.*
Il ne sait pas *diriger* une équipe.

□ 駅はどの方向ですか？　*Which direction is the station?*
Dans quelle *direction* est la gare ?

□ この電車は成田直通ですか？　*Is this train nonstop to Narita?*
Ce train est *direct* pour Narita ?

□ 疲れていたので仕事のあとはまっすぐ帰宅した。
I was tired so I came home straight after work.
J'étais fatigué(e) alors je suis rentré(e) *directement* après le travail.

Phrases d'exemple de base　基本例文

□ 救急車は工場に向かっている。　*The ambulance is heading towards the factory.*
L'ambulance se *dirige* vers l'usine.

□ 経営幹部は今日の午後会議を行います。　*Management will be meeting this afternoon.*
La *direction* va se réunir cet après-midi.

□ 彼女は人に対していつもざっくばらんだ。　*She is always straightforward with people.*
Elle est toujours *directe* avec les gens.

□ 問題があれば直接私に連絡をください。　*Contact me directly if you have any problems.*
Contactez-moi *directement* si vous avez des problèmes.

音声♪ 1_07.mp3

Texte d'exemple d'application　応用例文

Si vous perdez quelque chose dans le train, *dirigez*-vous *directement* au bureau des objets trouvés de la gare. Un employé vous demandera de remplir un formulaire dans lequel vous devrez indiquer votre nom et votre numéro de téléphone, ainsi que l'heure et la *direction* de votre train. Vous pouvez également les contacter en composant leur numéro *direct*.

【 Traduction japonaise 】 和訳

電車の中で何かを紛失した場合は、駅の遺失物取扱所に直接出向いてください。駅員があなたの乗車した電車の時刻と行先とともに、名前と電話番号を通知する用紙への記入を頼むことになります。直通番号にダイヤルして連絡をとることもできます。

□ **objets trouvés** loc. nmpl　遺失物取扱所　bureau chargé des objets perdus

□ **remplir** v　（書類などに）必要事項を記入する　compléter un document
▶小切手に必要事項を記入しなくてはなりません。　*Il faut que vous remplissiez votre chèque.*

□ **formulaire** nm　申し込み用紙、調査用紙　document administratif
▶税関の申請書に記入する　*remplir un formulaire de douane*

□ **contacter** v　連絡をとる　entrer en communication avec quelqu'un
▶私たちは彼（彼女）の家族と連絡を取ろうとしている。　*Nous essayons de contacter sa famille.*

□ **composer** v　（番号や記号を）打ち込む、入力する　entrer une suite de chiffres
▶シークレットコード（暗証番号）をご入力ください。　*Composez votre code secret.*

(Texte d'exemple d'application et exercices)　応用例文と練習問題

Si vous perdez quelque chose dans le train, d_____-vous
d_____ au b_____ des o_____ trouvés de la gare.
Un employé vous demandera de remplir un formulaire [vous / indiquer
/ lequel / devrez / dans] votre nom et votre numéro de téléphone, ainsi
que l'h_____ et la d_____ de votre t_____.
Vous pouvez également les contacter [direct / leur / en / numéro /
composant].

下線部に足りない語句を加えたり、[　]内の単語の順番を並べ替えて、正しい文にしなさい。

Mots dérivés　派生語

dirigeant(e) n　指導者／ adj　指導（支配）する

□アフリカの重要な指導者が日本を訪問する。
An important African leader will visit Japan.
Un important dirigeant africain sera de visite au Japon.

directif, directive adj　指導的な、指導性の強い

directive nf　（多くは複数で）指令、行動方針

□新しいガイドラインは会議中に示されます。
The new guidelines will be presented in the meeting.
Les nouvelles directives seront présentées pendant la réunion.

effectuer

ラテン語 efficere から。〈 ex- [外に] ＋ facere [行う]〉→「なされたことの結果」→「達成する」。

effectuer v	**efficacité** nf	**efficace** adj	**efficacement** adv
実行する、成し遂げる	効果、効率のよさ	効果のある、有能な	効果的に、有効に

Phrases fréquentes　よく使う言い回し

☐ 税関職員が荷物の検査を行った。　*Customs officers conducted a control of the luggage.*
Les douaniers ont *effectué* un contrôle des bagages.

☐ いくつかの研究によって、この薬の効果は証明された。
Several studies have proven the effectiveness of this medicine.
Plusieurs études ont prouvé l'*efficacité* de ce médicament.

☐ このシロップは咳に対してとても効果的だ。　*This syrup is very effective against coughs.*
Ce sirop est très *efficace* contre la toux.

☐ どうすれば私は効果的に仕事ができますか？　*How can I work effectively?*
Comment est-ce que je peux travailler *efficacement* ?

Phrases d'exemple de base　基本例文

☐ 研究者は動物実験を行っている。　*Researchers are performing tests on animals.*
Les chercheurs *effectuent* des tests sur des animaux.

☐ 効率を上げるために新チームを作ることに決めた。
For the sake of efficiency, we decided to create a new team.
Par souci d'*efficacité*, nous avons décidé de créer une nouvelle équipe.

☐ てきぱきと仕事をこなせる人を探していますか？　*Are you looking for someone efficient?*
Est-ce que vous cherchez quelqu'un d'*efficace* ?

☐ もっと時間を有効に使えるはずだ。　*You can use your time more effectively.*
Vous pouvez utiliser votre temps plus *efficacement*.

音声♪ 1_08.mp3

Texte d'exemple d'application　応用例文

Le chercheur agronome *effectuait* des expériences depuis déjà plusieurs années dans l'espoir de trouver une solution *efficace* au problème de la famine dans le monde. Il a concentré ses recherches sur le développement d'un riz qui puisse être cultivé *efficacement*, même dans des environnements arides. Plusieurs sites expérimentaux ont été déployés dans le monde dans le but de tester l'*efficacité* de ce riz miracle.

【 Traduction japonaise 】和訳

その農学研究者は、世界の飢饉の問題に対する効果的な解決策を見つけることを期待して、数年間実験を行っていた。乾燥した環境であっても効率的に栽培できる稲の開発に研究を集中した。このミラクルライスの有効性をテストする目的で、いくつかの実験サイトが世界中で展開された。

□ **chercheur agronome, chercheuse agronome** n 農学研究者　spécialiste en agronomie

□ **famine** nf 飢饉、飢餓　manque de nourriture
　▶その国は飢饉で荒廃している。　*Le pays est ravagé par la famine.*

□ **aride** adj （土地や気候が）乾燥した、不毛な　se dit d'un endroit très sec, où rien ne pousse
　▶この植物は乾燥地帯でも生き続ける。　*Ces plantes survivent même en terre aride.*

□ **déployer** v 広げる、展開させる　étendre complétement, disposer (pour le combat)
　▶この上で鳥が羽を広げていた。　*Un oiseau déployait ses ailes sur l'arbre.*

Texte d'exemple d'application et exercices　応用例文と練習問題

Le chercheur agronome effectuait des expériences d_____ d_____
p_____ a_____ dans l'espoir de trouver une solution efficace au p_____ de la f_____ dans le monde.
Il a concentré ses recherches s_____ le d_____ d'un r_____ qui puisse être cultivé efficacement, même dans des environnements arides.
Plusieurs sites expérimentaux ont été déployés dans le monde d_____ le b_____ de t_____ l'e_____ de ce riz miracle.

　下線部に足りない語句を加えて、正しい文にしなさい。

Mots dérivés　派生語

inefficace adj 効力のない、無能な

effet nm 効果、（薬の）効き目、結果、印象

□この薬には副作用がある。　*This drug has side effects.*
　Ce médicament a des effets secondaires.

effectif, effective adj 実際の、現実の、実効性のある

□この新しいスケジュールは明日から有効になります。
This new schedule will be effective from tomorrow.
　Ce nouvel horaire sera effectif à partir de demain.

effectivement adv その通り、確かに

□確かに彼は正しかった。　*Indeed, he was right.*　**Effectivement, il avait raison.**

exclure

〈ex［外に］＋clure［閉じる］〉→「締め出す」。

exclure v	exclusion nf	exclusif, exclusive adj	exclusivement adv
締め出す、除名する、除去する	追放、除名、排除	独占する、排他的な	もっぱら、ひたすら、まったく〜だけ

Phrases fréquentes　よく使う言い回し

□そのジャーナリストは記者会見から締め出された。
The journalist was excluded from the press conference.
Le journaliste a été *exclu* **de la conférence de presse.**

□立ち入り禁止地域　an exclusion zone　**une zone d'***exclusion*

□この車は社長の専用車です。　This car is for the president's exclusive use.
Cette voiture est à l'usage *exclusif* **du président.**

□授業はもっぱらフランス語だけで行われています。　Classes are taught exclusively in French.
Les cours sont dispensés *exclusivement* **en français.**

Phrases d'exemple de base　基本例文

□当社のマネージャーは、他社との合併の可能性を否定していない。
Our manager doesn't rule out the possibility of merging with another company.
Notre directeur n'*exclut* **pas la possibilité de fusionner avec une autre entreprise.**

□郊外では社会的な排除と貧困が増えている。
Social exclusion and poverty are on the rise in the suburbs.
L'*exclusion* **sociale et la pauvreté sont en augmentation dans les banlieues.**

□ミュージシャンはレコード会社と独占契約を結んだ。
The musician signed an exclusive contract with the record company.
Le musicien a signé un contrat *exclusif* **avec la maison de disque.**

□その試合はNHK限定で放送されます。　The game will be broadcast exclusively on NHK.
Le match sera diffusé *exclusivement* **sur NHK.**

音声♪ 1_09.mp3

Texte d'exemple d'application　応用例文

La journaliste avait obtenu un entretien *exclusif* **avec le Président afin d'écrire un article sur son nouveau programme d'aide à l'emploi. Son plan garantira un travail à tout le monde et n'***exclura* **pas les étrangers. Le Président souhaite lutter contre l'***exclusion* **et garantir un accès équitable au marché du travail. L'article complet sera publié** *exclusivement* **sur internet.**

【Traduction japonaise】和訳

その女性ジャーナリストは、新しい雇用支援プログラムについての記事を書くために大統領との独占対談の約束を取りつけていた。大統領の計画はすべての人の仕事を保証し、外国人をもはや排除しないというものになるだろう。彼はそうした排除と戦い、労働市場への公正なアクセスを保証したいと考えている。いずれ記事の全文はインターネット上でのみ公開されることになるだろう。

☐ **entretien** nm　対談、会見　conversation avec quelqu'un, portant sur une question déterminée

☐ **article** nm　記事　texte écrit par un journaliste
　▶彼（彼女）の記事は一面です。　*Son article est en première page.*

☐ **équitable** adj　公平な、公正な　qui respecte les droits de chacun

☐ **publier** v　出版する、公にする　faire paraître dans un livre, un journal, un magazine cf. public

---

(Texte d'exemple d'application et exercices)　応用例文と練習問題

La journaliste avait obtenu un entretien exclusif　① [　　　　　　　　]
afin d'écrire un article sur son nouveau programme d'aide
② [　　　　　　　] .
Son plan garantira un travail ③ [　　　　　] et n'exclura pas les
étrangers. Le Président souhaite lutter ④ [　　　　　　] et garantir
un accès équitable au marché du travail.
L'article complet sera publié exclusivement ⑤ [　　　　　　　] .

　①～⑤に入る適当な語句を、次の中から選びなさい。

　à l'emploi /　à tout le monde　/ avec le Président / contre l'exclusion /
　sur internet

Mots dérivés　派生語

exclusivité nf　独占権、専売品

☐我々はこの技術を使用する独占権を有している。*We have exclusive rights to use this technology.*
　Nous détenons l'exclusivité d'utilisation de cette technologie.

exclu(e) adj　締め出された、除いた

☐一般の人は会議からは締め出されます。　*The public is excluded from the meeting.*
　Le public est exclu de la séance.

inclure v　含む、含める

☐価格に付加価値税（TVA）は含まれていない。　*The price does not include VAT.*
　Le prix n'inclut pas la TVA.

étymologie 語源 〈 in [内に] ＋ [閉じる] 〉

26

facile

ラテン語 facilis [簡単な]〈fac : faire [作る、行う] + lis [たやすい]〉から。

difficile [難しい] は〈di [ない] + ficile (= facile [容易な])〉から。

faciliter v	**facilité** nf	**facile** adj	**facilement** adv
容易にする	簡単さ、容易さ	**簡単な、容易な**	簡単に、容易に

Phrases fréquentes　よく使う言い回し

□ この新しいソフトウェアは私たちの暮らしを楽にしてくれる。

This new software makes our life easier.　**Ce nouveau logiciel nous** *facilite* **la vie.**

□ 彼は安易な解決策を選んだ。　*He took the easy way out.*

Il a choisi la solution de *facilité*.

□ 駅に行くのは簡単です、まっすぐ行ってください。　*It's easy to get to the station, go straight ahead.*

Pour aller à la gare, c'est *facile*, **vous allez tout droit.**

□ このビデオを見ればもっと容易に理解できます。

Watch this video, it will be easier for you to understand.

Regarde cette vidéo, tu comprendras plus *facilement*.

Phrases d'exemple de base　基本例文

□ どうすれば身体障害者の方の出入りを楽にすることができますか？

How can we facilitate access for the disabled?

Comment peut-on *faciliter* **l'accès aux handicapés ?**

□ この店は分割払いを提案する。　*This store offers easy payment terms.*

Ce magasin offre des *facilités* **de paiement.**

□ 私は気さくな人間ではありません（気難しい）。　*I'm not an easy-going man.*

Je ne suis pas un homme *facile* **à vivre.**

□ 彼はなんでも簡単に覚える。　*He memorizes everything easily.*

Il mémorise tout *facilement*.

音声♪ 1_10.mp3

Texte d'exemple d'application　応用例文

Nous cherchons toujours la *facilité* **dans la vie et la technologie nous aide beaucoup dans ce sens. Nous achetons pour cela des appareils qui nous** *facilitent* **la vie et que nous pouvons utiliser** *facilement*. **Il est beaucoup plus** *facile* **de vivre aujourd'hui qu'à l'époque de nos grands-parents.**

【 Traduction japonaise 】和訳

私たちはいつも暮らしやすさを求めており、その意味でテクノロジーは大いに助けになる。
そこで、私たちは生活を楽にし簡単に使用できる機器を購入する。祖父母の時代に比べて、
現代ははるかに暮らしやすい。

□ **technologie** nf　テクノロジー、科学技術　étude des techniques industrielles
□ **appareil** nm　機械、器具　machine, instrument, système
　▶ビックカメラは家電製品を売っている。　BicCamera vend des appareils ménagers.
□ **à l'époque de** loc. adv　～の時代に（＝ au temps de ～）
　▶モリエールの時代　à l'époque de Molière

(Texte d'exemple d'application et exercices)　応用例文と練習問題

Nous ＿＿＿＿＿＿＿＿＿＿＿＿＿＿ dans la vie et la technologie
nous aide beaucoup dans ce sens.
Nous achetons pour cela des appareils qui ＿＿＿＿＿＿＿＿＿
et que ＿＿＿＿＿＿＿＿＿＿＿＿ .
Il est beaucoup ＿＿＿＿＿＿＿＿＿＿ aujourd'hui qu'à l'époque
de nos grands-parents.

　下線部に適した語句を入れなさい。

Mots dérivés　派生語

faculté nf　学部、（生まれつき個人に備わった）能力

□私の秘書は法学部の出身です。　My secretary is from the Faculty of Law.
Ma secrétaire a étudié à la faculté de droit.
　＊「（何かを行う）能力」の意味なら capacité nf が使われる。なお、日常会話なら「学部」をプラスせ
　　ずに「法律を学んだ」Ma secrétaire a étudié le droit. という言い方をするのが自然。
étymologie 語源〈 [容易な] ＋ té [状態]〉→「物事を容易に行える能力」→「大学の能力の１つとなる学部」

difficile adj　難しい、気難しい

□言うは易く、行うは難し。　It's easy to say but difficult to do.
C'est facile à dire mais difficile à faire.
　＊ C'est plus facile à dire qu'à faire. という言い方もする。

difficulté nf　困難、難しさ

□彼女は自分の思いをうまく表現できない。　She has difficulty expressing herself.
Elle a des difficultés à s'exprimer.
　étymologie 語源〈 di [ない] ＋ [容易な状態]〉

faveur

〈 fav [熱] 〉を上げること → 「好意を持つこと」。

favoriser v	**faveur** nf	**favorable** adj	**favorablement** adv
優遇する、好意を示す、助長（促進）する	好意、恩恵、特別の計らい	好意的な、好都合な	好意的に、有利に

Phrases fréquentes　よく使う言い回し

☐ 政府は再生可能なエネルギーを促進したがっている。*The government wants to promote renewable energies.* **Le gouvernement veut** *favoriser* **les énergies renouvelables.**

☐ よろしくお願いします。　*I have a favor to ask you.* **J'ai une** *faveur* **à te demander.**

☐ 現在の状況は観光産業にとって好都合ではありません。
The current situation is not favorable for the tourism industry.
La situation actuelle n'est pas *favorable* **à l'industrie du tourisme.**

☐ この新サービスはお客様から好評を博しています。　*This new service was welcomed by our clients.*
Ce nouveau service été accueilli *favorablement* **par notre clientèle.**

Phrases d'exemple de base　基本例文

☐ 私たちは月に一度会合を開き、対話を促進しようとしています。
We meet once a month to try to foster dialogue.
Nous nous réunissons une fois par mois pour essayer de *favoriser* **le dialogue.**

☐ 世論は核武装解除を支持している。　*Public opinion is in favor of nuclear disarmament.*
L'opinion publique est en *faveur* **du désarmement nucléaire.**

☐ 親はこの計画に乗り気です。　*My parents are in favor of this plan.*
Mes parents sont *favorables* **à ce projet.**

☐ 委員会は私たちの要求に好意的に応えた。　*The committee responded favorably to our request.*
Le comité a répondu *favorablement* **à notre demande.**

Texte d'exemple d'application　応用例文

音声♪ 1_11.mp3

Le succès n'arrive pas sans effort. Une personne qui réussit saura faire pencher la balance en sa *faveur*, **même lorsque les conditions ne lui sont pas** *favorables*. **Un homme d'affaires, par exemple,** *favorisera* **la collaboration entre ses partenaires, et renforcera l'unité au sein de son équipe pour arriver à un résultat qui contribuera** *favorablement* **à la réussite de tous. Il tirera profit même de ses échecs.**

【 Traduction japonaise 】 和訳

努力なしには成功はない。成功する人は条件が自分にとって都合が悪いときでも、自分に有利なようにバランスを傾けられるだろう。たとえば実業家なら、商売相手との協力を促進し、チーム内の結束を強めて、なんとか全員の成功にプラスに働く結果を導き出すことだろう。転んでもただでは起きやしないのだ。

- □ **faire pencher la balance (en faveur de qqn/qqch)** loc. v ～に有利に取り計らう
  donner l'avantage à qqn/qqch
- □ **collaboration** nf 協力、共同 action de coopérer, de travailler ensemble
  ▶このプロジェクトは、近所の若者と緊密に協力して実施されました。
  Ce projet a été réalisé en étroite collaboration avec les jeunes du quartier.
- □ **renforcer** v さらに強くする、強化する rendre plus fort
- □ **équipe** nf チーム、作業班 groupe de personnes qui travaillent ensemble
- □ **contribuer** v 貢献する、（寄付金などを）負担する aider, participer à un projet

Texte d'exemple d'application et exercices 応用例文と練習問題

Le succès n'arrive pas sans effort.
Une personne qui réussit saura faire pencher [sa / en / la / faveur / balance], même lorsque les conditions _____.
Un homme d'affaires, par exemple, [collaboration / ses / la / partenaires / entre / favorisera], et renforcera l'unité au sein de son équipe pour arriver à un résultat qui c_____ f_____ à la r_____ de tous.
Il tirera profit même de ses échecs.

[ ] 内の単語の順番を並べ替えたり、下線部に足りない語句を加えて、正しい文にしなさい。

Mots dérivés 派生語

défavorable adj 好意的ではない、不都合な、不利な
□新都市建設計画には賛成できない。 *We are unfavorable to this construction project of a new city.*
Nous sommes défavorables à ce projet de construction d'une nouvelle ville.

défavoriser v ～に不利になる
□この契約は私にとって不利になる。 *This contract puts me at a disadvantage.*
Ce contrat me défavorise.

favoritisme nm えこひいき
□オフィス内にはえこひいきがあります。 *There is favoritism in the office.*
Il y a du favoritisme au bureau.

fin

「終わり、区切り」の意味。

finaliser v	fin nf	final(e) adj	enfin / finalement adv
完成させる、仕上げる	終わり、結末、（多く複数で）目的	最後の、最終の	結局、ついに、とうとう／（時間を経て）ついに、（列挙して）最後に

Phrases fréquentes　よく使う言い回し

□論文を完成させるのにあと２週間ある。　*I have two weeks left to finalize my thesis.*
Il me reste deux semaines pour *finaliser* **ma thèse.**

□映画の結末を私に話さないで！　*Don't tell me the end of the movie!*
Ne me raconte pas la *fin* **du film !**

□人事部長が最終決定を下します。　*The personnel director will make the final decision.*
Le directeur du personnel prendra la décision *finale***.**

□ようやく運転免許証を取得できた。　*I finally managed to get my driver's license.*
J'ai *enfin* **réussi à passer mon permis de conduire.**

Phrases d'exemple de base　基本例文

□この絵を仕上げるのに、黒のフレームを使うつもりです。
To complete this painting, I will use a black frame.
Pour *finaliser* **le tableau, je vais utiliser un cadre noir.**

□私は月末に休暇に出ます。　*I'm going on vacation at the end of the month.*
Je pars en vacances à la *fin* **du mois.**

□旅行の最終目的地はカンボジアです。　*The final destination of our trip will be Cambodia.*
La destination *finale* **de notre voyage sera le Cambodge.**

□結局、彼女は私に会いに来ませんでした。　*In the end, she didn't come to see me.*
*Finalement***, elle n'est pas venue me voir.**

＊enfin と finalement は類義だが、後者は否定的な結末で使われるケースが多い。

音声♪ 1_12.mp3

Texte d'exemple d'application　応用例文

Le réalisateur n'était pas satisfait de la *fin* **de son film. Les acteurs ont été obligés de rejouer la scène** *finale* **plusieurs fois mais en vain.** *Finalement***, c'est après plusieurs jours de désespoir qu'un assistant a proposé une solution originale. Le réalisateur a considéré que cette idée était excellente et il a** *enfin* **pu** *finaliser* **son scénario.**

【 Traduction japonaise 】 和訳

監督は映画の結末に満足していなかった。俳優たちは最後のシーンを何度かくり返し演じることを余儀なくされたが、無駄だった。最後にアシスタントが、独自の解決を提案したのは数日間の絶望のあとのことだ。監督はこのアイデアを素晴らしいと認め、やっとシナリオを完成させることができた。

☐ **réalisateur, réalisatrice** n　（映画）監督、（テレビなどの）ディレクター
personne qui dirige la réalisation d'un film etc…
▶この映画の監督はとても有名だ。　*Le réalisateur de ce film est très connu.*

☐ **en vain** loc. adv　無駄に、むなしく　inutilement, vainement
▶親を説得しようとしたが無駄だった。　*J'ai essayé en vain de persuader mes parents.*

☐ **désespoir** nm　絶望　absence d'espoir

☐ **solution** nf　解決　réponse à un problème

☐ **produire** v　生産する、作り出す　créer
▶この監督はたくさんの駄作を製作した。　*Ce réalisateur a produit beaucoup de navets.*

☐ **scénario** nm　シナリオ、台本　description détaillée de ce qui se passe dans un film
▶このシナリオはまるで10歳の子どもが書いたもののようだ。
On dirait que ce scénario a été écrit par un enfant de 10 ans.

(Texte d'exemple d'application et exercices)　応用例文と練習問題

Le réalisateur n'était pas ① [　　　　　　　　　].
Les acteurs ont été ② [　　　　　　　　] plusieurs fois mais en vain.
Finalement, c'est après plusieurs jours de désespoir qu'un assistant
a ③[　　　　　　　　].
Le réalisateur a ④ [　　　　　　　　　　] et il a enfin pu finaliser son
scénario.

①〜④に入る適当な語句を、次の中から選びなさい。

considéré que cette idée était excellente / obligés de rejouer la scène finale /
proposé une solution originale / satisfait de la fin de son film

---

Mots dérivés　派生語

finir v　終える、終わる

☐今晩、何時に仕事が終わりますか？　*What time will you finish work tonight?*
Tu finis ton travail à quelle heure ce soir ?

infini(e) adj　無限の

☐宇宙は無限ですか？　*Is the universe infinite?*　**Est-ce que l'univers est infini ?**

fort

ラテン語 fortis [強い] から。force は「(外に噴出する) 力」。
ちなみに effort は〈 ef [外に] ＋「力」を出すこと 〉→「努力」の意味になる。

(se) forcer v	force nf	fort(e) adj	fort / fortement adv
強いる、無理をさせる、無理をする	力、体力、精神力	強い、得意な、有力な	強く／強く、非常に

Phrases fréquentes　よく使う言い回し

□ 誰の強制でもなく、(それは) 自分で決めたことだ。
Nobody forced me; it was my own decision.
Personne ne m'a *forcé* ; c'était ma propre décision.

□ 彼女は力づくでドアを開けた。　*She opened the door by force.*
Elle a ouvert la porte avec *force*.　＊par force も同義になる。

□ 世界最強の男　*the strongest man in the world*　**l'homme le plus *fort* du monde**

□ 喫煙をやめるように強く勧めます。　*I strongly advise you to stop smoking.*
Je vous conseille *fortement* d'arrêter de fumer.

Phrases d'exemple de base　基本例文

□ 1853年、提督マシュー・ペリーは外国船に港を開くよう日本に迫った。
Commodore Matthew Perry forced Japan to open its ports to foreign ships in 1853.
Le commodore Matthew Perry a *forcé* le Japon à ouvrir ses ports aux navires étrangers en 1853.

□ 彼は力いっぱいロープを引っ張った。　*He pulled on the rope with all his strength.*
Il a tiré sur la corde de toutes ses *forces*.

□ 数学は得意ですか？　*Are you good at math?*　**Est-ce que tu es *fort* en maths ?**

□ パンデミック (感染症の世界的流行) の間、マスクの価格は急上昇した。
The price of masks rose sharply during the pandemic.
Le prix des masques *a fortement* augmenté pendant la pandémie.

音声♪ 1_13.mp3

Texte d'exemple d'application　応用例文

Quand j'étais enfant, mes parents me *forçaient* à terminer mon assiette, ils me disaient que je deviendrais grand et *fort*. Maintenant, je suis petit et gros, je manque d'énergie, je perds mes *forces* et mon médecin me conseille *fortement* de faire un régime. Quelle ironie du sort…

子どものころ、両親は私に何がなんでも、皿に盛られた料理を全部食べさせようとしたものだ。そうすればいずれ大きくなり、強くなると言っていた。今、自分は背は低く、太っていて、体力が足らず、力がない。そして、医者は食事療法をするよう私に強く勧める。なんという運命の皮肉……。

□ **manquer** v　足りない、欠けている　ne pas réussir à atteindre quelque chose
　▶夫は起きるのが遅すぎて、電車に乗り遅れた。　*Mon mari s'est levé trop tard et il a manqué son train.*

□ **conseiller** v　（助言して）勧める　indiquer à quelqu'un ce qu'il devrait faire
　▶この魚と一緒に、辛口の白ワインをお勧めします。　*Avec ce poisson, je te conseille un vin blanc sec.*

□ **régime** nm　食事療法、ダイエット
　habitudes alimentaires de quelqu'un, manière particulière de se nourrir
　▶姉（妹）は痩せるためにダイエット中です。　*Ma sœur suit un régime pour maigrir.*
　＊「ダイエットする」なら faire [suivre] un régime という。

□ **sort** nm　身の上、巡り合わせ、運命　manière dont se passe la vie d'une personne

---

Texte d'exemple d'application et exercices　応用例文と練習問題

Quand j'étais enfant, mes parents me [à / mon / terminer / assiette / forçaient], ils me disaient que je d＿＿＿＿＿＿＿＿ g＿＿＿＿＿＿ et f＿＿＿＿＿.

Maintenant, je suis petit et gros, je manque d'énergie, je p＿＿＿＿＿ m＿＿＿＿ f＿＿＿＿＿ et mon médecin [fortement / conseille / faire / me / de] un régime. Quelle ironie du sort…

　[　] 内の単語の順番を並べ替えたり、下線部に足りない語句を加えて、正しい文にしなさい。

Mots dérivés　派生語

forcé(e) adj　強制された、（〜になるのは）当然だ ＝ **inévitable**

□彼女は勉強していなかった、だから試験に落ちたのは当然のことだ。
She didn't study, so of course she failed the exam.
Elle n'a pas étudié alors elle a raté l'examen, c'était forcé.

fortifier v　（心身などを）強化する

□体操は身体を強くする。　*Gymnastics strengthen the body.*
La gymnastique fortifie le corps.

franc

「自由の民」とされた Francus「フランク族」から。ちなみに家具やインテリア雑貨を扱う Francfranc はこの「franc」から。

franchir v	**franchise** nf	**franc, franche** adj	**franchement** adv
（障害などを）越える、乗り越える	率直さ、純粋さ、フランチャイズ・システム	**率直な、純粋な、正真正銘の**	率直に、正直に、本当に、はっきりと

Phrases fréquentes　　よく使う言い回し

□ 何百人もの難民が国境を越えた。　*Hundreds of refugees have crossed the border.*
Des centaines de réfugiés ont *franchi* **la frontière.**

□ 彼の率直さに、本当に感心しています。　*I really admire his frankness.*
J'admire beaucoup sa *franchise*.

□ 率直にお話しします。　*I will be frank with you.*　**Je vais être** *franc* (*franche*) **avec vous.**

□ 正直に言って、この髪型は君にまるで似合わない！　*Frankly, this haircut doesn't suit you at all!*　*Franchement*, **cette coupe de cheveux ne te va pas du tout !**

Phrases d'exemple de base　　基本例文

□ ランナーたちが、今ゴールしようとしている。　*The runners are about to cross the finish line.*
Les coureurs vont bientôt *franchir* **la ligne d'arrivée.**

□ 両親は、マクドナルドのフランチャイズ加盟店をもっている。
My parents have a McDonald's franchise.　**Mes parents ont un McDonald en** *franchise*.

□ 正直に言って、この絵はぞっとします。　*To be honest with you, I find this painting horrible.*
Pour être *franc* **avec vous, je trouve ce tableau horrible.**

□ 率直に言って、この映画は面白くない。　*This film is frankly uninteresting.*
Ce film est *franchement* **inintéressant.**

Texte d'exemple d'application　　応用例文

音声♪ 1_14.mp3

La *franchise* **est un élément essentiel pour toute relation amoureuse de longue durée. En communicant** *franchement*, **vous pourrez surmonter tous les problèmes. Une écoute** *franche* **et attentive est également nécessaire pour garder la flamme dans le couple, et ainsi** *franchir* **un cap important dans votre liaison.**

【 Traduction japonaise 】 和訳

率直さは、長続きしているあらゆる恋愛関係にとって極めて重要な要素です。隠し立てせずにコミュニケーションをとることで、あらゆる問題を克服できます。心をさらけ出して注意深く話に耳を傾けることもまた、カップルの恋の炎を保ち、交際中の重大な危機を乗り越えるために必要なものです。

□ **attentif, attentive** adj 注意深い、熱心な　qui agit avec attention
▶ 彼らは、熱心な様子で聞き入っていた。　*Ils écoutaient d'un air attentif.*

□ **flamme** nf （恋の）炎、情熱　l'amour ou la passion envers qqn ou qqch
▶ 彼は皆のいる前で、レストランで彼女への愛を宣言した。
Il lui a déclaré sa flamme au restaurant devant tout le monde.

□ **franchir le cap** loc. v 危機を乗り切る　surmonter une chose difficile
▶ 病人は峠を越した。　*Le malade a franchi le cap.*

□ **liaison** nf （人間）関係、交際　relation établie entre des personnes
▶ 同僚はイタリアの実業家と交際している。　*Ma collègue est en liaison avec un homme d'affaires italien.*
＊「愛人関係」(= liaison amoureuse) の意味で使われることも多い。

Texte d'exemple d'application et exercices　応用例文と練習問題

① [　　　　　　] est un élément essentiel pour toute relation amoureuse de longue durée. En communicant　② [　　　　　　],
vous pourrez ③ [　　　　　　].
④ [　　　　　　] et attentive est également nécessaire pour garder la flamme dans le couple, et ainsi ⑤ [　　　　　　] dans votre liaison.

①〜⑤に入る適当な語句を、次の中から選びなさい。

franchement / franchir un cap important / la franchise /
surmonter tous les problèmes / une écoute franche

Mots dérivés　派生語

franchissable adj 乗り越えられる、切り抜けられる

infranchissable adj 越せない、乗り越えられない

□ この山は越せない。　*This mountain is impassable.*
Cette montagne est infranchissable.

franchiser v フランチャイズ化する、フランチャイズ契約を結ぶ

□ うちの社長は、この寿司店をフランチャイズ化する計画だ。
Our president plans to franchise this sushi restaurant.
Notre président prévoit de franchiser ce restaurant de sushis.

habitude

〈 hab [持つようになった] + -itude [性質、状態] 〉→「(個人が無意識的に) 身につけたもの」。

(s') habituer v	habitude nf	habituel, habituelle adj	habituellement adv
(à に) 慣らす、慣れる、習慣がつく	(個人の) 習慣	習慣的な、いつもの	習慣的に、いつもは

Phrases fréquentes よく使う言い回し

□新しい仕事に慣れつつあります。　*I'm starting to get used to my new job.*
Je commence à *m'habituer* **à mon nouveau travail.**

□彼は、夜更かしする習慣がある。　*He is in the habit of staying up late.*
Il a l'*habitude* **de se coucher tard.**

□夏以降は通常のトレーニングペースに戻ります。
The usual pace of training will resume after the summer.
Le rythme *habituel* **de l'entrainement reprendra après l'été.**

□たいてい、姉 (妹) は水曜にダンスに行きます。　*Usually my sister goes to the dance on Wednesdays.*
Habituellement, **ma sœur va à la danse le mercredi.**

Phrases d'exemple de base 基本例文

□子どもはマスクの着用に慣れなくてはならない。　*Children must be accustomed to wearing a mask.*
Il faut *habituer* **les enfants à porter un masque.**

□普段、彼女はメガネをかけていない。　*Usually she doesn't wear glasses.*
D'*habitude*, **elle ne porte pas de lunettes.** (＝*habituellement*)

□ロックダウンにより会社は通常の売上高をあげていない。
With the lockdown, companies are not making their usual turnover.
Avec le confinement, les entreprises ne font pas leur chiffre d'affaires *habituel*.

□普通このレストランは満員だが、今日は違う。　*This restaurant is usually full, but not today.*
Ce restaurant est *habituellement* **complet, mais pas aujourd'hui.**

音声♪ 1_15.mp3

Texte d'exemple d'application 応用例文

Quand j'étais enfant, mon père avait de mauvaises *habitudes*. **Les familles passent** *habituellement* **du temps ensemble le week-end, mais mon père jouait aux courses hippiques. Tous les week-ends, il pariait sur son cheval** *habituel* **mais il ne gagnait jamais. Nous nous y** *étions habitués* **car nous l'aimions beaucoup et nous lui pardonnions.**

【 Traduction japonaise 】和訳

子どものころ、父には悪い癖がありました。普通、家族は週末を一緒に過ごすものですが、うちの父は競馬をしていたのです。毎週末、いつもの馬に賭けるのですが一度も当ったことはありませんでした。父が好きだし、大目に見ていたから、私たちはそれに慣れました。

□ **jouer aux courses (hippiques)** loc. v　競馬をする　parier de l'argent sur un cheval de course
　＊hippique は「馬の、乗馬の」を意味する形容詞（qui concerne les chevaux ou l'équitation）。「競馬」は les courses de chevaux という。ただし、「競馬をする」と表現する際には、例のような言い方をする。

□ **parier** v　賭ける　miser de l'argent
　▷彼女が来ないほうに10ユーロ賭けます。　Je te parie 10 euros qu'elle ne viendra pas.

mini-plus　語彙・文法プラス

habitude nf　個人的で日常的な習慣、癖
routine nf　組織や個人の惰性的な型にはまった習慣的行動
coutume nf　集団における生活上のしきたり

Texte d'exemple d'application et exercices　応用例文と練習問題

Quand j'étais enfant, mon père ① [　　　　　] de mauvaises habitudes.

Les familles passent habituellement du temps ensemble le week-end, mais mon père ② [　　　　] aux courses hippiques.

Tous les week-ends, il pariait sur son cheval habituel mais il ne ③ [　　　] jamais. Nous nous y étions habitués car nous ④ l' [　　　] beaucoup et nous lui ⑤ [　　　] .

①～⑤に入る動詞を選び、直説法半過去に活用しなさい。

aimer / avoir / gagner / jouer / pardonner

Mots dérivés　派生語

habitué(e) adj　（à に）慣れた

□ 「パリ暮らしには慣れた？」「いいえ、まだです」　*-Are you used to Parisian life? - Not yet.*
　-Tu es habitué(e) à la vie parisienne ? - Non, pas encore.

suffixe（接尾辞）形容詞から名詞へ　–itude「性質、状態」

形容詞	→	名詞
apte adj　適した	→	aptitude nf　適性、素質
exact(e) adj　正確な	→	exactitude nf　正確さ
seul(e) adj　一人の	→	solitude nf　孤独
similaire adj　類似した	→	similitude nf　類似
multiple adj　多数の	→	multitude nf　多数

juste

ちょうど ju［合う］こと ← 「法（基準）に重なり合う」＝「これ以上でも以下でもないバランス状態」から。

justifier v	justice / justesse nf	juste adj	juste / justement adv
（真実・根拠を）説明する、正しいとする	正義、正当、裁判／正しさ、正確さ	公正な、正しい	正しく、ちょうど／ちょうど、適切に

Phrases fréquentes よく使う言い回し

□ それぞれの答について、選択の根拠を説明してください。
For each answer justify your choice. **Pour chaque réponse, *justifiez* votre choix.**

□ 社会正義 *social justice* **la *justice* sociale**

□ それは公平ではない！ *It's not fair!* **C'est pas *juste* !**

□ 彼はちょうど時間に着いた。 *He arrived just on time.* **Il est arrivé *juste* à l'heure.**

Phrases d'exemple de base 基本例文

□ 彼の経験したことが彼の言葉を裏付けるものではない。
What he went through doesn't justify his words.
Ce qu'il a vécu ne *justifie* pas ses paroles.

□ 彼女の発言の正確さは印象的でした。 *The accuracy of her remarks was impressive.*
La *justesse* de ses remarques était impressionnante.

□ かろうじて息子が勝った。 *My son barely won.* **Mon fils a gagné de *justesse*.**
＊de justesse で「ぎりぎりのところで、かろうじて」の意味。

□ この時計は正しくない。 *This clock does not show the correct time.*
Cette horloge ne donne pas l'heure *juste*.

□ まさに、そのことを言おうとしていました！ *I was about to say that!*
J'allais *justement* dire ça !
＊juste は「完全な一致」、justement は「規定や状況に即した適合」という違いがある。

音声♪ 1_16mp3

Texte d'exemple d'application 応用例文

La *justesse* du rapport du consultant ne *justifiait* pas son attitude arrogante lors de la réunion. Les participants espéraient *juste* une analyse simple et constructive, mais ils sont rentrés déçus et démotivés, pensant que leur travail n'avait pas été *justement* apprécié.

【 Traduction japonaise 】和訳

相談役による報告が正しいものであっても、それはそれ、会議での彼の傲慢な態度を正当化するものではなかった。参加者たちは、簡単で、建設的な分析を望んでいたのだが、自分たちの仕事が適切に評価されていなかったと思い、がっかりし、意欲をくじかれて帰っていった。

□ **rapport** nm 報告、報告書　compte rendu, exposé
　▶明日までにこの報告書を終えなくてはならない。　Je dois terminer ce rapport pour demain.
□ **consultant(e)** n 顧問、相談役、コンサルタント　personne qui donne un avis, un conseil
　▶彼はサイバーセキュリティのコンサルタントです。　Il est consultant en cyber-sécurité.
□ **déçu(e)** adj 落胆した　qui ressent de la déception
　▶私はあなたの決定に少々がっかりしています。　Je suis un peu déçu(e) par votre décision.
□ **démotivé(e)** adj 意欲を削がれた、やる気のない　qui perd complètement sa motivation

(Texte d'exemple d'application et exercices)　応用例文と練習問題

La justesse du rapport du consultant ＿＿＿＿＿＿＿＿＿＿ arrogante lors de la réunion.
Les participants [une / juste / analyse / simple / espéraient] et constructive, mais ils sont rentrés déçus et démotivés, pensant que [pas / leur / été / justement / travail / n'avait] apprécié.

下線部に足りない語句を加えたり、[　]内の単語の順番を並べ替えて、正しい文にしなさい。

(Mots dérivés)　派生語

justification nf 正当化、弁明

□欠席したことについて、弁明はありますか？
Do you have a justification for your absence?
Avez-vous une justification pour votre absence ?

justifiable adj 正当化できる

□彼の選択は正当化できる。　*His choice is justifiable.*
Son choix est justifiable.

ajuster v （機能などを細かに）調整する

□大工は、木製の梁の長さを調整した。
The carpenter adjusted the length of the wooden beam.
Le charpentier a ajusté la longueur de la poutre en bois.

étymologie 語源 〈 a- [(行為の) 方向・目標 + juster [正す] 〉→ [(目標に向け) 正しくする]

liberté

〈liber［自由な、束縛を受けていない］＋ -té［こと］〉から。英語「デリバリー」delivery は「手元にから自由にすること」→「届けること」の意味。

(se) libérer v	liberté nf	libre adj	librement adv
解放する、自由にする	自由	自由な、暇な、無料の	自由に、率直に

Phrases fréquentes よく使う言い回し

□警察は容疑者を釈放した。　*The police released the suspect.*　**La police** a *libéré* **le suspect.**

□自由・平等・友愛　*Freedom, Equality, Fraternity.*
Liberté, **Egalité, Fraternité.**　＊フランス革命の標語

□今晩、暇ですか（時間ある）？　*Are you free tonight?*　**Tu es** *libre* **ce soir ?**

□ヨーロッパ人はEU（欧州連合）内を自由に行き来できる。　*Europeans can move freely inside the EU.*　**Les Européens peuvent se déplacer** *librement* **dans l'UE.**

Phrases d'exemple de base 基本例文

□このアプリケーションをインストールする前に、携帯電話の空き容量を増やすことをお勧めします。
I recommend that you free up some space on your phone before installing this application.
Je te conseille de *libérer* **un peu d'espace dans ton téléphone avant d'installer cette application.**

□新政府は市民の自由を脅かしている。　*The new government threatens the freedom of the citizens.*
Le nouveau gouvernement menace la *liberté* **des citoyens.**

□月曜日は、美術館への入場は無料です。　*Entrance to the museum is free on Mondays.*
L'entrée du musée est *libre* **le lundi.**

□ここをクリックすると、アーカイブに自由にアクセスできます。
You can access the archive freely by clicking here.
Vous pouvez accéder *librement* **aux archives en cliquant ici.**

音声♪ 1_17.mp3

Texte d'exemple d'application 応用例文

Les soldats ont *libéré* **la ville il y a presque trois mois. Aujourd'hui, les habitants se promènent** *librement* **dans les rues et les commerçants sont** *libres* **de faire du commerce. Personne n'avait ressenti cette** *liberté* **depuis que la guerre civile avait éclaté.**

【 Traduction japonaise 】 和訳

兵隊は、ほぼ3か月前に街を解放した。今では、住民は自由に通りを歩き回り、商人は自由に商売ができる。内戦が勃発して以来こうした自由を誰も感じられずにいた。

- □ **soldat** nm　兵隊、軍人　militaire, combattant de guerre
- □ **habitant(e)** n　住民　personne qui habite un lieu, citoyen
  - ▶東京の人口はどれぐらいですか？　*Il y a combien d'habitants à Tokyo ?*
  - * Quelle est la population de Tokyo ?　も同義。
- □ **commerçant(e)** n　商人、小売商　personne qui fait du commerce, qui vend des biens
- □ **ressentir** v　（強く）感じる　sentir quelque chose physiquement ou émotionnellement, éprouver
  - ▶知らせを聞いてほっとした。　*J'ai ressenti un soulagement en entendant la nouvelle.*
- □ **éclater** v　（戦争や火事などが）勃発する、起こる　se produire d'une manière soudaine
  - *「爆発する」「急に表に現れる」といった意味から派生した比喩的な意味。

(Texte d'exemple d'application et exercices)　応用例文と練習問題

Les s＿＿＿＿＿＿ ont l＿＿＿＿＿＿ la v＿＿＿＿＿ il y a presque trois mois.
Aujourd'hui, les habitants ＿＿＿＿＿＿＿＿＿＿＿＿＿＿＿＿＿＿
et les commerçants sont libres de faire du commerce.
Personne n'avait [que / cette / ressenti / depuis / liberté] la guerre civile
avait éclaté.

下線部に足りない語句を加えたり、[　　]内の単語の順番を並べ替えて、正しい文にしなさい。

Mots dérivés　派生語

libéral(e) adj　自由主義の、自由な、寛容な

□おじは自由業です。　*My uncle exercises a liberal profession.*
Mon oncle exerce une profession libérale.

libération nf　解放

libéralisme nm　自由主義

délivrer v　解放する、自由にする、（書類を）交付する

□市役所が私に身分証を交付してくれた。　*The city hall gave me my identity card.*
La mairie m'a délivré ma carte d'identité.

étymologie 語源　〈 dé [手元から離れる] + livrer [自由にする] < libérer 〉

nécessaire

〈né [否定] ＋ cess [譲る] ＋ aire [〜の]〉→「譲れない」→「必要な」。

nécessiter v	nécessité nf	nécessaire adj	nécessairement adv
（事態や計画など物事が）必要とする	必要（性）	必要な、不可欠な	必ず、どうしても

Phrases fréquentes　よく使う言い回し

□この仕事は予想以上に時間を要します。　*This job will take longer than expected.*

Ce travail va *nécessiter* **plus de temps que prévu.**

□政府は、迅速に行動する必要性を主張した。
The government insisted on the need to act quickly.

Le gouvernement a insisté sur la *nécessité* **d'agir au plus vite.**

□必要な場合にだけ電話してください。　*Call me only if it's necessary.*

Appelle-moi seulement si c'est *nécessaire***.**

□一人でいることは、必ずしも悪いことではない。　*Being alone is not necessarily a bad thing.*

Être seul n'est pas *nécessairement* **une mauvaise chose.**

Phrases d'exemple de base　基本例文

□このポストには、ある程度のコンピュータスキルが必要です。
This position requires a certain level of computer skills.

Ce poste *nécessite* **un certain niveau de compétence informatique.**

□慈善団体は、貧困家庭に必需品の入ったバスケットを贈った。　*A charitable organization offered baskets of essentials to poor families.*　**Une association caritative a offert des paniers de première** *nécessité* **aux familles pauvres.**

□車を修理するのに必要なお金はありますか？　*Do you have the money to fix your car?*

Tu as l'argent *nécessaire* **pour réparer ta voiture ?**

□文書には、必ず署名が必要です。　*The document must necessarily have your signature.*

Le document doit *nécessairement* **avoir votre signature.**

音声♪ 1_18.mp3

Texte d'exemple d'application　応用例文

Le travail est une *nécessité* **pour l'homme. Néanmoins, il nous procure plus que les ressources financières** *nécessaires* **à notre survie matérielle. Il nous apporte aussi le respect des personnes qui** *nécessitent* **notre savoir-faire. Trouver sa vocation est cependant une tâche difficile car tous les métiers ne correspondent pas** *nécessairement* **à nos compétences.**

【 Traduction japonaise 】和訳

仕事は人間にとって必要なものだ。しかし、仕事は物質的な生活に必要な財力以上のものを私たちに与えてくれる。また、仕事は自分たちのノウハウを必要としている人たちからの敬意をもたらしてもくれる。だが、天職を見つけるのは難儀なこと、どんな職業であっても自身の能力と必ずしも一致するとは限らないからだ。

□ **procurer** v　手に入れさせる、もたらす　donner à quelqu'un
▶ガーデニングは私にとって大きな楽しみです。　Le jardinage me procure beaucoup de plaisir.
□ **survie** nf　生き残ること　se maintenir en vie
▶一部の部族は生き残りをかけて戦っている。　Certaines tribus luttent pour leur survie.
□ **vocation** nf　天職　activité professionnelle que nous aimons et qui nous est destinée
▶私は本当の天職を見つけました。　J'ai trouvé ma véritable vocation.
□ **tâche** nf　仕事、任務　travail qu'il faut faire
▶私たちにはまだ達成すべき任務があります。　Il nous reste encore plusieurs tâches à accomplir.

Texte d'exemple d'application et exercices　応用例文と練習問題

Le travail est ① [　　　　　　　] pour l'homme.
Néanmoins, il nous procure plus que ② [　　　　　　] nécessaires à notre survie matérielle.
Il nous apporte aussi　③ [　　　　　　] qui nécessitent notre savoir-faire. Trouver sa vocation est cependant une tâche difficile car　④ [　　　　　　] ne correspondent pas nécessairement à nos compétences.

①～④に入る適当な語句を、次の中から選びなさい。

le respect des personnes / les ressources financières / tous les métiers / une nécessité

Synomymes　類義語

essentiel, essentielle adj　（なくてはならない）必要不可欠な、必須の

□水は、生命には必要不可欠なものだ。　Water is essential to life.
L'eau est essentielle à la vie.

indispensable adj　（事柄を成立させるのに重要で）欠くことのできない

□包丁は料理人にとって欠くことのできない道具だ。
The knife is an indispensable tool for cooks.
Le couteau est un outil indispensable pour les cuisiniers.

＊仏英で上記の２つの単語は意味合いがおおむね逆になる点に注意。

primordial(e) adj　最も重要な、肝要な（＝capital）

note

note は〈 ラテン語nota [印 (しるし)、記号] 〉から、「(何かに notare [書き留めた]) 注意を促す印」のこと。

noter v	note nf	notable adj	notamment adv
書きつける、メモする、気づく、採点する	**メモ、ノート、通知、伝票、(学科の) 成績**	注目に値する、著しい、めざましい	特に、とりわけ

Phrases fréquentes よく使う言い回し

□あなたの誕生日をメモ帳に書き留めておきます。 *I will note your birthday in my diary.*
Je vais *noter* ton anniversaire dans mon agenda.

□ (ホテルで) チェックアウトをお願いします。 *I'd like to check out.* **Ma *note*, s'il vous plaît.**

□この夏、交通事故が著しく減少した。 *We have seen a noticeable drop in traffic accidents this summer.*
Nous avons observé une baisse *notable* des accidents de la route cet été.

□母はコーヒーが好きです、特にモカが。 *My mother likes coffee, especially mocha.*
Ma mère aime le café, *notamment* le moka.

Phrases d'exemple de base 基本例文

□先生がテストを採点した。 *The teacher graded the test.* **Le professeur a *noté* l'examen.**

□誰が私の机にこのメモを残したのですか？ *Who left this note on my desk?*
Qui a laissé cette *note* sur mon bureau ?

□このプロジェクトはコミュニティにとって非常に重要です。
This project is of significant importance to the community.
Ce projet est d'une importance *notable* pour la communauté.

□今年の夏は暑かった、とりわけ8月15日の日は。
It was very hot this summer, especially on August 15th.
Il a fait très chaud cet été, *notamment* le 15 août.

音声♪ 1_19.mp3

Texte d'exemple d'application 応用例文

Beaucoup d'étudiants préfèrent prendre en photo ce que le professeur *note* au tableau. Cette tendance est de plus en plus *notable* depuis la popularisation des smartphones et des tablettes. Cependant, une étude suggère que prendre des *notes* améliore les performances et *notamment* la mémorisation d'information. C'est pourquoi certaines écoles interdisent l'utilisation d'appareils électroniques en classe.

【 Traduction japonaise 】和訳

大勢の学生が、教師が黒板に書いたものを（ノートに書き込むより）写真に撮るほうを好む。スマートフォンやタブレットが普及してから、この傾向はますます顕著だ。しかし、ある研究によると、ノートを取ることで成績が向上し、特に情報が記憶に残るとされている。だから、学校によっては授業中の電子機器の使用を禁止している。

- □ **tableau** nm　黒板、ホワイトボード　panneau accroché au mur d'une classe pour écrire
- □ **popularisation** nf　普及、人気が出ること　action de rendre populaire
  - ▶代表チームのオリンピックでの勝利はスポーツの普及に大きく貢献した。
  - *La victoire aux Jeux olympiques de l'équipe nationale a beaucoup aidé à la popularisation de ce sport.*
- □ **interdire** v　禁止する　défendre quelqu'un de faire quelque chose
  - ▶規則では、オフィスでの喫煙を禁止している。　*Le règlement interdit de fumer dans les bureaux.*

(Texte d'exemple d'application et exercices)　応用例文と練習問題

Beaucoup d'étudiants préfèrent ① [　　　　　　　] ce que le professeur note au tableau.

Cette tendance est ② [　　　　　　　　] depuis la popularisation des smartphones et des tablettes.

Cependant, une étude suggère que ③ [　　　　　　　] améliore les performances et notamment ④ [　　　　　　].

C'est pourquoi certaines écoles interdisent l'utilisation d'appareils électroniques ⑤ [　　　　　　].

①〜⑤に入る適当な語句を、次の中から選びなさい。

de plus en plus notable / en classe / la mémorisation d'information / prendre des notes / prendre en photo

---

Mots dérivés　派生語

notablement adv　著しく、大変

□たばこの価格が上がってから、喫煙者の数は大幅に減少しています。
The number of smokers has declined significantly since the increase in the price of tobacco.
Le nombre de fumeurs a notablement baissé depuis l'augmentation du prix du tabac.

notice nf　（器具などの）説明書

□組立説明書　*assembly instructions*　**une notice de montage**

ouvrir

原義は「蓋をあける」。〈俗ラテン語 operīre（ラテン語 aperīre［（閉ざされたものを）開ける]）＝英語 to open〉から。

ouvrir v	ouverture nf	ouvert(e) adj	ouvertement adv
開ける、開く	開くこと、開始、開店、開設	開いた、公開された、理解のある	率直に、公然と

Phrases fréquentes よく使う言い回し

□ 暑い、窓を開けてもらえる？　*It's hot, can you open the window?*
Il fait chaud, tu peux *ouvrir* **la fenêtre ?**

□ 開会式は午後6時から始まります。　*The opening ceremony will begin at 6 pm.*
La cérémonie d'*ouverture* **commencera à 18h00.**

□ バーはまだ開いていません。　*The bar is not yet open.*　**Le bar n'est pas encore** *ouvert*.

□ あなたの問題について率直に（遠慮なく）話せることが大事です。
It is important to be able to speak openly about your problems.
Il est important de pouvoir parler *ouvertement* **de vos problèmes.**

Phrases d'exemple de base 基本例文

□ 預金口座を開設したいのですが。　*I would like to open a savings account.*
Je voudrais *ouvrir* **un compte épargne.**

□ 店が開くのは何時ですか？　*What are the store's opening hours?*
Quelles sont les heures d'*ouverture* **du magasin ?**

□ 私の先生はとても心が広い。　*My teacher is very open-minded.*
Mon professeur est très *ouvert* **d'esprit.**

□ 一部の大臣たちは公然と大統領に反対した。　*Some ministers openly opposed the President.*
Certains ministres se sont opposés *ouvertement* **au Président.**

音声♪ 1_20.mp3

Texte d'exemple d'application 応用例文

Depuis l'*ouverture* **du nouveau centre commercial à l'extérieur de la ville, de nombreux commerçants du centre-ville ont perdu une grande partie de leur clientèle et expriment** *ouvertement* **leur mécontentement. Le maire vient de leur donner la permission d'***ouvrir* **leurs commerces le dimanche et a déclaré rester** *ouvert* **à toute suggestion pour garantir une concurrence loyale.**

【 Traduction japonaise 】和訳

町の外に新しいショッピングセンターがオープンしてから、中心街の数多くの商店は客の大半を失い、不満を公然と表明している。市長はそうした商店に日曜日に開業する許可を与えたばかりで、公正な競争を確保するためのあらゆる提案に自身は理解を示していると述べた。

☐ **clientèle** nf （集合的に）客　ensemble des clients
☐ **maire** n　市（町村）長　personne qui représente et dirige une commune, une ville
  ▶市長は今夜、役所で声明を出します。　*Le maire fera une déclaration à la mairie ce soir.*
☐ **suggestion** nf　提案、示唆　action de suggérer
☐ **concurrence** nf　（商売上の）競争　rivalité d'intérêts
  ▶あのスーパーは小さな商店に競争を挑んでいる。
  Ce supermarché fait de la concurrence aux petits commerçants.
☐ **loyal(e)** adj　公正な　qui est honnête, qui a un sens de l'honneur

---

Texte d'exemple d'application et exercices　応用例文と練習問題

Depuis l'ouverture du nouveau centre commercial à
① [　　　　　　　　　], de nombreux commerçants du centre-ville ont perdu ② [　　　　　　　　　] et expriment ouvertement ③ [　　　　　　].
Le maire vient de leur donner ④ [　　　　　　　　] le dimanche et a déclaré rester ouvert à toute suggestion pour garantir ⑤ [　　　　　　　].

①～⑤に入る適当な語句を、次の中から選びなさい。

la permission d'ouvrir leurs commerces / leur mécontentement /
l'extérieur de la ville / une concurrence loyale /
une grande partie de leur clientèle

Mots dérivés　派生語

entrouvert adj　半開きの

☐ドアが半開きだ。　*The door is ajar.*　**La porte est entrouverte.**

entrouvrir v　少し開ける、半開きにする

＊entrebâiller という類義語もある。　étymologie 語源 〈 entr(e) [中途半端な行為] + ouvrir [開く] 〉

réouverture nf　再開、営業再開

☐劇場の再開は来月です。　*The reopening of the theater will take place next month.*
La réouverture du théâtre aura lieu le mois prochain.
étymologie 語源 〈 ré [再び] + ouverture [開くこと] 〉

passer

「通る」passare から、passer「通る」→ passage〈 pass［通る］＋ age［行為］〉＝「通過」→ passé「過ぎ去った、過去の」。

(se) passer v	passage nm	passé(e) / passable adj	passablement adv
通る、立ち寄る、過ぎ去る、起こる	通過、通行、通路、立ち寄ること	過去の、この前の／まずまずの、並の	（程度）相当、かなり、まずまず、どうにか

Phrases fréquentes よく使う言い回し

□通してください。　*Let me pass.*　**Laissez-moi** *passer*.

□1台の車が道をふさいでいる。　*A car is blocking the way.*　**Une voiture bloque le** *passage*.

□先週、私たちは山へハイキングに行きました。　*Last week we went to the mountains to hike.*
La semaine *passée*, **nous sommes allées à la montagne pour faire de la randonnée.**

□ひどくけんか腰の男が警察に逮捕された。　*A fairly aggressive man was arrested by the police.*
Un homme *passablement* **agressif a été arrêté par la police.**

Phrases d'exemple de base 基本例文

□週末は読書をして過ごした。　*I spent all weekend reading.*
J'ai *passé* **tout le week-end à lire.**

□姉（妹）は京都に一時滞在中だ。　*My sister is temporarily staying in Kyoto.*
Ma sœur est de *passage* **à Kyoto.**

□彼の仕事はまずまずで、昇級には値しない。　*His work is average, he does not deserve a raise.*
Son travail est *passable*, **il ne mérite pas une augmentation.**

□パンの価格は過去10年間でかなり上昇している。
The price of bread has fairly increased over the past ten years.
Le prix du pain a *passablement* **augmenté ces dix dernières années.**

Texte d'exemple d'application 応用例文

音声♪ 1_21.mp3

Au Japon, le Nouvel An est une fête qui *se passe* **traditionnellement en famille. Pour préparer cette célébration, la plupart des Japonais consacrent, à la fin de l'année, au moins une journée à nettoyer leur maison des saletés de l'année** *passée*. **La visite au sanctuaire est aussi un** *passage* **obligatoire pour beaucoup de familles et le réveillon se déroule dans une ambiance** *passablement* **calme.**

【 Traduction japonaise 】和訳

日本では、新年は伝統的に家族と過ごす祭日です。この祝賀の準備のために、大半の日本人は、年末に、少なくとも1日はその年の家の汚れを落とすことに費やします。神社への参詣もまた多くの家族にとって義務的な訪問で、大晦日の祝宴はまずまず平穏な雰囲気で過ぎていきます。

□ **célébration** nf 祝賀、（祭典などの）挙行 fête, action de célébrer quelque chose

□ **consacrer** v 捧げる、時間を割く employer son temps pour quelque chose
▷彼は、いつもサッカーに専念している。 *Il consacre tout son temps au football.*

□ **sanctuaire** nm 神社 lieu sacré dans la religion Shinto
▷新年は、どの神社に行きますか？ *Tu vas à quel sanctuaire pour le Nouvel An ?*
＊見出し語は本来「聖域」lieu sacré consacré à une divinité のことだが、本文の内容に合わせた訳語にした。

□ **se dérouler** v （出来事が）起きる、展開する se passer

□ **réveillon** nm レヴェイヨン（クリスマスや大晦日の祝宴・会食）
fête entre famille ou amis la nuit de Noël ou le 31 décembre

(Texte d'exemple d'application et exercices) 応用例文と練習問題

Au Japon, le Nouvel An est [traditionnellement / se / une / qui / passe / fête] en famille.

Pour préparer cette célébration, la plupart des Japonais consacrent, à la fin de l'année, au moins une journée à nettoyer leur maison [de / des / passée / saletés / l'année].

La visite au sanctuaire est a＿＿＿＿＿＿ un p＿＿＿＿＿＿

o＿＿＿＿＿＿ pour beaucoup de familles et le réveillon se déroule

d＿＿＿＿ une a＿＿＿＿＿ p＿＿＿＿＿＿ calme.

[　] 内の単語の順番を並べ替えたり、下線部に足りない語句を加えて、正しい文にしなさい。

Mots dérivés 派生語

passé nm 過去

□これはすべて昔のことだ。 *All that is in the past.* **Tout ça, c'est du passé.**

passager, passagère n （飛行機・船の）乗客

□乗客は全員無事だ。 *All passengers are safe and sound.*
Tous les passagers sont sains et saufs.
＊「列車・地下鉄・バスの客」には voyageur, voyageuse 、「タクシー客」には client(e) を使う。

passant(e) n 通行人

repasser v 再び通る、～にアイロンをかける

□シャツにアイロンをかける *to iron one's shirt* **repasser sa chemise**

possible

〈 poss [能力がある] ＋ -ible [できる] 〉→「理論上可能である」→「(努力すれば)起こり得る、(もしかすると) 起こり得る」。

pouvoir v	possibilité nf	possible adj	possiblement adv
〜できる、〜してもよい、〜かもしれない	(論理的な) 可能性、見込み、(複数で) 能力	**可能な、あり得る**	[稀] おそらく、たぶん * probablement, sans doute が通例。

Phrases fréquentes よく使う言い回し

□ それがどのように働くか私に説明してくれる？　*Can you explain to me how it works?*
Tu *peux* m'expliquer comment ça marche ?

□ たとえ雨が降っていても、いつでも家で映画を見ることはできます。
Even if it rains, we can always watch a movie at home.
Même s'il pleut, on a toujours la *possibilité* de regarder un film à la maison.

□ 信じられない！　*No way!*　**Ce n'est pas *possible* !**

□ ことによるとビットコインは、近い将来至る所で使われるかもしれない。
Bitcoin will possibly be used everywhere in the near future.
Le bitcoin sera *possiblement* utilisé partout dans un futur proche.

Phrases d'exemple de base 基本例文

□ ここは通れません。　*You cannot go through here.*　**Vous ne *pouvez* pas passer par là.**

□ このソフトウェアが提供してくれる可能性は無限大です。　*The possibilities offered by this software are endless.*　**Les *possibilités* offertes par ce logiciel sont infinies.**

□ 彼は明日、来ないかもしれない。　*He may not come tomorrow.*
Il est *possible* qu'il ne vienne pas demain.

□ 十分な準備ができていれば、この問題はおそらく避けられたはずなのに。
This problem could possibly have been avoided if we had been better prepared.　**Ce problème aurait *possiblement* pu être évité si nous avions été mieux préparés.**

音声♪ 1_22.mp3

Texte d'exemple d'application 応用例文

Au poker, tout est *possible*. On *peut* mémoriser les cartes et prédire toutes les *possibilités* ou tout simplement bluffer ses adversaires. L'objectif est de gagner, peu importe la méthode. Cependant il est important de toujours garder à l'esprit qu'un joueur a *possiblement* une meilleure main que vous. Les risques sont élevés mais les gains le sont aussi.

【 Traduction japonaise 】和訳

ポーカーではなんでも可能だ。カードを記憶してあらゆる可能性を予測することができるし、単に対戦相手にブラフ（はったり）をかけることもできる。お目当ては勝つことで、方法はどうでもいい。ただし、相手プレイヤーはひょっとするとあなたより優れた腕を持っているかもしれない、その点をいつも念頭に置いておくことが重要だ。リスクは高いが、儲けもまた大きい。

□ **mémoriser** v　記憶にとどめる　apprendre, mettre en mémoire
　　▶3か月で1000の漢字を記憶した。　*J'ai mémorisé 1000 kanji en trois mois.*
□ **prédire** v　予言する、予測する　annoncer à l'avance ce qui va arriver
□ **bluffer** v　ブラフ（はったり）をかける　essayer de tromper par un bluff
□ **adversaire** n　（競争）相手　personne qu'on affronte lors d'un jeu ou d'une compétition
　　▶対戦相手は彼よりも強かった。　*Son adversaire était plus fort que lui.*
□ **joueur, joueuse** n　ゲームをする人、選手　personne qui joue à un jeu ou un sport
　　▶兄（弟）はプロのテニスプレイヤーです。　*Mon frère est joueur de tennis professionnel.*
□ **gain** nm　利益、収入　argent qu'on a gagné

Texte d'exemple d'application et exercices　応用例文と練習問題

Au poker, _____ .
On peut mémoriser les cartes et prédire _____
ou tout simplement bluffer ses adversaires.
L'objectif est de gagner, [la / peu / importe / méthode].
Cependant il est important de toujours garder à l'esprit
_____ une meilleure main que vous.
Les risques sont élevés mais [le / les / aussi / sont / gains].

　下線部に足りない語句を加えたり、[　　]内の単語の順番を並べ替えて、正しい文にしなさい。

Mots dérivés　派生語

impossible adj　不可能な、あり得ない、困難な

□1日で世界一周なんてあり得ない。　*It's impossible to go around the world in one day.*
Il est impossible de faire le tour du monde en un jour.

impossibilité nf　不可能であること、不可能性

posséder v　所有する　< **possession** nf

□おばは、すばらしい記憶力の持ち主です。　*My aunt has an excellent memory.*
Ma tante possède une excellente mémoire.

étymologie 語源　〈[能力のある] + séder [座る]〉→「力のある者が座る」→「占有する」。

pratique

ギリシア語で「活動」を意味する πρᾶξις（プラクシス）から。「（目的を持って物事を）常に行うこと、実行すること」。

pratiquer v	pratique nf	pratique adj	pratiquement adv
行う、実行する、（宗教などを）信奉する	実践、実行、練習、経験	実用的な、便利な	実際には、ほとんど

Phrases fréquentes よく使う言い回し

☐ モロー博士は10年診察を行っていない。　*Dr. Moreau hasn't practiced medicine for 10 years.*
Dr. Moreau n'a pas *pratiqué* la médecine depuis 10 ans.

☐ 言語を学ぶのに、実践に勝るものはない。　*To learn a language, nothing beats practice.*
Pour apprendre une langue, rien ne vaut la *pratique*.

☐ 日本の電車はとても便利だ。　*Trains in Japan are very convenient.*
Les trains au Japon sont très *pratiques*.

☐ 私はほとんどすべて理解した！　*I pretty much understood everything!*
J'ai *pratiquement* tout compris !

Phrases d'exemple de base 基本例文

☐ 私たちの国では、どんな宗教でも信奉する権利があります。
In our country you have the right to practice any religion.
Dans notre pays, vous avez le droit de *pratiquer* n'importe quelle religion.

☐ 禅の修業は、動かず、座って行われます。　*The practice of Zen is done sitting down, without moving.*
La *pratique* du Zen se fait assise, sans bouger.

☐ 箸を使うのは不便だとお思いですか？　*Don't you think it's convenient to use chopsticks?*
Vous ne croyez pas que ce soit *pratique* d'utiliser des baguettes ?

☐ 事実上その会社は倒産している。　*The company is virtually bankrupt.*
L'entreprise est *pratiquement* en faillite.

Texte d'exemple d'application 応用例文

音声♪ 1_23.mp3

Je n'ai *pratiquement* pas réussi mes exercices de guitare. Mon professeur m'a donné plusieurs conseils *pratiques* mais je n'y arrive pas. Il me dit que je manque de *pratique*, que je dois jouer tous les jours. Mais je ne fais que ça toute la journée ! Je *pratique* ces maudits exercices pendant des heures et des heures ! J'en ai marre !

【 Traduction japonaise 】 和訳

ギターの練習はほとんど実を結ばなかった。先生はいくつか実用的な助言をしてくれたが、僕にはできない。先生は、練習が足りない、毎日演奏しなければいけないと言う。でも、僕は1日中ギターの練習ばかりやっている！　このいまいましいエクササイズを何時間も何時間もやってるんだ！　もううんざりだ！

□ **conseil** nm　忠告、アドバイス　avis sur ce qu'il convient de faire, recommandation
　▶明日の面接のためのアドバイスがある？　*Tu as des conseils pour mon entretien de demain ?*

□ **arriver à + inf.** v　〜できる　réussir, parvenir à + inf.
　▶どうしても理解できない。　*Je n'arrive pas à comprendre.*　＊否定文で使われることが多い。

□ **maudit(e)** adj　（名詞の前で）嫌な、いまいましい　qui est détestable

□ **en avoir marre** loc. v　〜にうんざりする、飽き飽きする　suffire, en avoir assez
　▶彼女にはうんざりだ！　*J'en ai marre d'elle !*

［ Texte d'exemple d'application et exercices ］ 応用例文と練習問題

Je [réussi / pas / pratiquement / n'ai] mes exercices de guitare. Mon professeur m'a [conseils / donné / pratiques / plusieurs] mais je n'y arrive pas.

Il me dit que [de / je / pratique / manque] , que je dois jouer tous les jours. Mais je ne fais que ça toute la journée !

Je [maudits / exercices / ces / pratique] pendant des heures et des heures ! J'en ai marre !

［　　　］内の単語の順番を並べ替えて、正しい文にしなさい。

Mots dérivés　派生語

praticable adj　実行可能な、通行できる

□それは実行可能な計画ですか？　*Is it a practicable project?*　**C'est un projet praticable ?**

impraticable adj　通行不能な、実現不可能な

□台風通過後、道路は通行不能だった。　*After the typhoon passed, the road was impassable.*
　Après le passage du typhon, la route était impraticable.

pratiquant(e) n　（きちんとお勤めをする）信者

□私はキリスト教の信者なので、毎週日曜には教会に行きます。
I'm a practicing Christian and I go to church every Sunday.
　Je suis Chrétien pratiquant et je vais à l'église tous les dimanches.

préciser

〈 pré［前もって］＋ ciser［切る］〉→「（余裕を持って、半端な箇所を除いて）正確に切る」

préciser v	précision nf	précis(e) adj	précisément adv
明確にする、はっきりさせる、正確に伝える	正確、明確さ	正確な、緻密な、明確な	正確に、ちゃんと、ちょうど、まさしく

Phrases fréquentes よく使う言い回し

□あなたの意図をはっきりさせてくれ！　*Specify your intentions!* *Précise* **tes intentions !**

□彼の描いた肖像画の精度は、驚くべきものだ。　*The precision of the portrait he drew is incredible.*
La *précision* **du portrait qu'il a dessiné est incroyable.**

□彼の説明は非常に明解です。　*His explanations are very precise.*
Ses explications sont très *précises***.**

□ずばり、あなたは何を探しているのですか？　*What exactly are you looking for?*
Qu'est-ce que vous cherchez *précisément* **?**

Phrases d'exemple de base 基本例文

□駅への到着時間は、メールで正確に伝えます。
I will tell you by e-mail my arrival time at the station.
Je vous *préciserai* **par e-mail mon heure d'arrivée à la gare.**

□彼の計算は、正確ではない。　*His calculation lacks precision.*
Son calcul manque de *précision***.**

□5時ちょうどに着きます。　*I will arrive at 5 o'clock sharp.*
J'arriverai à cinq heures *précises***.**

□私は5年間パリで、より正確に言えば7区で働いていた。
I worked in Paris for five years, more precisely in the 7th arrondissement.
J'ai travaillé à Paris pendant cinq ans, plus *précisément* **dans le 7ème arrondissement.**

Texte d'exemple d'application 応用例文

音声♪ 1_24.mp3

Une petite entreprise vient de développer un GPS capable de localiser très *précisément* **les personnes et véhicules. Avec une** *précision* **au millimètre, aucun système n'a réussi à être aussi performant et** *précis* **jusqu'à présent. La compagnie** *précise* **que ce système sera disponible très prochainement.**

【 Traduction japonaise 】和訳

ある小さな会社が、車両や人の位置を極めて正確に突きとめることのできるGPSを開発したところだ。ミリメートル単位の精度で、これまでのところ、これほど高性能で、正確であることに成功したシステムは他にはない。同社はこのシステムがまもなく利用可能になると明言している。

□ **localiser** v 　～の位置（原因・出所）を突きとめる
déterminer le lieu où se trouve quelque chose ou quelqu'un
▶研究者はウイルスの起源を突き止めました。
Les chercheurs ont localisé l'origine du virus.

□ **performant(e)** adj 　高性能の　　qui a de bons résultats
▶この車のエンジンは非常に高性能だ。　*Le moteur de cette voiture est très performant.*

　Texte d'exemple d'application et exercices 　応用例文と練習問題

Une petite entreprise vient de développer un [de / localiser / capable / GPS] très précisément les personnes et véhicules.
_____ , aucun système n'a réussi à être aussi performant et _____ .
La compagnie [ce / que / précise / système] sera disponible très prochainement.

　[　　] 内の単語の順番を並べ替えたり、下線部に足りない語句を加えて、正しい文にしなさい。

　Mots dérivés　派生語

(se) décider v 　決める、決心する　< décision nf

□彼は海外に留学すると決めた。　　*He decided to study abroad.*
Il a décidé d'étudier à l'étranger.
étymologie 語源 〈 dé- [分離] + [切る] 〉→「（対立する考えの一方を）切り離す」

suicide nm 　自殺、自滅　< se suicider v

□自殺未遂　*suicide attempt*　**tentative de suicide**
étymologie 語源 〈 sui [自分自身を] + [切ること] 〉

pesticide nm adj 　殺虫剤 (の) = insecticide nm

□殺虫剤が環境に及ぼす影響を考えたことがありますか？
Have you ever considered the environmental impact of pesticides?
Avez-vous déjà pensé à l'impact environnemental des pesticides ?
étymologie 語源 〈 pest [害虫] / insect [昆虫] + [切ること] 〉

progressif

段階的に〈pro［前に］＋ gress［歩く、進む］〉から。

progresser v	progrès nm / progression nf	progressif, progressive adj	progressivement adv
進歩（向上）する、前進する	進歩 / 発展、進行	前進的な、段階的な	徐々に、しだいに

Phrases fréquentes　よく使う言い回し

□ AI は飛躍的な進歩を遂げている。　*AI is making great strides.*
L'IA *progresse* **à grands pas.**

□ その少年は英語がまるで進歩しなかった。　*The boy made no progress in English.*
Le garçon n'a fait aucun *progrès* **en anglais.**

□ 減量は少しずつ行わなくてはならない。　*Weight loss must be progressive.*
La perte de poids doit être *progressive*.

□ 秋に、葉は少しずつ色づいてゆく。　*In fall, the leaves gradually change color.*
En automne, les feuilles changent *progressivement* **de couleur.**

Phrases d'exemple de base　基本例文

□ 仕事はあまり進んでいない。　*The work is not progressing much.*
Le travail ne *progresse* **pas beaucoup.**

□ 病気の進行　*the progression of the disease*　**la** *progression* **de la maladie**
　＊progressionはprogrèsより硬い語だが、含意としてprogressionは「（善悪と関係のない）進行、拡大」、progrèsは「（良い方向に向けての）進行、向上」という差異がある。

□ 大統領は軍の段階的な撤退を望んでいる。
The President wants a gradual withdrawal of the troops.
Le Président souhaite un retrait *progressif* **des troupes.**

□ 痛みは徐々に和らいでいる。　*The pain is gradually decreasing.*
La douleur diminue *progressivement*.

Texte d'exemple d'application　応用例文

音声♪ 1_25.mp3

La découverte *progressive* **des planètes et les** *progrès* **scientifiques des 500 dernières années nous ont permis de conquérir** *progressivement* **l'espace. Pour assurer la survie de l'espèce humaine nous devrons collaborer et** *progresser* **ensemble. Une** *progression* **qui sera longue mais qui fera rêver toutes les générations futures.**

【 Traduction japonaise 】 和訳

天体の段階的な発見や、過去500年の科学の進歩のおかげで、私たちは徐々に宇宙を征服することができた。人類の生の存続を確かなものとするために、私たちは協力し、一緒に前進する必要がある。発展は時間のかかるものだが、将来の全世代に夢を見させてくれるものだ。

☐ **conquérir** v 　征服する、打ち勝つ　occuper par la force
☐ **survie** nf 　生きのびる（生き残る）こと　se maintenir en vie
☐ **collaborer** v 　協力する、協同で〜する　travailler ensemble
▸両国は平和のために協力してきた。　Les deux pays ont collaboré pour la paix.

Texte d'exemple d'application et exercices 　応用例文と練習問題

La découverte progressive des planètes et ① [　　　　　] des 500 dernières années nous ont permis de conquérir ② [　　　　] .
Pour assurer ③ [　　　　] nous devrons collaborer et progresser ensemble.
Une progression qui sera longue mais qui fera rêver toutes ④ [　　　　　] .

①〜④に入る適当な語句を、次の中から選びなさい。

la survie de l'espèce humaine / les générations futures /
progressivement l'espace / les progrès scientifiques

Mots dérivés 　派生語

régression nf 　後退、減少 ↔ progression

☐経済は後退している。　The economy is in decline.
L'économie est en régression.
étymologie 語源 〈 ré [後ろへ戻る] + [歩く、進む] 〉

aggressif, aggressive adj 　攻撃的な、積極的な

☐このチームの誰もが攻撃的だ。　Everyone in this team is aggressive.
Tout le monde dans cette équipe est agressif.
étymologie 語源 〈 ag [〜のほうへ] + [進む] 〉

congrès nm 　（外交上の）会議

☐国際会議を開く　to hold an international congress 　**tenir un congrès international**
étymologie 語源 〈 con [一緒に] + [進む] 〉→「一緒に来る（集まる）場所」

public

〈 publ- ［人々、大衆］＋ -ic ［の］〉の意味。

publier v	publication nf	public, publique adj	publiquement adv
出版する、公にする	出版 (物)、発表、公表	公の、公開の	公に、公然と

Phrases fréquentes よく使う言い回し

□彼女の本は、いくつかの言語で出版された。　*Her book was published in several languages.*
Son livre *a été publié* **en plusieurs langues.**

□彼の自伝の出版は、来年の冬に予定されている。
The publication of his autobiography is scheduled for next winter.
La *publication* **de son autobiographie est prévue pour l'hiver prochain.**

□この記事は、明らかな世論操作の試みだ。
This article is an obvious attempt at public opinion manipulation.
Cet article est une tentative évidente de manipulation de l'opinion *publique*.

□マネージャーは公に謝罪した。　*The manager apologized publicly.*
Le directeur s'est excusé *publiquement*.

Phrases d'exemple de base 基本例文

□その会社は、今四半期の業績を発表した。　*The company published the results for this quarter.*
La compagnie *a publié* **les résultats de ce trimestre.**

□この作品の刊行日がわかりません。　*I don't know the publication date of this book.*
Je ne connais pas la date de *publication* **de cet ouvrage.**

□フランスの学校の大多数は公立です。　*The majority of schools in France are public.*
La majorité des écoles en France sont *publiques*.

□教授は、私の論文を公然と批判した。　*The professor has publicly criticized my treatise.*
Le professeur a *publiquement* **critiqué mon traité.**

Texte d'exemple d'application 応用例文

音声♪ 1_26.mp3

Après plusieurs années de secret, le Président a autorisé la *publication* **des dossiers classifiés sur les ovnis. L'annonce a été faite** *publiquement* **lors d'une conférence et tous les documents font maintenant partie du domaine** *public*. **Certains journalistes, qui** *avaient* **à l'époque** *publié* **des articles conspirateurs sur le sujet, se sont pressés de les rassembler afin de relancer le débat sur la présence d'extraterrestres sur notre planète.**

【 Traduction japonaise 】 和訳

何年にもわたって秘密を保持したあと、大統領はUFOについて類別されたファイルの公開を許可した。発表は会議で公になされ、すべての文書は、現在パブリックドメイン（著作権が消滅した文書）となっている。かつて、このテーマに関する陰謀記事を発表したジャーナリストの中には、地球上のエイリアンの存在に関する議論を再燃させるために、急いでファイルを集めた者もいた。

- **autoriser** v 許可する　permettre à quelqu'un de faire quelque chose
- **ovni** nm 未確認飛行物体、**UFO**　objet volant non identifié
- **conférence** nf 会議　réunion de personnes pour discuter d'un sujet particulier
- **conspirateur, conspiratrice** adj 陰謀の　qui s'entend en secret pour renverser le pouvoir, etc...
- **extraterrestre** n 宇宙人　qui vient d'une autre planète
  ▶宇宙人はいると思いますか？　*Tu crois que les extraterrestres existent ?*

(Texte d'exemple d'application et exercices) 応用例文と練習問題

Après plusieurs années de secret, le Président a autorisé ① [　　　　　　] classifiés sur les ovnis.
L'annonce ② [　　　　　　] et tous les documents font maintenant partie ③ [　　　　　] .
Certains journalistes, qui ④ [　　　　　] des articles conspirateurs sur le sujet, se sont pressés de les rassembler afin de relancer le débat sur la présence d'extraterrestres sur notre planète.

①～④に入る適当な語句を、次の中から選びなさい。

a été faite publiquement lors d'une conférence / avaient à l'époque publié / du domaine public / la publication des dossiers

---

Mots dérivés 派生語

public nm 一般の人々、（集合的に）観客、聴衆

□このエリアは一般公開されていない。
This area is closed to the public.　**Cette zone est interdite au public.**

publicité nf 広告、コマーシャル

□インターネットの至るところに広告が載っている。
There is advertising all over the internet.　**Il y a de la publicité partout sur internet.**

république nf 共和国、共和制

□フランス共和国　*the French Republic*　**la République française**
étymologie 語源 〈 ré [（現実の）もの] + [公衆] 〉→「民のもの」→「共和制」

réel

〈（見かけと実質が一致した）現実の、本物の、本当の〉

réaliser v	réalité nf	réel, réelle adj	réellement adv
実現（実行）する、（映画などを）監督する	現実（性）、実情	現実の、実際の	現実に、本当に

Phrases fréquentes　よく使う言い回し

□若手のコメディアンが、新作映画を監督します。　*A young comedian will direct a new movie.*
Un jeune comédien va *réaliser* **un nouveau film.**

□新しいヴァーチャルリアリティ・ヘッドセットを購入した。　*I bought a new virtual reality headset.*
J'ai acheté un nouveau casque de *réalité* **virtuelle.**

□リアルタイムで荷物の配達を追跡できます。　*You can track the delivery of your package in real time.*
Vous pouvez suivre la livraison de votre colis en temps *réel*.

□この方法は本当に効果的ですか？　*Is this method really effective?*
Cette méthode est-elle *réellement* **efficace ?**

Phrases d'exemple de base　基本例文

□ついに夢をかなえることができた。　*I was finally able to make my dream come true.*
J'ai enfin pu *réaliser* **mon rêve.**

□あなたの言っていることは理解できますが、現実はまったく異なります。
I understand what you are saying, however the reality is quite different.
Je comprends ce que vous dites, cependant la *réalité* **est bien différente.**

□この映画は実際の出来事に基づいています。　*This film is based on real events.*
Ce film est basé sur des faits *réels*.

□彼女は実際に何が起こったのか教えてくれた。　*She told me what really happened.*
Elle m'a raconté ce qui s'est *réellement* **passé.**

音声♪ 1_27.mp3

Texte d'exemple d'application　応用例文

Depuis l'apparition de la *réalité* **augmentée, le secteur du luxe vit une période de transformation importante. Cette technologie permet de développer un nouveau type d'expérience avec les clients, et l'impact de cette interactivité est bien** *réel*. **Les marques ont ainsi été en mesure de** *réaliser* **de meilleurs résultats en ligne avec des moyens** *réellement* **simples pour un maximum de profit.**

【 Traduction japonaise 】和訳

拡張現実（人の知覚する現実をコンピュータで拡張する技術）が出現してから、高級品部門は重大な変革期を迎えている。このテクノロジーは、顧客との新しいタイプの体験を推し進めるのに役立ち、また、この双方向性のインパクトは非常に現実的なものだ。かくして、一流ブランドは最大の利益のために実に簡単な手段を用いて、オンラインでよりよい成果を上げられた。

□ **luxe** nm 贅沢、豪華　produit de haute qualité　▶高級車　une voiture de luxe
□ **transformation** nf 変化、変革　action de changer, transformer
　▶毛虫から蝶への変化は変態と呼ばれる。
　La transformation d'une chenille en papillon s'appelle la métamorphose.
□ **interactivité** nf ［情報］双方向性　système d'échange entre une personne et un programme
　▶教師のなかには授業でより多くの双方向性を望んでいる人がいる。
　Certains professeurs souhaitent plus d'interactivité dans leurs leçons.
□ **marque** nf ブランド（= **marque commerciale**）、ブランド品
　nom utilisé pour désigner un bien ou un service

Texte d'exemple d'application et exercices 応用例文と練習問題

Depuis ① [　　　　　　　　], le secteur du luxe vit une période de transformation importante. Cette technologie permet de développer un nouveau type d'expérience avec les clients, et ② [　　　　　　　　] est bien réel.

Les marques ont ainsi été ③ [　　　　　　　　] de meilleurs résultats en ligne avec ④ [　　　　　　　　] pour un maximum de profit.

①〜④に入る適当な語句を、次の中から選びなさい。

des moyens réellement simples / en mesure de réaliser /

l'apparition de la réalité augmentée / l'impact de cette interactivité

Mots dérivés 派生語

réalisation nf （企画などの）実現、製作、（映画の）監督

□映画製作にはたくさんの金が必要だ。　*Making a film takes a lot of money.*
La réalisation d'un film demande beaucoup d'argent.

réalisme nm リアリズム、現実主義

□彼の作品のリアリズムは印象的だ。　*The realism of his work is impressive.*
Le réalisme de son œuvre est impressionnant.

réalisateur, réalisatrice n （映画の）監督、（テレビの）ディレクター

simple

〈 sim［1つ］＋ple［重ねる、折る］→ 1つ折るだけ → 単純な 〉

simplifier v	simplicité nf	simple adj	simplement adv
単純化する、簡単にする	平易さ、単純さ、気取りのなさ	（作りが）単純な、（衣食住などが）簡素な、やさしい、気取らない	（大げさでなく）簡単に、単純に、ただ単に

Phrases fréquentes　よく使う言い回し

☐子ども向けに説明を簡単にしてくれる？　*Can you simplify your explanations for the children?*
Tu peux *simplifier* **tes explications pour les enfants ?**

☐この本は単純さで人気がでた。　*This book became popular for its simplicity.*
Ce livre est devenu populaire pour sa *simplicité*.

☐この文は簡潔だ。　*This sentence is easy.*　**Cette phrase est** *simple*.

☐送信するには、ここをクリックするだけです。　*To send, simply click here.*
Pour envoyer, cliquez *simplement* **ici.**

Phrases d'exemple de base　基本例文

☐政府は手続きを簡素化した。　*The government simplified the procedures.*
Le gouvernement a *simplifié* **les démarches.**

☐このパズルはとてもやさしい。　*This puzzle is very easy.*
Ce puzzle est d'une *simplicité* **enfantine.**

☐それは単純ではあるが、簡単ではない。　*It's simple but not easy.*
C'est *simple* **mais pas facile.**

☐「どうして彼女は怒っているのですか？」「わかりません、ドレスが良くないと言っただけですが」　*-Why is she angry? - I don't know, I only said I didn't like her dress.*
- Pourquoi elle est fâchée ?
- Je ne sais pas, j'ai *simplement* **dit que je n'aimais pas sa robe.**

音声♪ 1_28.mp3

Texte d'exemple d'application　応用例文

J'aime la *simplicité* **de la vie à la campagne. Tout est** *simple*, **sans artifices. Si vous avez besoin de quelque chose, il suffit** *simplement* **de demander à votre voisin et il fera tout son possible pour vous** *simplifier* **la vie.**

私は田舎暮らしの簡素なところが好きです。すべてがシンプルで飾るところがありません。何か必要なものがあれば、隣人に尋ねるだけで事足りますし、暮らしを簡素にするために隣人はできるだけのことをしてくれます。

- □ **campagne** nf 田舎 région hors de la ville
- □ **sans artifice(s)** loc. adj 飾らない simple, naturel
  - ▶彼は自然体で、まったく飾るところがない。 *Il est naturel, sans aucun artifice.*
- □ **suffire** v 十分である、足りる être assez
- □ **voisin(e)** n 隣人、近所の人 la personne qui habite à côté de chez vous
- □ **faire tout son possible** loc. v できるだけのことをする faire de son mieux
  - ▶当社の技術者は、問題を解決するためにできる限りのことを行っています。
  - *Nos techniciens font tout leur possible pour résoudre le problème.*

(Texte d'exemple d'application et exercices) 応用例文と練習問題

J'aime _____ à la campagne.
T_____ e____ s_____ , sans artifices.
Si vous avez besoin de quelque chose, il suffit [à / de / demander / simplement] votre voisin et il fera tout son possible [la / vous / pour / simplifier] vie.

下線部に足りない文や語句を加えたり、[ ] 内の単語の順番を並べ替えて、正しい文にしなさい。

Mots dérivés 派生語

simplification nf 単純化、簡素化、（数学の）約分

Antonymes 反意語

compliqué(e) adj 複雑な

□ この方程式は複雑だ。 *This equation is complicated.*
  Cette équation est compliquée.
  étymologie 語源 〈 com- [一緒に] + pliqué [折られた] 〉→「複雑になる」

compliquer v 複雑にする

□ これは事態をいっそう複雑にするだけだ。 *This only complicates the situation.*
  Cela ne fait que compliquer la situation.

complication nf 複雑さ、余計な面倒

complexe adj （複合的に）錯綜した、複雑な

＊ complexe (nm) は「コンプレックス」（「劣等感」un complexe d'infériorité）の意味。

tard

〈古典ラテン語 tardus［遅い］〉から。

tarder v	retard nm	tardif, tardive adj	tard / tardivement adv
遅れる、ぐずぐずする、なかなか〜しない	遅刻、遅滞	（時間の）遅い、遅れた	（普段より）遅く、（タイミングが）遅れて／（時間的に）遅くなって、あとになって

Phrases fréquentes よく使う言い回し

□ そろそろお客さんが来ますよ。　*The guests will soon arrive.*　**Les invités ne vont pas** *tarder* **à arriver.**　＊ne pas tarder à + inf. で「まもなく〜する」の意味。

□ 遅刻してすみません。　*I'm sorry I'm late.*　**Excusez-moi d'être en** *retard*.

□ 彼は遅い時間に到着した。　*He arrived at a late hour.*
Il est arrivé à une heure *tardive*.

□ 今さらもう手遅れです。　*It's too late now.*　**C'est trop** *tard* **maintenant.**

Phrases d'exemple de base 基本例文

□ 私のメールに返信するのにずいぶん時間がかかりましたね。
You took a long time to respond to my mail.
Tu as beaucoup *tardé* **à répondre à mon e-mail.**

□ すみません、1時間遅れます。　*Sorry but I'll be an hour late.*
Désolé(e) mais j'aurai une heure de *retard*.

□ 支払いが遅れれば罰金を取られます。　*Any late payment will result in a penalty.*
Tout paiement *tardif* **entraînera une pénalité.**

□ 返事がこんなに遅くなってすみません。　*Sorry to respond so late.*
Désolé(e) de vous répondre aussi *tardivement*.

Texte d'exemple d'application 応用例文

音声♪ 1_29.mp3

Le tremblement de terre avait détruit la plupart des routes et des ponts de la ville. En plus d'une réaction *tardive* **du gouvernement, les secours** *tardaient* **aussi à arriver car aucun véhicule ne pouvait passer. Les habitants avaient besoin d'aide médicale et chaque jour de** *retard* **pouvait coûter la vie à de nombreuses personnes. Le soutien international a également été organisé** *tardivement* **rendant la situation critique.**

【 Traduction japonaise 】和訳

地震は市内の道路や橋のほとんどを破壊した。政府の対応の遅れに加えて、車両がいっさい通れなかったせいで援助物資の到着も遅かった。住民は医療援助を必要としており、日々の遅れで大勢の人が命を落としかねなかった。国際的な支援もまた遅れて組織され、危機的な状況となっていった。

☐ **secours** npl 援助 (物資) assistance apportée à des personnes en danger
☐ **véhicule** nm 運搬車両、乗り物 machine de transport par terre, par eau ou par air
▶救急車は優先車両だ。 *Les ambulances sont des véhicules prioritaires.*
☐ **soutien** nm 支援、援助 action d'aider quelqu'un
▶私たちは、彼に全面的なサポートをいたします。 *Nous lui apporterons tout notre soutien.*
☐ **critique** adj 危機的な、大変なことになりそうな grave
▶彼 (彼女) の健康状態は危機的だ。 *Son état est critique.*

Texte d'exemple d'application et exercices 応用例文と練習問題

Le tremblement de terre avait détruit la p_____ des r_____
et des ponts de la ville.
En p_____ d'une r_____ t_____ du gouvernement, les
s_____ t_____ aussi à arriver car aucun véhicule ne
pouvait passer.
Les habitants avaient besoin d'aide médicale et c_____ jour de
r_____ pouvait coûter la vie à de nombreuses personnes.
Le soutien international a é_____ été o_____
t_____ rendant la situation critique.

下線部に足りない語句を加えて、正しい文にしなさい。

Mots dérivés 派生語

tard nm (sur le tard で) 年を取って

☐彼は晩婚だった。 *He got married late.* **Il s'est marié sur le tard.**

retarder v (予定や時間などを) 遅らせる、延期する、遅れている

☐雪のせいでフライトが延期された。 *Our flight is delayed due to the snow.*
Notre vol est retardé à cause de la neige.

☐君の時計、10分遅れてますよ。 *Your watch is ten minutes late.*
Ta montre retarde de dix minutes.

retardataire n 遅刻者

☐遅刻者は入場できません。 *Latecomers will not be allowed to enter.*
Les retardataires ne seront pas autorisés à entrer.

vérité

〈 ラテン語 verus [真実、本当] 〉から。

vérifier v	vérité nf	vrai(e) adj	vraiment adv
確かめる、（理論などの正しさを）実証する	**真実、真理**	真の、本当の	本当に、実際に、非常に

Phrases fréquentes　よく使う言い回し

□彼は日に何回もメールを確認します。　*He checks his emails several times a day.*
Il vérifie **ses mails plusieurs fois par jour.**

□信じてください！　私は本当のことを話しています！
Believe me! I'm telling the truth!　**Crois-moi ! Je dis la** vérité **!**

□次の正誤問題に解答してください。　*Answer true or false to the following questions.*
Répondez par vrai **ou faux aux questions suivantes.**

□手伝っていただいてどうもご親切に（ありがとう）。　*It's really kind of you to help me.*
C'est vraiment **gentil de ta part de m'aider.**

Phrases d'exemple de base　基本例文

□誤った情報を避けるために、出所をチェックする必要があります。
It is necessary to check the sources to prevent false information.
Il faut vérifier **les sources pour éviter les fausses informations.**

□なぜ彼女は、彼に本当のことを隠しているのですか？
Why is she hiding the truth from him?　**Pourquoi lui cache-t-elle la** vérité **?**

□彼はついに本当の顔（素顔）を見せた。　*He finally showed his real face.*
Il a enfin montré son vrai **visage.**

□本当にこれがうまくいくと思いますか？　*Do you really think this will work?*
Tu penses vraiment **que ça va marcher ?**

音声♪ 1_30.mp3

Texte d'exemple d'application　応用例文

Le suspect était assis dans la salle d'interrogatoire depuis deux heures. Les inspecteurs essayaient de lui faire dire la vérité **mais il continuait à répéter la même histoire. Impossible pour les agents de** vérifier **si ce qu'il disait était** vrai**. La situation commençait à devenir** vraiment **inquiétante car sans preuve, ils seraient obligés de le relâcher. Il le savait et il attendait calmement l'arrivée de son avocat avec un petit sourire au coin des lèvres.**

【 Traduction japonaise 】和訳

容疑者は取調室に2時間座っていた。刑事は本当のことを言わせようとしたが、彼は同じ話をくり返し続けた。警察官は、相手の言っていることが本当かどうか確認できなかった。状況は非常に憂慮すべきものとなり始めていた。というのも、証拠がなければ釈放せざるを得なくなるからだ。容疑者はそれを知っていて、唇の隅に微かな笑いを浮かべながら静かに弁護士の到着を待っていた。

☐ **suspect** nm 容疑者 personne soupçonnée d'avoir fait quelque chose de mal
☐ **interrogatoire** nm 尋問、取調べ
ensemble des questions posées à une personne par un policier ou un juge
☐ **inspecteur** nm 刑事 agent de police qui résout les crimes
☐ **relâcher** v 釈放する remettre un prisonnier en liberté
▶ 3人の囚人が釈放された。 *On a relâché trois prisonniers.*

Texte d'exemple d'application et exercices 応用例文と練習問題

① Il le savait et il attendait calmement l'arrivée de son avocat avec un petit sourire au coin des lèvres.
② La situation commençait à devenir vraiment inquiétante car sans preuve, ils seraient obligés de le relâcher.

Impossible pour les agents de vérifier si ce qu'il disait était vrai.

③ Les inspecteurs essayaient de lui faire dire la vérité mais il continuait à répéter la même histoire.
④ Le suspect était assis dans la salle d'interrogatoire depuis deux heures.

文章の意味が通るように、①～④の文を正しい順に並べ替えなさい。

Mots dérivés 派生語

vérification nf 確認、検査、実証

véritable adj （いろいろある中で）本当の、（正真正銘）本物の

☐ これは本物の革製バッグです。 *This is a genuine leather bag.*
C'est un sac en cuir véritable.

vraisemblable adj 本当らしい、ありそうな

☐ 確かめてはいませんが、それはありそうなことです。 *I did not check, but it is likely.*
Je n'ai pas vérifié, mais c'est vraisemblable.

véridique adj （話などが）真実の、正確な

☐ 彼の話は真実です。 *His story is true.* **Son histoire est véridique.**

vie

〈ラテン語 vita［命、人生、生活］〉から。

vivre v	vie nf	vif, vive adj	vivement adv
生きる、暮らす、（時を）過ごす	生命、人生、生活	活発な、明敏な、鮮やかな	活発に、強く、早く～になればいい

Phrases fréquentes　よく使う言い回し

□処世術　*the art of living*　**l'art de** *vivre*

□（あきらめを表して）人生とはこんなものだ！　*It's life!*　**C'est la** *vie* !

□うちの娘は活発で頭がいい。　*Our daughter is lively and intelligent.*
Notre fille est *vive* **et intelligente.**
＊Notre fille a une intelligence vive. なら「うちの娘は頭の働きが速い」と訳せる。

□早くバカンスになれ！　*I can't wait for the holidays!*　*Vivement* **les vacances !**

Phrases d'exemple de base　基本例文

□彼女はシンガポールで10年暮らした。　*She lived for 10 years in Singapore.*
Elle a *vécu* **pendant 10 ans à Singapour.**

□君はビジネスライフ（職業生活）とプライベートライフ（私生活）を混同している。
You mix professional life and private life.
Tu mélanges *vie* **professionnelle et vie privée.**

□私は鮮やかな色が好きです。　*I like bright colors.*　**J'aime les couleurs** *vives*.

□このホテルには滞在しないよう強く勧めます。
I strongly advise against staying at this hotel.
Je vous déconseille *vivement* **de rester dans cet hôtel.**

音声♪ 1_31.mp3

Texte d'exemple d'application　応用例文

Dans la *vie*, **il faut faire ce qu'on aime mais aussi aimer ce qu'on fait. Dans ce sens, s'investir dans nos activités est un bon moyen pour garder l'esprit** *vif* **mais aussi de** *vivre* **de manière plus positive. Le stress et l'anxiété sont des facteurs de risque importants de maladies mentales, c'est pourquoi il est** *vivement* **conseillé de s'initier à de nouvelles occupations stimulantes afin de prévenir le vieillissement du cerveau.**

人生においては好きなことをやると同時に、やっていることを好きにならなくてはなりません。その意味から、当方の活動に打ち込むのはよい方法です。頭の回転を保つだけでなく、もっと前向きに生きることになるからです。ストレスと不安は精神疾患の主要な危険因子です。だからこそ、脳の老化防止のために新しい刺激的な活動の基礎を学ぶことを強くお勧めいたします。

☐ **s'investir** v 　（人が）〜に情熱を傾ける　mettre son énergie dans quelque chose
▶彼はこの計画に打ち込む準備ができていない。　*Il n'est pas prêt à s'investir dans ce projet.*

☐ **facteur** nm 　要因　élément qui influence le résultat de quelque chose

☐ **s'initier** v 　初歩を学ぶ、徐々に身につける　commencer à apprendre quelque chose
▶彼女はチェスを学び始めた。　*Elle s'est initiée aux échecs.*

☐ **stimulant(e)** adj 　刺激する、興奮させる　qui encourage quelqu'un ou quelque chose
▶興奮剤　*un médicament stimulant*

Texte d'exemple d'application et exercices 　応用例文と練習問題

① [　　　　　　　　] , il faut faire ce qu'on aime mais aussi aimer ce qu'on fait.
② [　　　　　　] , s'investir ③ [　　　　　　] est un bon moyen pour garder l'esprit vif mais aussi de v_____ de m_____ plus p_____.
Le stress et l'anxiété sont des facteurs de risque importants de maladies mentales, c'est p_____ il est vi_____ c_____ de s'initier à de nouvelles occupations stimulantes afin de prévenir le vieillissement du cerveau.

①〜③に入る適当な語句を、次の中から選びなさい。

dans ce sens / dans la vie / dans nos activités
また、下線部に足りない語句を加えて、正しい文にしなさい。

Mots dérivés 　派生語

vivant(e) adj 　生きている、生き生きした

☐そこは活気のある地区だ。　*It's a lively neighborhood.*　**C'est un quartier vivant.**

vivacité nf 　活発さ、活気、敏捷さ

☐私の娘は活気にあふれています。　*My daughter is overflowing with liveliness.*
Ma fille déborde de vivacité.

vivres nmpl 　食べ物、食糧

☐私たちには生き残るための食料が不足している。　*We lack food to survive.*
Nous manquons de vivres pour survivre.

vouloir

「望むことは力なり → 意志あるところに道あり」。

vouloir v	volonté nf	volontaire adj	volontairement adv
〜したい、〜がほしい	意志、意欲、意向	自由意志による、自発的な、故意の	自分の意志で、自発的に、故意に

Phrases fréquentes よく使う言い回し

□ 何が食べたい？ *What do you want to eat?* **Qu'est-ce que tu *veux* manger ?**

□ 彼にはぜひとも成功したいという欲がない。 *He has no will to succeed.*
Il n'a aucune *volonté* de réussir.

□ 彼は故意の殺人で逮捕された。 *He was arrested for manslaughter.*
Il a été arrêté pour homicide *volontaire*.

□ その教師は休暇前に進んで（自分の意志で）宿題を出さなかった。
The teacher willingly didn't assign homework before the break.
Le professeur a *volontairement* omis de donner des devoirs avant les vacances.

Phrases d'exemple de base 基本例文

□ 塩をとってくれませんか？ *Will you pass me the salt please?*
Tu *veux* bien me passer le sel, s'il te plaît ?

□ このレストランは、町で一番の食べ放題のビュッフェの1つです。
This restaurant is one of the best all-you-can-eat buffets in town.
Ce restaurant est un des meilleurs buffets à *volonté* de la ville.
＊à volontéで「好きなように、好きなだけ」の意味。

□ プレイヤーの反則は自発的なものだった。 *The player's fault was voluntary.*
La faute du joueur était *volontaire*.

□ 近所の若者たちは自発的にホームレスを助けることにした。
The young people in the neighborhood decided to voluntarily help the homeless.
Les jeunes du quartier ont décidé d'aider *volontairement* les sans-abris.

音声♪ 1_32.mp3

Texte d'exemple d'application 応用例文

Pour sauver l'auberge japonaise en déficit, la propriétaire nous a demandé de réduire *volontairement* nos heures de travail et a proposé aux employés plus âgés un départ *volontaire* à la retraite. Les habitants locaux ont exprimé leur *volonté* de la soutenir, et ensemble ils *voudraient* sauvegarder 150 ans d'histoire et de tradition.

【 Traduction japonaise 】和訳

赤字の旅館を立て直すために、女将は私たちに労働時間を自発的に減らしてくれと頼み、同じく、年配の従業員たちに自主的な定年退職を求めた。地元住民は旅館を応援する意向を表明しており、彼らは共に150年の歴史と伝統を守りたいと願っている。

□**sauver** **v**　救う、立て直す　mettre quelqu'un ou quelque chose hors de danger
▶消防士が溺れかけている犬を救った。　*Les pompiers ont sauvé le chien de la noyade.*

□**auberge** **nf**　（田舎の）レストラン兼ホテル　hôtel ou restaurant à la campagne

□**propriétaire** **n**　所有者、持ち主　personne qui possède un bien
▶借家人はマンションの所有者に毎月の家賃を支払う。
Les locataires payent un loyer mensuel au propriétaire de leur appartement.

□**déficit** **nm**　赤字、欠損　ce qui manque pour que les recettes soient égales aux dépenses

□**réduire** **v**　減らす、縮小する　diminuer la quantité
▶父はアルコール消費量を減らした。　*Mon père a réduit sa consommation d'alcool.*

□**retraite** **nf**　退職、年金　situation d'une personne qui a fini de travailler et touche une pension

□**sauvegarder** **v**　保護する、守る　empêcher la destruction de quelque chose

(Texte d'exemple d'application et exercices)　応用例文と練習問題

Pour sauver l'auberge japonaise en déficit, la propriétaire nous a demandé de ① [　　　　　　] nos heures de travail et a proposé aux employés plus âgés ② [　　　　　　] à la retraite.
Les habitants locaux ont exprimé ③ [　　　　　　] de la soutenir, et ensemble ils ④ [　　　　　] 150 ans d'histoire et de tradition.

①〜④に入る適当な語句を、次の中から選びなさい。

leur volonté / réduire volontairement / un départ volontaire /
voudraient sauvegarder

Mots dérivés　派生語

volontaire **n**　志願者、ボランティア

＊ただし、フランス語で「ボランティア」は bénévole **n** を使うことが多い。

involontaire **adj**　意志によらない、無意識の、不慮の

□彼の反応は無意識だった。　*His reaction was involuntary.*
Sa réaction était involontaire.

volontiers **adv**　喜んで　= avec plaisir

□「もう少しワインはいかがですか？」「喜んで（いただきます）！」
-Would you like some more wine? - Gladly!
-Vous reprendrez bien un peu de vin ? - Volontiers !

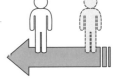

33

actuel

〈 act [行う、行動] + al [〜の] 〉→「実際の行動」。

actualiser **v**	actualité **nf**	actuel, actuelle **adj**	actuellement **adv**
実現する、時代に合わせる	現実性、現況、ニュース	現代の、今日的な	現在、目下

Phrases fréquentes　よく使う言い回し

□ソフトウェアを更新することを勧めます。　*I advise you to update your software.*

Je te conseille d'*actualiser* **ton logiciel.**　＊mettre à jourともいう。

□毎朝、現況を伝えるラジオ番組を聴いています。

Every morning I listen to a radio show that talks about current affairs.

Tous les matins, j'écoute une émission radio qui parle de l'*actualité***.**

□現在の南アフリカ大統領の名前は？　*What is the name of the current President of South Africa?*

Quel est le nom du Président sud-africain *actuel* **?**

□彼女はフランスで生まれましたが、今は日本に住んでいます。

She was born in France, but she currently lives in Japan.

Elle est née en France, mais elle vit *actuellement* **au Japon.**

Phrases d'exemple de base　基本例文

□このサイトは、プライバシーポリシー（個人情報の扱い方）を更新した。

The site has updated its privacy policy.　**Le site a** *actualisé* **sa politique de confidentialité.**

□私はインターネットでニュースを読みます。

I read the news online.　**Je lis les** *actualités* **sur internet.**

□現在のシステムは効率的ではないため変更する必要がある。

The current system is not efficient, it needs to be changed.

Le système *actuel* **n'est pas efficace, il faut le changer.**

□このサービスは、現在は使われておりません。　*This service is currently unavailable.*

Ce service n'est *actuellement* **pas disponible.**

音声♪ 1_33.mp3

Texte d'exemple d'application　応用例文

La science progresse et évolue tous les jours. Je vis à la campagne, mais ça ne m'empêche pas d'*actualiser* **mes connaissances le plus souvent possible. Je lis l'***actualité* **scientifique plusieurs fois par semaine et je m'efforce de comprendre les défis** *actuels***. Le sujet qui m'intéresse le plus** *actuellement* **est les trous noirs. Je trouve ça fascinant !**

【 Traduction japonaise 】和訳

科学は日々進歩、進化しています。私は田舎暮らしですが、そのことで自分の知識の可能な限りの更新が妨げられることはありません。週に複数回、科学の現状を読み解き、今日的なチャレンジを理解しようと努めています。目下、自分が一番興味を持っているのはブラックホールです。魅惑的だと思います！

☐ **évoluer** v 進化する、変化する se transformer peu à peu
☐ **empêcher (de)** v 〜を妨げる、〜できないようにする faire obstacle à l'action de quelqu'un
☐ **connaissance** nf 知識、認識 le fait de connaître, d'avoir des informations et de les comprendre
　　▶彼はクラシック音楽に造詣が深い。 *Il a beaucoup de connaissances en musique classique.*
☐ **défi** nm 挑戦、チャレンジ action de défier quelqu'un, un challenge
☐ **trou noir** loc. nm ブラックホール région de l'espace très dense d'où aucun rayonnement ne sort
　　＊ただし、C'est le trou noir. なら「絶望のどん底だ」と言った意味になる。
☐ **fascinant(e)** adj 魅惑的な qui exerce un vif attrait

(Texte d'exemple d'application et exercices) 応用例文と練習問題

La science progresse et évolue ① [　　　　　　　].
Je vis ② [　　　　　　　], mais ça ne m'empêche pas d'actualiser
mes connaissances ③ [　　　　　　].
Je lis l'actualité scientifique　④ [　　　　　　] et je m'efforce de
comprendre les défis actuels.
Le sujet qui m'intéresse ⑤ [　　　　　　] est les trous noirs.
Je trouve ça fascinant !

①〜⑤に入る適当な語句を、次の中から選びなさい。

à la campagne / le plus actuellement / le plus souvent possible /
plusieurs fois par semaine / tous les jours

Mots dérivés 派生語

acte nm 行為、実行

☐あなたは自分の行ったことに責任があります。 *You are responsible for your actions.*
Tu es responsable de tes actes.

action nf 行動、活動

☐行動は言葉よりも雄弁である。 *Actions speak louder than words.*
Les actions parlent plus fort que les paroles.

＊acte は「個人の個々の単発的な行動」に主眼を置き、action は「個人にも集団にも使われ、持続的な行為」を指すことが多い。

acteur, actrice n 俳優、女優

aimer

〈 ラテン語amāre 〉から、イタリア語の amore「アモーレ」も同じ語源。理屈抜きに気持ちを傾けて「好きである」という意味合い。

(s') aimer v	amour nm	amoureux, amoureuse adj	amoureusement adv
好き、愛する	愛、恋愛 ＊文章語の「複数」は nf として扱われることがある。	恋をしている、(de に) 夢中だ	情を込めて、優しく

Phrases fréquentes よく使う言い回し

□ 好きです。 *I love you.* **Je t'***aime*.

□ 恋は盲目。 *Love is blind.* **L'***amour* **est aveugle.**

□ 恋に落ちる *to fall in love* **tomber** *amoureux*(se)

□ 愛情を込めて見つめる *to look lovingly* **regarder** *amoureusement*
　＊avec amourと置き換えられる。

Phrases d'exemple de base 基本例文

□ 彼女は日本食が好きだ。 *She loves Japanese food.* **Elle** *aime* **la cuisine japonaise.**

□ 私は、動詞活用を学ぶのが好きではない。 *I don't like learning conjugations.*
Je n'*aime* **pas apprendre les conjugaisons.**

□ その若い二人は愛し合っている。 *The young couple are in love.* = *The young couple love each other.*
Le jeune couple est *amoureux*. **= Le jeune couple s'***aime*.

□ この映画は、二人の見知らぬ者同士のラブストーリーだ。
This movie is a love story between two strangers.
Ce film est une histoire d'*amour* **entre deux inconnus.**

□ 父親は娘を愛情を込めて抱きしめていた。 *The father was holding his daughter lovingly in his arms.*
Le père serrait *amoureusement* **sa fille dans ses bras.**

音声♪ 1_34.mp3

Texte d'exemple d'application 応用例文

Mon chiot est très mignon et je l'*aime* **beaucoup. Même mon voisin qui est en général d'humeur plutôt maussade en est tombé** *amoureux* **au premier regard. Chaque fois qu'on se voit, il me dit qu'il voudrait le serrer** *amoureusement* **entre ses bras. Je ne savais pas qu'il avait autant d'***amour* **pour les animaux !**

【 Traduction japonaise 】 和訳

私の子犬はとてもかわいくて、私は大好きです。普段はかなり不機嫌な隣人でさえ、子犬にひと目惚れしました。私たちが互いに顔を合わせるたびに、隣人は子犬を愛情を込めて腕に抱きしめたいと言います。彼が動物に対して同じように愛情を抱いているとは思いもしませんでした！

☐ **chiot** nm　子犬　petit du chien, bébé chien

☐ **mignon, mignonne** adj　かわいい　gentil et charmant

☐ **humeur** nf　機嫌、気質　tendance habituelle ou passagère du caractère d'une personne

☐ **maussade** adj　無愛想な、むっつりした　qui manifeste de la mauvaise humeur
　　▷今朝は機嫌が悪そうだね！　*Tu as l'air maussade ce matin !*

☐ **au premier regard** loc. adv　ひと目で、チラッと見て　(= au premier coup d'œil)

(Texte d'exemple d'application et exercices)　応用例文と練習問題

Mon chiot est très mignon et ＿＿＿＿＿＿＿＿＿＿＿＿.
Même mon voisin qui est en général d'humeur plutôt
maussade ＿＿＿＿＿＿＿＿＿＿＿ au premier regard.
Chaque fois qu'on se voit, il me dit qu'il voudrait
＿＿＿＿＿＿＿＿＿＿＿＿ ses bras. Je ne savais pas qu'il
avait ＿＿＿＿＿＿＿＿＿＿＿＿＿ !

　下線部に適した文を入れなさい。

Mots dérivés　派生語

aimable adj　親切な、愛想がいい

☐あの看護師はとても親切だ（愛想がいい）。　*The nurse is very kind* [*nice*].
　Cette infirmière est très aimable.

＊Cette infirmière est d'une grande amabilité. と書き換えられる。

☐ご親切にありがとうございます。　*Thank you. You are very kind.*
　Merci. Vous êtes très aimable.

aimablement adv　親切に、愛想よく、愛らしく

amabilité nf　愛想のよさ、親切さ

ami(e) n　友だち

☐エレーヌとフランソワーズはいい友だちだ。　*Hélène and Françoise are good friends.*
　Hélène et Françoise sont de bonnes amies.

apparence

〈 ap [方向] + parence [現れること、見えてくること]〉→「（急に、不意に）姿が見えてくる」。

apparaître v	apparence nf	apparent(e) adj	apparemment adv
現れる、姿を現す、明らかになる	**外見、外観、様子**	目に見える、明白な、上部の	見たところ、外見上は、おそらく

1章 頻出度別 88語を徹底活用する記憶術

頻出度 A

頻出度 B

頻出度 C

Phrases fréquentes よく使う言い回し

□空に流れ星が１つ現れた。　*A shooting star appeared in the sky.*
Une étoile filante est apparue **dans le ciel.**

□外見に騙されないで。　*Don't be fooled by appearances.*
Il ne faut pas se fier aux apparences.

□彼は、はっきりした理由もなく怒った。　*He got mad for no apparent reason.*
Il s'est fâché sans raison apparente.

□「彼女は結婚してるの？」「見たところは、そうみたい。結婚指輪をしてるから。」
-Is she married ? - Apparently. She wears a wedding ring.
- Elle est mariée ? - Apparemment. **Elle porte une alliance.**

Phrases d'exemple de base 基本例文

□インフルエンザの症状が現れ始めた。　*The flu symptoms have started to appear.*
Les symptômes de la grippe ont commencé à apparaître.

□タスマニアデビルは見た目だけはかわいらしい。　*The Tasmanian devil is cute only in appearance.*
Le diable de Tasmanie n'est mignon qu'en apparence.

□この明らかな静けさは、両国間の緊張を覆い隠している。
This apparent calm masks the tensions between the two countries.
Ce calme apparent **masque les tensions entre les deux pays.**

□おそらく彼は来ないでしょう。　*Apparently he's not coming.*
Apparemment **il ne va pas venir.**

音声♪ 1_35.mp3

Texte d'exemple d'application 応用例文

Au loin, vous pouvez voir apparaître **le Mont Fuji. Malgré son** apparence **calme et sereine, ce volcan est toujours actif et peut entrer en éruption à tout moment. Son sommet n'est malheureusement pas toujours** apparent **et est souvent caché par les nuages. La forêt qui l'entoure attire elle aussi beaucoup de touristes car elle serait** apparemment **hantée.**

【 Traduction japonaise 】 和訳

遠く、富士山が見えます。その静かで穏やかな外観にもかかわらず、この火山はいまだに活動しており、いつでも噴火する可能性があります。残念ながら、その山頂は常に見えるわけではなく、雲に隠れていることがよくあります。周囲を取り巻く森は見たところ幽霊が出そうな雰囲気があるせいで、多くの観光客たちを引き寄せてもいます。

□ **serein(e)** adj 落ち着いた、平静な、晴朗な　qui montre du calme, sans soucis

□ **volcan** nm 火山　montagne qui éjecte du magma
▶マウナ・ロア山は、世界で一番標高の高い火山だ。　Le Mauna Loa est le plus haut volcan du monde.

□ **éruption** nf 噴火　fait de jaillir
▶エトナ山が噴火した。　L'Etna est entré en éruption.　＊「噴火する」faire éruption も可。

□ **hanté(e)** adj 幽霊の出る　qui est occupé par des fantômes et des esprits
▶私はお化け屋敷が大好きだ。　J'adore les maisons hantées.

Texte d'exemple d'application et exercices　応用例文と練習問題

① [　　　　　　　　　] , vous pouvez voir apparaître le Mont Fuji.

Malgré son apparence　② [　　　　　　　　] et sereine, ce volcan est toujours　③ [　　　　　　　　] et peut entrer en éruption à tout moment.

Son sommet n'est　④ [　　　　　　　　　] pas toujours apparent et se trouve　⑤ [　　　　　　　] caché par les nuages.

La forêt qui l'entoure attire elle aussi beaucoup de touristes car elle serait　⑥ [　　　　　　　] hantée.

①〜⑥に入る適当な語句を、次の中から選びなさい。

actif / apparemment / au loin / calme / malheureusement / souvent

---

Mots dérivés　派生語

apparition nf 出現、発生、幽霊

□大統領はテレビ・ニュース中でほんの少し姿を見せるだろう。
The President will make a quick appearance on the news.
Le Président fera une rapide apparition pendant le journal télévisé.

paraître v 現れる、〜のように見える

□彼女は幸せそうだ。　She seems happy.　**Elle paraît heureuse.**

disparaître v 見えなくなる、いなくなる　< **disparition** nf

□私の猫がいなくなった。　My cat is missing.　**Mon chat a disparu.**

calme

〈calm[真昼の暑さ]〉が原義で、酷暑のとき海は「静かになる」。そこから「(天候などが)穏やかな、(態度などが)落ち着いた」へと変化した。

(se) calmer v	calme nm	calme adj	calmement adv
静める、落ち着かせる、静まる	静けさ、平静、落ち着き	**静かな、落ち着いた**	静かに、冷静に

Phrases fréquentes　よく使う言い回し

□落ち着いて！　*Calm down!*　*Calme*-**toi !**

□嵐の前の静けさ　*the calm before the storm*　**le** *calme* **avant la tempête**

□どうして君がそんなに落ち着いていられるのかわからない。　*I don't understand how you're staying so calm.*　**Je ne comprends pas comment tu fais pour rester aussi** *calme*.

□焦らず、冷静に物事を考えるべきときです。　*It's time to think calmly without being impatient.*　**Il est temps de penser** *calmement*, **sans être impatient.**

Phrases d'exemple de base　基本例文

□この軟膏は痛みを和らげてくれます。　*This ointment will ease the pain.*　**Cette pommade va** *calmer* **la douleur.**

□風がやんだ。　*The wind died down.*　**Le vent s'est** *calmé*.

□警察は通りに落ち着きを取り戻そうとしている。　*The police is trying to restore calm to the streets.*　**La police essaie de ramener le** *calme* **dans les rues.**

□今日の海は凪いでいる(穏やかです)。　*The sea is calm today.*　**La mer est** *calme* **aujourd'hui.**

□この問題について、冷静に検討しなくてはならない。　*We must calmly think about this problem.*　**Il faut réfléchir** *calmement* **à ce problème.**

音声♪ 1_36.mp3

Texte d'exemple d'application　応用例文

Le directeur du personnel, d'habitude toujours *calme*, **n'est pas parvenu à garder le contrôle de la réunion où personne ne parlait** *calmement* **et où tout le monde se coupait la parole. Il a alors perdu son** *calme* **et d'un coup il s'est levé et a crié : «** *Calmez*-**vous ou vous êtes tous virés !! »**

【 Traduction japonaise 】和訳

ふだんはいつも落ち着いている人事部長が、会議の統制をどうしても維持できなかった。会議中、誰一人冷静に話をせず、全員が互いの話をさえぎっていたのだった。とそのとき、部長は冷静さを失い、突然立ち上がって叫んだ。「皆落ち着いて、さもなきゃ全員解雇だ！！」

- □ **d'habitude** loc. adv　いつもは、ふだんは　habituellement, d'ordinaire
- □ **parvenir à + inf.** v　〜成功する、やっと〜できる　réussir à accomplir quelque chose
  - ▶彼女は、必要としていた金をやっと手に入れた。　*Elle est parvenue à obtenir l'argent dont elle avait besoin.*
- □ **réunion** nf　会議　groupe de personnes qui se réunissent
  - ▶会議は午後6時ちょうどに開催です。　*La réunion aura lieu à 18 h précises.*
- □ **être viré(e)** v　クビになる、解雇される　être renvoyé(e), perdre son emploi

mini-plus　語彙・文法プラス

命令文 + ou S + V　「〜しなさい、さもないと（そうしないと）……」

□ ジャケットを着ないと風邪をひくよ。　*Put on your jacket, or you will catch a cold.*
Mets ta veste ou tu vas attraper froid.

Texte d'exemple d'application et exercices　応用例文と練習問題

Le directeur du personnel, d'h＿＿＿＿＿ t＿＿＿＿ c＿＿＿＿＿, n'est pas parvenu à garder le contrôle de la réunion où p＿＿＿＿＿ n＿＿＿＿ p＿＿＿＿ c＿＿＿＿＿ et où tout le monde se coupait la parole.
Il a a＿＿＿＿＿ p＿＿＿＿ son c＿＿＿＿＿ et d'un coup il s'est levé et a crié : « C＿＿＿＿＿-v＿＿＿＿ ou vous êtes tous virés !! »

下線部に足りない語句を加えて、正しい文にしなさい。

Mots dérivés　派生語

accalmie nf　（風雨などの）小止み、小休止、（海の）凪

□ 雨がやんだ、この合間をぬって急いで家に帰りましょう。
The rain stopped, let's take advantage of this lull to get home quickly.
La pluie a cessé, profitons de cette accalmie pour vite rentrer.

étymologie 語源　〈-a [ある状態への移行] + calme → 「静かな状態になる」

calmant(e) adj　静める、なだめる

□ 波の音は心が落ち着く。　*The sound of the waves is calming.*
Le son des vagues est calmant.

certain

〈 ラテン語certus［確定した、確かな］〉に由来。

certifier v	certitude nf	certain(e) adj	certainement adv
（公式に）証明する、（正しいと）保証する	確実性、確かさ、確信	確かな、〜を確信した、ある〜、相当の〜	確実に、必ず、きっと

Phrases fréquentes よく使う言い回し

□ 議会は新大統領の勝利が間違いないものと認めた。　Congress certified the victory of the new president.　**Le congrès a** *certifié* **la victoire du nouveau président.**

□ 受け入れられる確実性がなければ、難民は国を離れることで大きなリスクを冒すことになる。
With no certainty of being accepted, refugees take a big risk when they leave their country.　**Sans** *certitude* **d'être acceptés, les réfugiés prennent un gros risque en quittant leur pays.**

□ 彼が勝つと確信しています。　I'm sure he will win.　**Je suis** *certain*(e) **qu'il va gagner.**

□ 来年の夏は必ずまた戻ってきます！　We will definitely be back next summer!
Nous reviendrons *certainement* **l'été prochain !**

Phrases d'exemple de base 基本例文

□ この免許状は、彼が会計士であることを証明している。　This license certifies him as an accountant.
Cette licence le *certifie* **en tant que comptable.**

□ その問題の出所は定かではない。　There is no certainty as to the origin of the problem.
Il n'y aucune *certitude* **quant à l'origine du problème.**

□ 新しい環境に慣れるには、しばらく時間がかかります。
It takes some time to get used to a new environment.
Il faut un *certain* **temps avant de s'habituer à un nouvel environnement.**

□ きっとご存知でしょうが、私はブラジルに引っ越すことにしました。
You probably know this, but I decided to move to Brazil.
Vous le savez *certainement*, **mais j'ai décidé de m'installer au Brésil.**

音声♪ 1_37.mp3

Texte d'exemple d'application 応用例文

Trouver un emploi pour un jeune diplômé n'est *certainement* **pas une chose facile. Sans expérience professionnelle, il est difficile de faire** *certifier* **ses compétences auprès d'une entreprise. Aujourd'hui, même un master n'offre plus la** *certitude* **d'intégrer le marché de l'emploi. Ce qui reste** *certain* **cependant, c'est que les nouvelles générations sont capables de s'adapter aux besoins de l'entreprise.**

【 Traduction japonaise 】 和訳

確かに、若い新卒者が仕事を見つけるのは容易ではない。専門的な経験なしに、企業に力量を認定してもらうことは困難だ。今日、修士号でさえ、もはや雇用市場に入り込める切り札にはならない（雇用市場に入り込める確実性を提供してはいない）。しかし、ずっと確かであり続けていること、それは新しい世代は企業のニーズに適応できるということだ。

□ **diplômé(e) n** 免許（資格）を持った者　une personne qui a obtenu un diplôme
□ **compétence nf** （物事を判断し、処理する）能力　capacité, aptitude à faire quelque chose
　▶皆が彼（彼女）の能力を評価している。　*Tout le monde apprécie ses compétences.*
□ **intégrer v** （全体の中に）組み込む、入る　faire entrer dans un tout
□ **marché nm** 市場　lieu où s'échange des biens ou des services
　▶中国では、高級品の市場が拡大している。　*Le marché du luxe est en expansion en Chine.*
□ **s'adapter v** 適応する　changer pour mieux correspondre à son environnement ou une situation
　▶できるだけ早く環境に順応する必要がある。　*Il est nécessaire de s'adapter aux circonstances le plus vite possible.*

(Texte d'exemple d'application et exercices) 応用例文と練習問題

Trouver un emploi ① [　　　　　　　　] n'est certainement pas une chose facile.
② [　　　　　　　　], il est difficile de faire certifier ses compétences auprès d'une entreprise. Aujourd'hui, même un master n'offre plus la certitude ③ [　　　　　　].
Ce qui reste certain cependant, c'est que les nouvelles générations sont capables de s'adapter ④ [　　　　　　].

①〜④に入る適当な語句を、次の中から選びなさい。

aux besoins de l'entreprise / d'intégrer le marché de l'emploi /

pour un jeune diplômé / sans expérience professionnelle

Mots dérivés 派生語

certificat nm 証明書、資格証明

certes adv なるほど〜ではあるが

□なるほど彼らは負けはしましたが、いいプレーをしました。*Yes, they lost, but they played very well.*
Certes, ils ont perdu, mais ils ont très bien joué.

incertain(e) adj 不確かな

□未来は不透明です。　*The future is uncertain.*　**L'avenir est incertain.**

clair

〈 ラテン語 clarus 〉から「光や色が明るい」→「汚れや障害、邪魔なものがない」。

clarifier v	clarté nf	clair(e) adj	clairement adv
（問題を）はっきりさせる、澄ませる	明瞭さ、光、明るさ、（水などの）透明さ	**明るい、澄んだ、（考えなどが）わかりやすい**	はっきりと、明らかに、明瞭に

Phrases fréquentes　よく使う言い回し

□財務状況をはっきりさせる必要があります。　*We need to clarify the financial situation.*
On doit *clarifier* **notre situation financière.**

□彼のスピーチは明瞭さを欠いている。　*His speech lacks clarity.*
Son discours manque de *clarté*.

□彼女は、とてもわかりやすい説明をした。　*She gave a very clear explanation.*
Elle a donné une explication très *claire*.

□あのヨーロッパ旅行のことは、はっきりと覚えています。
I clearly remember that trip to Europe.
Je me souviens *clairement* **de ce voyage en Europe.**

Phrases d'exemple de base　基本例文

□あなたのプレゼンテーションは問題点を明確にした。
Your presentation clarified the problem.　**Votre exposé a** *clarifié* **la question.**

□リビングルームをもっと明るくするコツはある？
Do you have a tip to give the living room more brightness?
Tu as une astuce pour donner plus de *clarté* **au salon ?**

□あの川の水はとても澄んでいる。　*The water in that river is very clear.*
L'eau de cette rivière est très *claire*.

□このボクサーは明らかに最強だ。　*This boxer is clearly the strongest.*
Ce boxeur est *clairement* **le plus fort.**

音声♪ 1_38.mp3

Texte d'exemple d'application　応用例文

Après avoir eu de très mauvais résultats à l'école, l'enfant essayait tant bien que mal de s'expliquer et de *clarifier* la situation avec ses parents. Ses explications manquaient de *clarté* et il racontait *clairement* des mensonges. C'est à ce moment que ses parents lui ont dit catégoriquement : « Que les choses soient *claires* ! Si tu ne t'améliores pas, on t'envoie en internat ! »

【 Traduction japonaise 】 和訳

学校でひどい成績をもらったあと、その子は両親になんとか自分の考えを説明し、状況を
はっきりさせようとしていた。子どもの説明は明瞭さを欠き、明らかに嘘をついていた。
とそのとき、両親はきっぱりこう言った。「事態は明らかです！　お前がきちんとしないな
ら寄宿舎送りにします！」

☐ **tant bien que mal** `loc. adv`　どうにかこうにか　comme on peut
  ▶マルタンさんは、どうにか家族を養っている。　*M. Martin nourrit tant bien que mal sa famille.*

☐ **mensonge** `nm`　嘘　histoire ou explication qui n'est pas vrai

☐ **catégoriquement** `adv`　きっぱりと　de façon nette

☐ **(s') améliorer** `v`　改善する、向上する　devenir meilleur
  ▶彼（彼女）のフランス語は、日々向上しています。　*Son français s'améliore de jour en jour.*

☐ **internat** `nm`　寄宿制度、寄宿生　établissement scolaire où les étudiants mangent et dorment sur place

Texte d'exemple d'application et exercices　応用例文と練習問題

Après [*avoir*] de très mauvais résultats à l'école, l'enfant essayait tant
bien que mal de s'expliquer et de clarifier la situation avec ses parents.
Ses explications manquaient de clarté et il [*raconter*] clairement des
mensonges.
C'est à ce moment que ses parents lui [*dire*] catégoriquement : « Que
les choses [*être*] claires ! Si tu ne t'améliores pas, on t'envoie en
internat ! »

文意に即して [　] 内の動詞を、適当な法と時制に活用しなさい。

Mots dérivés　派生語

clarification `nf`　（立場などの）明確化、解明

éclairer `v`　照らす、（問題や状況を）明らかにする

☐シャンデリアが部屋全体を照らしていた。　*The chandelier illuminated the whole room.*
Le lustre éclairait toute la pièce.

éclaircir `v`　（色合いなどを）明るくする、（疑問などを）解明する

☐写真を明るくできますか？　*Can you brighten the photo?*
Est-ce que vous pouvez éclaircir la photo ?

déclarer `v`　表明する、宣言する

☐緊急事態を宣言する　*to declare the state of emergency*　**déclarer l'état d'urgence**
  `étymologie 語源`　〈 dé [完全に] + clarer [明らかにする] 〉→「周囲に明らかにする」→「宣言する」。

comparer

〈com [一緒に] ＋ parer [等しい状態に置く]〉→「（２つを）等しい状態で比べる／たとえる」。

comparer v	comparaison nf	comparable adj	comparativement adv
比較する、 （à に）たとえる	比較、対照、たとえ	（à と）比較できる、 似通った	（à と）比較して、 比較すれば

Phrases fréquentes　よく使う言い回し

□ このサイトで価格を比較できる。　*You can compare prices on this website.*
Tu peux *comparer* **les prix sur ce site.**

□ この二人の選手では比較にならない。　*There is no comparison possible between the two players.*
Il n'y a pas de *comparaison* **possible entre ces deux joueurs.**

□ 私は父親と同等のキャリアを持ちたい。　*I hope to have a career comparable to that of my father.*
J'espère avoir une carrière *comparable* **à celle de mon père.**

□ 昨年の同時期に比べて、観光客は減っています。
Compared to the same period last year, there are fewer tourists.
Comparativement **à la même période l'an dernier, il y a moins de touristes.**

Phrases d'exemple de base　基本例文

□ 彼は兄（弟）と比較されるのが好きではない。
He doesn't like to be compared to his brother.　**Il n'aime pas** être *comparé* **à son frère.**

□ ジャーナリストは、２つのプログラムを詳細に比較した。
The journalist made a detailed comparison of the two programs.
Le journaliste a procédé à une *comparaison* **détaillée des deux programmes.**

□ 同じ状況が中国でも見られます。　*A similar situation has been observed in China.*
Une situation *comparable* **a été constatée en Chine.**

□ 比較してみると、いまだに女性は男性よりも賃金が低い。
Comparatively, women are still paid less than men.
Comparativement, **les femmes sont toujours moins bien payées que les hommes.**

音声♪ 1_39.mp3

Texte d'exemple d'application　応用例文

La puissance militaire entre les deux pays n'est pas *comparable*.
C'est comme essayer de *comparer* **un éléphant avec une souris.**
Comparativement, **l'une des armées bénéficie d'un budget dix fois supérieur à la moyenne. Avec une telle différence de moyens, la** *comparaison* **devient absurde, voire comique.**

【 Traduction japonaise 】和訳

その2つの国の軍事力は比較できません。象とネズミを比較しようとするようなものです。比べてみると、一方の軍隊は平均の10倍を超える予算の恩恵を受けています。こうした資金力の違いにより、両者の比較はばかげたことであり、ひいては滑稽にもなります。

□ **militaire** adj 　軍隊の、戦争の　de l'armée
□ **bénéficier** v 　(**de** の) 恩恵に浴する　profiter de quelque chose
　▶すべてのフランス人が、社会保障の恩恵を受けている。
　Tous les Français bénéficient d'une protection sociale.
□ **moyens** nmpl 　財力、資金力　quantité d'argent qu'on a pour vivre
　▶バカンスに出かける金がない。　*Je n'ai pas les moyens de partir en vacances.*
□ **absurde** adj 　ばかげた、不合理な　qui n'est pas logique, qui n'a pas de sens
　▶彼が言うことはばかげている。　*Ce qu'il dit est absurde.*
□ **voire** adv 　その上、さらに　et même
□ **comique** adj 　滑稽な、喜劇の　qui fait rire

Texte d'exemple d'application et exercices 　応用例文と練習問題

La puissance militaire 　① [　　　　　　　　　　　　] n'est pas comparable.
C'est comme essayer de comparer ② [　　　　　　　　] .
Comparativement, 　③ [　　　　　　　　] bénéficie d'un budget dix fois supérieur à la moyenne. 　④ [　　　　　　　　] , la comparaison devient absurde, voire comique.

①〜④に入る適当な語句を、次の中から選びなさい。

avec une telle différence de moyens / entre les deux pays / l'une des armées / un éléphant avec une souris

---

Mots dérivés 　派生語

comparateur nm 　比較検索サイト

□フライトの比較検索サイトを使って一番安いチケットを見つけます。
I use a flight search to find the cheapest tickets.
J'utilise un comparateur de vols pour trouver les billets les moins chers.

comparatif, comparative adj 　比較の、比較に基づく

□文学の比較研究　*comparative study of literature*
étude comparative de la littérature

＊comparatisme nm 「比較研究」という単語もある。

contraire

〈 contre [反して、逆らって] 〉から。

contrarier v	contrainte nf / contraire nm	contraire adj	contrairement adv
不愉快にさせる、妨げる、困らせる	強制力、拘束、制約／反対、対立	反対の、逆の、妨げとなる	反して、反対に

Phrases fréquentes よく使う言い回し

□姉（妹）は、いつも私をむっとさせる。　*My sister is always annoying me.*
Ma sœur me *contrarie* **toujours.**

□このダイエットは、あまりに制約が多すぎる。　*This diet has too many constraints.*
Ce régime a trop de *contraintes*.

□息子はいつも考えていることの反対のことを言う。　*My son always says the opposite of what he thinks.* **Mon fils dit toujours le** *contraire* **de ce qu'il pense.**

□それは規則に反します。　*It's against the rules.*　**C'est** *contraire* **au règlement.**

□他の人とは違って、彼はいつでも人助けをする用意がある。　*Unlike the others, he's always ready to help.*　*Contrairement* **aux autres, il est toujours prêt à aider.**

Phrases d'exemple de base 基本例文

□彼が事故を起こしたので、私たちのバカンス計画はダメになった。
His accident thwarted our vacation plans.　**Son accident a** *contrarié* **nos projets de vacances.**

□容疑者は強要されて自白した。　*The suspect confessed under duress.*
Le suspect a avoué sous la *contrainte*.

□開けるには、鍵を反対方向に回さないと。　*To open you have to turn the key the other way.*
Pour ouvrir, il faut tourner la clé dans le sens *contraire*.

□一般に信じられていることの逆で、世の中の暴力は減っています。
Contrary to popular belief, violence in the world is on the decline.
Contrairement **aux idées reçues, la violence dans le monde est en baisse.**

音声♪ 1_40.mp3

Texte d'exemple d'application 応用例文

Contrairement **à moi, mon frère jumeau n'aime personne. Il est antipathique et antisocial. Par** *contre* **il est très intelligent, et il gagne très bien sa vie. Il vit sans** *contrainte* **et il fait toujours ce qu'il veut. Il a beaucoup de loisirs, mais ce qu'il aime le plus c'est me** *contrarier*. **Son avis est toujours** *contraire* **au mien et c'est énervant, mais il reste quand même mon frère.**

【 Traduction japonaise 】和訳

私とは逆で、双子の兄（弟）は誰も愛しません。感じが悪く、反社会的です。その代わり、非常に頭がよく、とてもよい暮らしをしています。気兼ねなく生活し、いつも望むことをしています。彼にはたくさん趣味があるのですが、何より好きな趣味は私を困らせることです。意見はいつも私の反対でイライラさせられるのですが、それでも兄（弟）であることに変わりはありません。

□**jumeau, jumelle** adj 双子の né de la même mère le même jour
▷彼女には双子の兄（弟）がいる。 *Elle a un frère jumeau.*

□**antipathique** adj 感じの悪い qui inspire un sentiment d'hostilité
▷皆が、彼は感じが悪いという。 *Tout le monde dit qu'il est antipathique.*

□**loisirs** nmpl 趣味、余暇、レジャー distractions avec lesquelles on occupe son temps libre

□**énervant(e)** adj いらいらさせる qui agace, énerve
▷彼（彼女）の態度にはいらいらする。 *Son attitude est énervante.*

Texte d'exemple d'application et exercices 応用例文と練習問題

Contrairement à moi, ① [ ].
Il est antipathique et antisocial.
Par contre il est très intelligent, et ② [ ].
Il vit sans contrainte et ③ [ ].
Il a beaucoup de loisirs, mais ce qu'il aime le plus ④ [ ].
Son avis est toujours contraire au mien et c'est énervant, mais
⑤ [ ].

①〜⑤に入る適当な語句を、次の中から選びなさい。

c'est me contrarier / il fait toujours ce qu'il veut / il gagne très bien sa vie /
il reste quand même mon frère / mon frère jumeau n'aime personne

---

Mots dérivés 派生語

contraindre v 強制する、余儀なくさせる

□突然、彼女たちは沈黙を余儀なくされた。 *Suddenly, they were forced into silence.*
Soudainement, elles ont été contraintes au silence.

contraint(e) adj 〜せざるを得ない

□私は受け入れざるを得ません。 *I am forced to accept.* **Je suis contraint(e) d'accepter.**

contrariété nf いらだち、不機嫌

□彼の仕事はいらだちの源だ。 *His work is a source of frustration.*
Son travail est une source de contrariété.

correct

〈 co［まったく］＋ rect［正しく導く］〉→「（規則通りに、あるいは答えが１つしかないものが）間違いない、正しい」。

corriger v	correction nf	correct(e) adj	correctement adv
（誤りを）直す、採点する、校正する	校正、訂正、添削、正確さ	正しい、正確な、礼儀正しい	正確に、的確に、礼儀正しく

Phrases fréquentes　よく使う言い回し

□先生は、すべての答案を採点した。　*The teacher marked all the papers.*

Le professeur *a corrigé* **toutes les copies.**

□本の校正に数か月かかった。　*The correction of the book took several months.*

La *correction* **du livre a pris plusieurs mois.**

□お名前のつづりは、これで合っていますか？　*Is this the correct spelling of your name?*

C'est l'orthographe *correcte* **de votre nom ?**

□彼はすべての質問に的確に答えた。　*He answered correctly to all the questions.*

Il a répondu *correctement* **à toutes les questions.**

Phrases d'exemple de base　基本例文

□このソフトウェアは、あらゆるスペリングミスを修正できる。

This software can correct all spelling mistakes.

Ce logiciel peut *corriger* **toutes les fautes d'orthographe.**

□教師による訂正は、赤で余白にあります。　*The teacher's corrections are in red in the margin.*

Les *corrections* **du professeur sont en rouge dans la marge.**

□家族に対する彼の態度は礼儀正しくなかった。　*His attitude towards his family was not correct.*

Son attitude envers sa famille n'était pas *correcte*.

□夫はいつもきちんとした身なりをしてます。　*My husband always dresses properly.*

Mon mari s'habille toujours *correctement*.

音声♪ 1_41.mp3

Texte d'exemple d'application　応用例文

Afin de *correctement* **traduire un document dans une langue étrangère, il faut consulter un professionnel capable de relire dans les deux langues, et de** *corriger* **toutes les erreurs présentes. Chaque** *correction* **doit ensuite être confirmée par l'auteur pour aboutir à un texte** *correct* **et sans ambiguïté. Mais cela est plus facile à dire qu'à faire.**

【 Traduction japonaise 】 和訳

文書を外国語に正しく翻訳するためには、双方の言語で読み直すことができ、かつ、訳文に含まれている間違いを校正できる専門家に相談する必要があります。そのあと、個々の修正は、正確で、曖昧さのないテキストにするためには、著者によって確認されなくてはなりません。しかし、言うはやすし行うは難し。

□ **traduire** v 翻訳する changer d'une langue à une autre
▶この作家は、いくつかの言語に翻訳されている。 *Cet auteur a été traduit dans plusieurs langues.*

□ **document** nm 文書、書類 pièce donnant des renseignements ou informations
▶私の机には書類が山になっている。 *Il y a une montagne de documents sur mon bureau.*

□ **relire** v 読み返す、読み直す lire de nouveau, lire une autre fois pour vérifier

□ **confirmer** v 確認する affirmer que quelque chose est exact ou certain
▶そのニュースは確かです、ちょうどラジオで確認されたところですから。
La nouvelle est sûre, elle vient d'être confirmée à la radio.

□ **ambiguïté** nf 曖昧さ qui peut avoir plusieurs sens
▶彼（彼女）のスピーチは、曖昧な表現ばかりだった。 *Son discours était rempli d'ambiguïté.*

(Texte d'exemple d'application et exercices) 応用例文と練習問題

Afin de ① [   ] dans une langue étrangère, il faut consulter un professionnel capable de relire dans les deux langues, et de ② [   ].
③ [   ] doit ensuite être confirmée par l'auteur pour ④ [   ] et sans ambiguïté. Mais cela est plus facile à dire qu'à faire.

①〜④に入る適当な語句を、次の中から選びなさい。

aboutir à un texte correct / chaque correction /

correctement traduire un document / corriger toutes les erreurs présentes

(Mots dérivés) 派生語

correcteur, correctrice n （答案の）採点者、（印刷の）校正者

incorrect(e) adj 不正確な、無作法な

□ポーリーヌは私たちに対して実に失礼だった。 *Pauline has been very incorrect with us.*
Pauline a été très incorrecte avec nous.

autocorrection nf 自動修正

□私の電話の自動修正機能はとても効果的だ。 *The autocorrect of my phone is very efficient.*
La fonction autocorrection de mon téléphone est très efficace.

courage

〈cour［心臓］＋ age［場所、位置］〉→「強心臓であること」→「勇気」。

＊courageが「精神（恐怖心をコントロールする能力）に重きを置く」のに対し、類義brave（見出し語76→p159）は「（戦闘などでの）勇敢な行動」に力点がある。

encourager v	courage nm	courageux, courageuse adj	courageusement adv
励ます、元気づける、〜するよう仕向ける	勇気、気丈さ、熱意	勇敢な、くじけない、気力のある	勇敢に、熱心に

Phrases fréquentes よく使う言い回し

□ 拍手をして彼らを励ましてやってください。　*Applaud them to encourage them.*
Applaudissez-les pour les *encourager*.

□ 頑張れ ！ もうすぐ完成だ ！　*Hang in there! It's almost finished!*
Allez, *courage* ！ **C'est bientôt fini !**

□ 鉱山労働者たちは、非常に勇気のある男たちだ。　*Miners are very courageous men.*
Les mineurs sont des hommes très *courageux*.

□ 私の祖父は30年間勇気を持って軍に仕えていた。　*My grandfather courageously served in the military for 30 years.* **Mon grand-père a servi** *courageusement* **dans l'armée pendant 30 ans.**

Phrases d'exemple de base 基本例文

□ 彼の本を読むことを強くお勧めします。　*I strongly encourage you to read his books.*
Je vous *encourage* **vivement à lire ses livres.**

□ 彼には、自分の気持ちを彼女に告白する勇気がありません。　*He doesn't have the courage to confess his feelings to her.* **Il n'a pas le** *courage* **de lui avouer ses sentiments.**

□ 彼女は私たちが思っていたほど勇気はありません。　*She isn't as courageous as we thought.*
Elle n'est pas aussi *courageuse* **que nous le pensions.**

□ 彼は数年間、勇敢に病と戦った。　*He fought bravely against the disease for several years.*
Il a lutté *courageusement* **contre la maladie pendant plusieurs années.**

音声♪ 1_42.mp3

Texte d'exemple d'application 応用例文

Je n'ai jamais été très *courageux*. **Je deviens rapidement nerveux en situation difficile et j'ai rarement le** *courage* **de dire ce que je pense. Mais ma femme a toujours été là pour m'***encourager*. **Elle trouve toujours les bons mots pour me motiver et me pousser à agir** *courageusement*. **Je ne sais pas ce que je ferais sans elle.**

【Traduction japonaise】 和訳

私は一度として勇敢だったことはありません。困難な状況ではすぐに神経質になり、自分の考えを口にする勇気がほとんどありません。でも、妻はいつもそばにいて、私を励ましてくれました。いつも私をやる気にさせ、勇気を持って行動するよう私を駆り立てる適切な言葉を見つけてくれます。彼女がいなければ、自分はどうしたらいいのかわかりません。

☐ **nerveux, nerveuse** adj 神経質な excité et agité
  ▶Jeanne の祖父は神経質な人だ。 *Le grand-père de Jeanne est une personne nerveuse.*
☐ **motiver** v ～をやる気にさせる stimuler quelqu'un à faire quelque chose
  ▶こうした活動は、学生たちのやる気を引き出すのに最適です。
  Ces activités sont excellentes pour motiver les étudiants.

Texte d'exemple d'application et exercices 応用例文と練習問題

Je n'ai jamais été très courageux.
Je deviens rapidement nerveux ① [   ] et j'ai
rarement le courage de dire ce que je pense.
Mais ma femme a toujours été là ② [   ] .
Elle trouve toujours les bons mots pour me motiver et me pousser
③ [   ] .
Je ne sais pas ce que je ferais ④ [   ] .

①～④に入る適当な語句を、次の中から選びなさい。

à agir courageusement / en situation difficile / pour m'encourager / sans elle

---

Mots dérivés 派生語

encourageant(e) adj 希望を持たせる、励ましになる

☐これはとても希望の持てる兆候だ。 *This is a very hopeful sign.*
C'est un signe très encourageant.

encouragement nm 激励、励ましの言葉

☐事故の後、彼女は励ましのメッセージをいくつか受け取った。
After her accident, she received several messages of encouragement.
Après son accident, elle a reçu plusieurs messages d'encouragement.

décourager v 落胆させる

☐彼の発言は私をすっかり落胆させた。 *His remarks completely discouraged me.*
Ses remarques m'ont complètement découragé(e).

étymologie 語源 〈 dé [奪う] ＋ [勇気] 〉

décider

そもそもは2つの意見の一方を「〈dé [分離] + cide [切り]〉捨てて、他方を採用する」という単語。

décider v	décision nf	décidé(e) adj	décidément adv
（de することに）決める	決定、決心	決心した、決断力のある、断固たる	確かに、まったく、はっきりと

Phrases fréquentes よく使う言い回し

□ 横浜に家を買うことにした。　*I decided to buy a house in Yokohama.*
J'ai *décidé* **d'acheter une maison à Yokohama.**

□ 決心がつきましたか？　*Have you made up your mind?*　**Tu as pris ta** *décision* **?**

□ 決めた！　タバコはやめだ。　*It's decided! I quit smoking.*
C'est *décidé* **! J'arrête de fumer.**

□ 確かに、本当に今日はついている！　*I'm really lucky today!*
Décidément, **j'ai de la chance aujourd'hui !**

Phrases d'exemple de base 基本例文

□ あなたが決めて。　*You decide.*　**C'est toi qui** *décides*.
　＊C'est à toi de décider.も同義。

□ 彼の決定が少々不快だったことは認めます。
I have to say that his decision shocked me a little bit.
J'avoue que sa *décision* **m'a un peu choqué(e).**

□ 彼は決断力のある男だ。　*He is a resolute man.*　**C'est un homme** *décidé*.

□ 彼は同じ過ちを犯しました、いやはや確かに、彼は救い難い。
He made the same mistake, he is definitely incorrigible.
Il a fait la même erreur, *décidément*, **il est incorrigible.**

音声♪ 1_43.mp3

Texte d'exemple d'application 応用例文

Jean a enfin pris sa *décision* **et se dirige d'un pas** *décidé* **vers le bureau de son patron. Il ouvre vigoureusement la porte, trébuche sur un câble et tombe. Il se relève en se cognant la tête et dit : « Chef ! J'ai** *décidé* **de... » Mais il n'y a personne dans le bureau. La secrétaire entre à ce moment-là et lui dit : «** *Décidément* **ce n'est pas votre jour, le patron est en vacances, il rentre la semaine prochaine. »**

【 Traduction japonaise 】 和訳

ジャンはついに意を決し、決然たる歩調で社長室へと向かう。勢いよくドアを開けるが、ケーブルにつまずき、転倒。頭をぶつけながらも起き上がって、「社長！　私は決めました……」と口にした。ところが部屋には誰もいない。そこに秘書が入ってきて、こう言った。「まったくついていませんね。社長は休暇中で、戻るのは来週になります」。

□ **trébucher** v 　（**sur** に）つまずく　　perdre l'équilibre, faire un faux pas
　　▶子どもが木の枝につまずいた。　L'enfant a trébuché sur la branche.

□ **câble** nm 　ケーブル　　fil électrique

□ **se cogner** v 　（**à** や **contre** に）ぶつかる　　se heurter à quelque chose
　　▶彼女は自動ドアにぶつかった。　Elle s'est cognée contre la porte automatique.

□ **Ce n'est pas votre jour.** 　（あなたの日ではない→）ついてないですね。
　　＊Pas de chance ! や Quelle malchance ! も類義。

(Texte d'exemple d'application et exercices)　応用例文と練習問題

Jean a enfin pris sa décision et se dirige d'un pas décidé ① [　　　　　　　] de son patron.

Il ouvre 　② [　　　　　　　　　] la porte, trébuche sur un câble et tombe.

Il se relève ③ [　　　　　　　] la tête et dit : « Chef ! J'ai décidé de... »

Mais il n'y a personne dans le bureau.

La secrétaire entre ④ [　　　　　　　] et lui dit : « Décidément ce n'est pas votre jour, le patron est ⑤ [　　　　　　　] , il rentre la semaine prochaine. »

①〜⑤に入る適当な語句を、次の中から選びなさい。

à ce moment-là / en se cognant / en vacances / vers le bureau / vigoureusement

---

Mots dérivés 　派生語

décisif, décisive adj 　決定的な、重大な

□決定的な瞬間　crucial moment　**moment décisif**

indécis(e) adj 　未解決の、不確定の、はっきりしない

étymologie 語源 　〈 in［〜ない］＋ décis「決定した」〉→「決定していない」

indécision nf 　不決断、煮え切らないこと

différent

〈 dif [分離] ＋ fer [運ぶ]〉（例：ferry ボート）から、「別に運ぶ」→「異なった」の意味に。

(se) différencier v	différence nf	différent(e) adj	différemment adv
区別する、識別する、異なっている	違い、相違、区別	異なった、違った、いろいろな	違う方法で、別様に

Phrases fréquentes　よく使う言い回し

□彼は、その２つの音を区別できない。　*He can't tell the two sounds apart.*
Il n'arrive pas à *différencier* **les deux sons.**　＊distinguerは類義語。

□クロコダイルとアリゲーターの違いは何ですか？
What is the difference between a crocodile and an alligator?
Quelle est la *différence* **entre un crocodile et un alligator ?**

□夫は毎日違うネクタイをします。　*My husband wears a different tie every day.*
Mon mari porte une cravate *différente* **tous les jours.**

□この２つのソースは別々に準備します。　*These two sauces are prepared differently.*
Ces deux sauces se préparent *différemment*.

Phrases d'exemple de base　基本例文

□この新サービスで、競合他社との差別化が図れるでしょう。
This new service will differentiate us from the competition.
Ce nouveau service va nous *différencier* **de la concurrence.**

□妻とは10歳離れています。　*There is 10 years difference between me and my wife.*
J'ai 10 ans de *différence* **avec ma femme.**

□日本の気候はフランスとは大きく異なる。
The Japanese climate is very different to that of France.
Le climat japonais est très *différent* **de celui de la France.**

□もし私が知っていたら、私は違う方法でことを運んだでしょう。
If I had known, I would have done things differently.
Si j'avais su, j'aurais fait les choses *différemment*.

Texte d'exemple d'application　応用例文

音声♪ 1_44.mp3

Chaque nation possède une identité qui peut se *différencier* **par sa langue, sa culture et ses** *différentes* **traditions. Ces** *différences* **évoluent avec le temps et influencent** *différemment* **les relations entre pays. En ce sens, il est très important de maintenir le dialogue interculturel.**

【 Traduction japonaise 】 和訳

国ごとに、言語、文化、多様な伝統によって異なるアイデンティティがある。その相違は時とともに変化し、国々の諸関係にそれぞれ違った影響を与える。その意味で、異文化間の対話を維持することがとても重要だ。

☐ **identité** nf　アイデンティティー（主体性、自己同一性）、身元
　▶私は身分証を忘れた。　*J'ai oublié mes papiers d'identité.*
　étymologie（語源）〈 identi [同じ] 〉→「同一人物と確認すること」

☐ **tradition** nf　伝統　*pratique transmise de génération en génération*

☐ **influencer** v　影響を及ぼす　*exercer une influence, avoir un effet sur quelqu'un*
　▶彼女は友人たちに影響されてばかりいる。　*Elle se laisse influencer par ses copains.*

☐ **interculturel, interculturelle** adj　（異）文化間の　*entre différentes cultures*
　▶異文化コミュニケーション　*communication interculturelle*

Texte d'exemple d'application et exercices　応用例文と練習問題

Chaque nation possède une identité qui peut se d＿＿＿＿＿＿＿ par
sa l＿＿＿＿＿, sa c＿＿＿＿＿ et ses différentes traditions.
Ces d＿＿＿＿＿＿ é＿＿＿＿＿ avec le t＿＿＿＿＿ et
influencent différemment les relations entre pays.
En ce sens, il est très important de m＿＿＿＿＿ le d＿＿＿＿＿
i＿＿＿＿＿ .

　下線部に足りない語句を加えて、正しい文にしなさい。

Mots dérivés　派生語 / Antonymes　反意語

indifférent(e) adj　無関心な、どちらでもいい

☐彼はソフィーの魅力に無関心なままだ。
He has remained indifferent to Sophie's charms.
Il est resté indifférent aux charmes de Sophie.
　étymologie　語源〈 in [ない] + différent [違い] 〉→「違いがない」→「重要でないことには関心がない」

indifférence nf　無関心　↔　**intérêt** nm

indifféremment adv　区別なく、無差別に

☐デモには、すべての社会階級が一様に集まっている。
The demonstration is bringing together all social classes indifferently.
La manifestation rassemble indifféremment toutes les classes sociales.

durable

〈 dur [固い] → [長持ちする、続く] + able [できる] 〉から。

durer **v**	durée **nf**	durable **adj**	durablement **adv**
続く、長持ちする	（はじめから終わりまでの）長さ、期間	長続きする、永続的な、長持ちする	永続的に、長く

Phrases fréquentes　よく使う言い回し

□悪天候は数日続く可能性があります。　*The bad weather is likely to last several days.*
Le mauvais temps risque de *durer* **plusieurs jours.**

□配達は期間限定で無料です。　*Delivery is free for a limited time.*
La livraison est gratuite pour une *durée* **limitée.**

□協会では、持続可能な開発を促進しようとしている。　*The associations seek to promote sustainable development.* **Les associations cherchent à promouvoir le développement** *durable*.

□その新しい措置は、プラスチック消費を長期にわたって削減するのに貢献するはずです。
The new measures should contribute to a sustainable reduction in plastic consumption.
Les nouvelles mesures devront contribuer à réduire *durablement* **la consommation de plastique.**

Phrases d'exemple de base　基本例文

□この機械は長持ちするように作られた。　*This machine was built to last.*
Cette machine a été conçue pour *durer*.

□インターンシップの期間は半年です。　*The duration of the internship is six months.*
La *durée* **du stage est de six mois.**

□我々は問題に対する永続的な解決策を探しています。　*We are looking for a lasting solution to our problem.* **Nous cherchons une solution** *durable* **à notre problème.**

□アフリカ諸国は経済を永続的に発展させたいと考えています。
African countries want to develop their economies on a sustainable basis.
Les pays d'Afrique souhaitent développer *durablement* **leurs économies.**

音声♪ 1_45.mp3

Texte d'exemple d'application　応用例文

La *durée* **de vie de certains appareils électroniques semble avoir diminué ces dernières années. On dit même qu'ils sont conçus pour ne pas** *durer*. **Cette pratique va à l'encontre des attentes des consommateurs et affecte** *durablement* **l'environnement. Les fabricants d'électronique ignorent-ils le concept de « produit** *durable* **» ?**

【 Traduction japonaise 】和訳

近年、一部の電子機器の寿命が短くなったように思える。機器類が長持ちしないように考案されているとさえ言われている。このやり方は明らかに消費者の期待に反し、かつ、環境に永続的に悪影響を及ぼす。エレクトロニクス・メーカーは「長持ちする製品」というコンセプトを無視しているのではなかろうか？

□ **concevoir** v （計画などを）思いつく、考案する　donner naissance à un être, à une idée, etc...

＊ être conçu(e) pour ＋ inf. で「～するために考案された」の意味になる。

□ **pratique** nf　慣行、やり方　habitude de faire quelque chose

▷この慣行は非合法だ。　*Cette pratique est illégale.*

□ **affecter** v　悪影響を与える　causer de la peine, de la tristesse

□ **attente** nf　期待　ce qu'on espérait

□ **fabricant(e)** n　メーカー、製造業者　personne qui crée

▷大手製紙メーカー　*les grands fabricants de papier*

Texte d'exemple d'application et exercices　応用例文と練習問題

① [　　　　　　　　　] de certains appareils électroniques semble avoir diminué ces dernières années.

On dit même qu'ils sont conçus pour ne pas durer.

Cette pratique va à l'encontre　② [　　　　　　　] des consommateurs et affecte durablement ③ [　　　　　　　].

Les fabricants d'électronique ignorent-ils ④ [　　　　　　　] de « produit durable » ?

①～④に入る適当な語句を、次の中から選びなさい。

des attentes / la durée de vie / le concept / l'environnement

Mots dérivés　派生語

dur(e) adj　固い、難しい、厳しい

□蓋が固くて開かない。　*The lid is too hard to open.*　**Le couvercle est trop dur à ouvrir.**

durabilité nf　耐久性

□その会社は製品の耐久性を向上させた。

The company has improved the durability of its products.

L'entreprise a amélioré la durabilité de ses produits.

durant prép　～の間中

□彼女は何時間もベンチに座ったままだった。　*She remained seated on the bench for hours.*

Elle est restée assise sur le banc durant des heures.

économie

〈 éco［家、世帯］＋ nomie［管理］〉から「経済」へ。

économiser v	économie nf	économique adj	économiquement adv
節約する	経済、節約、 （複数で）貯金	経済の、経済的な、 安上がりの	経済上、倹約して

Phrases fréquentes よく使う言い回し

□彼女はどうしても金を節約できない、すべて服に費やすせいだ。
She can't save any money, she spends it all on clothes.
Elle n'arrive pas à *économiser*, **elle dépense tout dans les vêtements.**

□彼はカジノで貯金をすべて失った。　*He lost all his savings at the casino.*
Il a perdu toutes ses *économies* **au casino.**

□あの車はもっと経済的です。　*That car is more economical.*
Cette voiture est plus *économique*.

□この計画は、経済的に実現可能ではない。　*This project will not be economically feasible.*
Ce projet ne sera pas faisable *économiquement*.

Phrases d'exemple de base 基本例文

□オーストラリアでは水を節約し、すばやくシャワーを浴びなくてはならない。
In Australia, you have to save water and take quick showers.
En Australie, il faut *économiser* **l'eau et prendre des douches rapides.**

□世界経済はわずかに上り調子だ。　*The world economy is rising slightly.*
L'*économie* **mondiale est en légère hausse.**

□私はいつもエコノミークラスで旅をします。　*I always travel in economy class.*
Je voyage toujours en classe *économique*.

□スペインはその危機によって、経済的にもっとも大きな打撃を受けた。
Spain has been the most affected economically by the crisis.
L'Espagne a été la plus touchée *économiquement* **par la crise.**

Texte d'exemple d'application 応用例文

音声♪ 1_46.mp3

Plusieurs conditions sont nécessaires pour devenir *économiquement* **indépendant. Premièrement, avoir une activité** *économique* **stable et rentable. Il faut ensuite avoir des** *économies* **en cas d'urgence, l'équivalent de trois à six mois de dépenses courantes est suffisant. Dernier point essentiel, contrôler ses dépenses et** *économiser*.

【 Traduction japonaise 】 和訳

経済的に独立するには、いくつかの条件が必要だ。第一に、安定して利益を生み出す経済活動をすること。次いで、緊急時に向けて貯金をしなければならない。現在の支出の3か月～6か月分に相当する額なら十分だ。最後の重要なポイントは、支出を管理して節約すること。

□ **indépendant(e)** adj 独立した、自立した　qui est libre, autonome
▶うちの息子は、職を見つけてから自立している。
Notre fils est indépendant depuis qu'il a trouvé du travail.

□ **stable** adj 安定した、変化しない　qui ne change pas
▶病状は安定している。　*L'état du malade est stable.*

□ **rentable** adj 利益になる、儲かる　qui produit un bénéfice

□ **équivalent** nm 同等のもの、等価値のもの　chose qui est de même valeur, qualité ou utilisation

□ **dépense** nf 出費、支出　utilisation de son argent pour acheter ou payer quelque chose
▶家計費　*dépenses du ménage*

Texte d'exemple d'application et exercices　応用例文と練習問題

① Dernier point essentiel, contrôler ses dépenses et économiser.
② Il faut ensuite avoir des économies en cas d'urgence, l'équivalent de trois à six mois de dépenses courantes est suffisant.
③ Plusieurs conditions sont nécessaires pour devenir économiquement indépendant.
④ Premièrement, avoir une activité économique stable et rentable.

文意が通じるように、①～④の文を適当な順に並べ変えなさい。

Mots dérivés　派生語

économe adj 倹約の、出し惜しみする

□ 母はとても締まり屋です。　*My mother is very careful with money.*
Ma mère est très économe.

économiste n 経済学者、エコノミスト

□ 何人ものエコノミストが、財政危機の理由を研究している。
Several economists have studied the reasons for the financial crisis.
Plusieurs économistes ont étudié les raisons de la crise financière.

égal

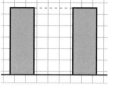

英語 equal に相当する。〈ラテン語 aequalis「等しい」〉から。

égaliser v	égalité nf	égal(e) adj	également adv
均等にする、平らにする、同点にする	等しさ、平等	等しい、平等な	～もまた、同様に、平等に

Phrases fréquentes よく使う言い回し

□ ポルトガルチームは、ゲーム終了時に同点に追いついた。 *Portugal equalized at the end of the game.*
L'équipe du Portugal a *égalisé* à la fin du match.

□ 政府は男女平等に取り組んでいます。　*The government is committed to gender equality.*
Le gouvernement s'engage pour l'*égalité* des sexes.

□ そんなこと、私にはまったくどうでもいい！　*I couldn't care less!*
Ça m'est complètement *égal* !

□ このカードなら、オンラインでも買い物をすることができます。
This card also allows you to make purchases online.
Cette carte vous permet *également* de faire des achats en ligne.

Phrases d'exemple de base 基本例文

□ 庭に小屋を建てる前に、土地を平らにする必要があります。
I need to level my land before building a garden shed.
Je dois *égaliser* mon terrain avant de construire un abri de jardin.

□ 選挙で同点になった場合はどうなりますか？ *What would happen in the event of a tie in the election?*
Que se passerait-il en cas d'*égalité* à l'élection ?

□ 彼はケーキを二等分した。　*He cut the cake into two equal parts.*
Il a coupé le gâteau en deux parts *égales*.

□ それに加えて、私は同じく新しい椅子も探しています。
In addition to it, I am also looking for a new chair.
En plus de cela, je cherche *également* une nouvelle chaise.

音声♪ 1_47.mp3

Texte d'exemple d'application 応用例文

À travail *égal*, salaire égal. Cette formule exprime le principe d'*égalité* de rémunération au sein d'une entreprise. Il oblige l'employeur à *égaliser* les salaires entre tous ses employés, qu'ils soient hommes ou femmes, mais *également* d'origine étrangère. Malheureusement, la discrimination et les inégalités salariales sont encore très présentes dans notre société.

【 Traduction japonaise 】和訳

同一労働同一賃金。この決まり文句は、企業内での平等な報酬の原則を表している。それは雇用主に対して、すべての雇用者が男性であろうと女性であろうと、外国出身であろうと、賃金を同じにすることを義務付けている。ただ残念ながら、差別と賃金の不平等は依然として私たちの社会にはっきり現存している。

- **formule** nf 　決まり文句　expression toute faite qu'on emploie dans certaines circonstances
- **principe** nm 　原則　règle générale de conduite
  ▶推定無罪の原則　le principe de la présomption d'innocence
- **rémunération** nf 　報酬、賃金　argent reçu pour un travail fourni
- **au sein de qqch** loc 　〜のただ中で、内部で　à l'intérieur
- **discrimination** nf 　差別　fait de maltraiter des personnes en fonction de leurs origines, de leur sexe, de leur orientation sexuelle, etc...
  ▶人種差別は法で罰せられる。　La discrimination raciale est punie par la loi.

(Texte d'exemple d'application et exercices)　応用例文と練習問題

À travail égal, ① [　　　　　　　　].
Cette formule exprime le principe ② [　　　　　　　] au sein d'une entreprise. Il oblige l'employeur à ③ [　　　　　] entre tous ses employés, qu'ils soient hommes ou femmes, mais ④ [　　　　　].
Malheureusement, la discrimination et　⑤ [　　　　　] sont encore très présentes dans notre société.

①〜⑤に入る適当な語句を、次の中から選びなさい。

d'égalité de rémunération / également d'origine étrangère /
égaliser les salaires / les inégalités salariales / salaire égal

---

Mots dérivés　派生語

égaler v 　〜に等しい、匹敵する

- 彼に匹敵する人は誰もいません、彼は最高です。
  No one can match him, he's the best.
  Personne ne peut l'égaler, il est le meilleur.

inégal(e) adj 　等しくない、不平等な、互角でない → **inégalité** nf

équateur nm 　赤道　＊両極から等距離にある。

équivalent nm adj 　等価値のもの、相当する語句 / 等価値の

- 「Bonjour」の英語相当語は何ですか？　*What is the English equivalent of "Bonjour"?*
  Quel est l'équivalent en anglais de « Bonjour » ?

explicite

〈 ex［外へ］＋pli［折る、畳む］〉→「包みなどを広げる、開ける」から。

(s') expliquer v	explication nf	explicite adj	explicitement adv
説明する、解説（解釈、釈明）する	説明、弁解、釈明、口論	**明確な、明白な、はっきりした**	明白に、はっきりと

Phrases fréquentes よく使う言い回し

□ ゲームのルールを説明してくれる？ *Can you explain the rules of the game to me?*
Tu peux m'*expliquer* **les règles du jeu ?**

□ あなたの説明はまったくわかりません。 *I didn't understand anything of your explanations.*
Je n'ai rien compris à tes *explications***.**

□ この点に関して規則は非常に明確です（疑問の余地はありません）。
The rule is very explicit on this point. **La règle est très** *explicite* **sur ce point.**

□ 鈴木氏は自らの辞任のうわさについてはっきりと答えた。 *Mr. Suzuki responded explicitly to rumors about his resignation.* **M. Suzuki a répondu** *explicitement* **aux rumeurs sur sa démission.**

Phrases d'exemple de base 基本例文

□ それはあなたの欠席の弁解にはなりません。 *That does not explain your absence.*
Cela n'*explique* **pas votre absence.**

□ 私はガールフレンドと言い合いをした。 *I had an argument with my girlfriend.*
J'ai eu une *explication* **avec ma petite amie.**

□ 自分のマネージメントの意図についてはっきり説明する手紙を書いた。
I wrote an explicit letter about my intentions to management.
J'ai écrit une lettre *explicite* **sur mes intentions à la direction.**

□ その契約は労働条件を明確に規定しています。 *The contract stipulates explicitly the working conditions.* **Le contrat stipule** *explicitement* **les conditions de travail.**

音声♪ 1_48.mp3

Texte d'exemple d'application 応用例文

Pendant son discours sur l'environnement, la jeune fille affichait une volonté *explicite* **pour un changement radical de notre consommation. Ses** *explications* **sur le changement climatique étaient simples et sans équivoque. Elle réclamait que les gouvernements du monde entier s'engagent** *explicitement* **et que ceux qui n'agiraient pas** *s'expliquent***. L'heure est grave et il n'y a plus de temps à perdre.**

【 Traduction japonaise 】和訳

環境に関するスピーチの中で、その若い娘は私たちの消費についての抜本的な変革に向けた明確な意欲を示した。彼女の気候変動についての説明は平易で、曖昧さのないものだった。彼女は世界中の政府がはっきりと約束をすること、それでも行動しない政府は釈明するよう強く求めた。時局は深刻で、もはや一刻の猶予もならないのだ。

□ **radical(e)** adj 根本的な、過激な qui a un caractère définitif, sans compromis
▶彼（彼女）の考えは急進的だ。 *Ses idées sont radicales.*

□ **changement climatique** nm 気候変動 modification du climat à long terme
▶人間の活動が気候変動の原因だ。 *L'activité humaine est responsable du changement climatique.*

□ **réclamer** v （強く）求める、（当然のこととして）要求する demander avec insistance
▶幹部は給与の増額を要求していた。 *Le cadre réclamait une augmentation.*

□ **s'engager** v 約束する promettre
▶両国は和平を約束した。 *Les deux pays se sont engagés pour la paix.*

(Texte d'exemple d'application et exercices) 応用例文と練習問題

Pendant son d_____ sur l'e_____, la jeune fille affichait une volonté explicite pour un changement radical de notre consommation.
Ses e_____ sur le c_____ cl_____ étaient simples et sans équivoque.
Elle réclamait que les g_____ du m_____ e_____ s'engagent explicitement et que ceux qui n'agiraient pas s'expliquent.
L'heure est grave et il n'y a plus de t_____ à p_____.

下線部に足りない文字を加えて、正しい文にしなさい。

(Mots dérivés) 派生語

inexpliqué(e) adj 解明されていない、不思議だ

□その子どもの行方は、いまだに不明のままだ。
The child's disappearance still remains unexplained.
La disparition de l'enfant reste encore inexpliquée.

inexplicable adj 説明できない、不可解な

□この現象は不可解だ。 *This phenomenon is inexplicable.*
Ce phénomène est inexplicable.

fermer

〈 ferme [堅固な、しっかりした] ＋ er [状態にする] 〉

fermer v	fermeture nf	fermé(e) adj	fermement adv
閉じる、閉める、（電気などを）消す、閉まる	閉鎖、閉店、休業	閉じた、休業中の、閉鎖的な	しっかりと、断固として

Phrases fréquentes　よく使う言い回し

□レストランは何時に閉まりますか？　*The restaurant closes at what time?*

Le restaurant *ferme* **à quelle heure ?**

□ドアは自動で閉まります。　*The doors close automatically.*

La *fermeture* **des portes est automatique.**

□全店舗が休業中です。　*All the shops are closed.*　**Tous les magasins sont** *fermés***.**

□彼女は両手でバッグを抱えていた。　*She held her bag firmly in her hands.*

Elle tenait *fermement* **son sac entre ses mains.**

Phrases d'exemple de base　基本例文

□私は自分のアカウントを閉鎖したい。　*I would like to close my account.*

Je voudrais *fermer* **mon compte.**

□コートのファスナーが壊れている。　*The zipper on my coat is broken.*

La *fermeture* **éclair de mon manteau est cassée.**

＊fermeture éclairは「商標名」、fermeture à glissièreともいう。

□祖父は心が狭い。　*My grandfather is narrow-minded.*

Mon grand-père a l'esprit *fermé***.**

□政府はテロ攻撃を断固糾弾した。　*The government strongly condemned the terrorist attacks.*

Le gouvernement a *fermement* **condamné les attaques terroristes.**

Texte d'exemple d'application　応用例文

音声♪ 1_49.mp3

Après avoir *fermement* **dénoncé les mauvaises conditions de travail des employés, le gouvernement a ordonné la** *fermeture* **définitive de toutes les usines de l'entreprise. La majorité des bureaux seront** *fermés* **immédiatement et les ouvriers seront mis au chômage technique. Le siège social devra** *fermer* **dans un délai de six mois.**

【 Traduction japonaise 】 和訳

政府は従業員の劣悪な労働条件を断固（として）糾弾したあと、その会社のすべての工場を最終的には閉鎖するよう命じた。大半のオフィスは即刻営業停止、労働者は操業停止による失業へと追い込まれる。本社は半年以内に閉鎖しなくてはならないことになる。

□ **dénoncer** v （隠れた事実を）あばく、告発する
faire connaître, signaler un mauvais comportement ou une mauvaise action.
▶新聞は大臣の不正を告発した。　*Le journal a dénoncé les injustices du ministre.*

□ **définitif, définitive** adj 決定的な、最終的な qu'on ne peut plus changer
▶選挙の最終結果を待っています。　*On attend le résultat définitif des élections.*

□ **ouvrier, ouvrière** n 労働者、工員 personne qui travaille dans une usine

□ **chômage** nm 失業 qui n'a pas de travail
▶私の兄（弟）は失業中だ。　*Mon frère est au chômage.*

Texte d'exemple d'application et exercices 応用例文と練習問題

[avoir / après / dénoncé / fermement] les mauvaises conditions de travail des employés, le gouvernement a ordonné [définitive / fermeture / de / la] toutes les usines de l'entreprise.
[des / la / bureaux / majorité] seront fermés immédiatement et les ouvriers seront mis au chômage technique.
Le siège social devra [un / dans / délai / fermer] de six mois.

[　]内の単語の順番を並べ替えて、正しい文にしなさい。

Mots dérivés 派生語

ferme adj 固い、力強い、断固とした

□その先生は、力強い口調で話をする。　*The professor speaks in a firm tone.*
Le professeur parle d'un ton ferme.

refermer v （開いているものをもう一度）閉める

□箱をちゃんと閉めておいて、お菓子がだめになるから。
Close the box tightly, otherwise the cookies will spoil.
Referme bien la boîte, sinon les gâteaux vont s'abîmer.

étymologie 語源 〈 re [再び] + [閉める] 〉

affermir v （いっそう）強くする、（筋肉を）強靭にする ＝renforcer ↔ affaiblir

□スポーツは筋肉を強くする。　*Sport strengthens muscles.*
Le sport affermit les muscles.

étymologie 語源 〈a [ある状態への移行] + [固い] 〉→ ferme [固い] 状態にする

finance

金銭の貸し借りが〈fin［終わり］になる〉「精算する」から。

financer v	finance nf	financier, financière adj	financièrement adv
出資する、資金援助する、資金を調達する	（単数で）金融界、（複数で）財政、懐具合	金融の、財政上の、金銭的な	政的には、金銭的に

Phrases fréquentes よく使う言い回し

□彼女は新しいプロジェクトに出資するつもりだ。　*She will finance a new project.*

Elle va *financer* **un nouveau projet.**

□私は金融界で働いています。　*I work in finance.*　**Je travaille dans la** *finance*.

□金融市場は危機に瀕しています。　*The financial market is in crisis.*

Le marché *financier* **est en crise.**

□財政的には困難な時期です。　*Financially it's a difficult time.*

Financièrement, **c'est une période difficile.**

Phrases d'exemple de base 基本例文

□彼らはプロジェクトの資金調達のためにバッグを販売した。
They sold bags to finance their project.

Ils ont vendu des sacs pour *financer* **leur projet.**

□私の友人の財政状況は健全ではない。　*My friend's finances are not sound.*

Les *finances* **de mon ami ne sont pas saines.**

□中小企業は政府に金融援助を要請した。　*SMBs asked for financial aid from the government.*

Les PME ont demandé des aides *financières* **au gouvernement.**

□慈善事業に金銭的に貢献するにはどうすればいいですか？
How can I contribute financially to a charity?

Comment puis-je contribuer *financièrement* **à une association caritative ?**

音声♪ 1_50.mp3

Texte d'exemple d'application 応用例文

Les *finances* **de l'entreprise allaient très mal. Les investissements** *financiers* **ne rapportaient plus aucun bénéfice et il devenait de plus en plus difficile de payer le salaire des employés.** *Financièrement*, **les banques et les investisseurs ne nous faisaient plus confiance. Dans un dernier espoir, le directeur a décidé d'utiliser les ressources restantes pour** *financer* **une startup. Croisons les doigts et voyons ce que l'avenir nous réserve.**

【 Traduction japonaise 】 和訳

会社の財政はひどい状況にあった。金融投資はなんの利益ももたらさず、従業員の賃金を支払うことはますます困難になっていった。財政的に、銀行や投資家はもはや私たちを信頼していなかった。最後の希望として、社長は残りの資産を使って、新会社に出資することを決めた。幸運を祈り（指を交差させて）、どのような未来が私たちに用意されているのか見てみよう。

☐ **investissement** nm 投資 action de donner de l'argent en espérant un bénéfice plus tard
☐ **rapporter** v 利益を生む procurer des profits, des bénéfices
　▷私の投資は、今年10%ほどの利益を生んだ。 *Mes investissements ont rapporté près de 10% cette année.*
☐ **bénéfice** nm 利益 profit, avantage
　▷今年は、利益は見込めません。 *Nous ne prévoyons aucun bénéfice cette année.*
☐ **investisseur, investisseuse** n 投資家 personne qui investit de l'argent
☐ **startup** nf （創業したての）新会社 nouvelle entreprise

(Texte d'exemple d'application et exercices) 応用例文と練習問題

Les f_____ de l'e_____ allaient très mal.
Les i_____ f_____ ne rapportaient plus aucun bénéfice et il devenait de plus en plus difficile de p_____ le s_____ des e_____.
F_____, les banques et les investisseurs ne nous faisaient plus confiance.
Dans un dernier espoir, le directeur a décidé d'u_____ les r_____ restantes pour f_____ une startup.
Croisons les doigts et voyons ce que l'avenir nous réserve.

　下線部に足りない語句を加えて、正しい文にしなさい。

Mots dérivés 派生語

financier, financière n 金融業者、財界人

financier nm （菓子）フィナンシェ

☐フィナンシェのレシピ知ってる？ *Do you know the financier's recipe?*
Tu connais la recette du financier ?
＊語源はフィナンシェ用の台形の「金型」が「金塊」に似ているからとか、パリの金融街から広まったなど諸説ある。

financement nm 出資、資金提供

☐政党の資金調達 *the financing of a political party*
le financement d'un parti politique

forme

〈ラテン語の forma［(物の) 形、外形］〉から。「人・物、能力や習慣などの一定の形」をいう。

former v	forme nf	formel, formelle adj	formellement adv
(形を) 作る、要請する、(人を) 養成する	形、形態、(体の) 調子、**(心身の) 好調**	明確な、断固とした、形式ばった、形式上の	(規則などによって) 絶対に、明確に

Phrases fréquentes　よく使う言い回し

□ バンド（音楽グループ）を結成したいです。　*I would like to form a band.*
J'aimerais bien *former* **un groupe de musique.**

□ 今日は好調ですね！　*You are looking good today!*　**Tu as la** *forme* **aujourd'hui !**

□ 今夜のパーティーにはフォーマルな服装が必要です。　*Formal dress is required for tonight's reception.*　**Une tenue** *formelle* **est exigée pour la réception de ce soir.**

□ 彼の両親は、彼が今週末に出かけることを固く禁じている。
His parents have strictly forbidden him to go out this weekend.
Ses parents lui ont *formellement* **interdit de sortir ce week-end.**

Phrases d'exemple de base　基本例文

□ 私は2名の新入社員を鍛えなくてはなりません。　*I have to train two new employees.*
Je dois *former* **deux nouveaux employés.**

□ 富士山の形は見事です。　*The shape of Mount Fuji is remarkable.*
La *forme* **du Mont Fuji est remarquable.**

□ 改まった言葉づかいと、くだけた言葉づかいの違いは何でしょうか？
What is the difference between formal and informal language?
Quelle est la différence entre le langage *formel* **et informel ?**

□ 条約は年末に正式に調印されます。　*The treaty will be officially signed at the end of the year.*
Le traité sera *formellement* **signé à la fin de l'année.**

音声♪ 1_51.mp3

Texte d'exemple d'application　応用例文

Il est possible de créer un organisme sous la *forme* **d'une association à but non lucratif. Pour cela, il faut déposer une demande** *formelle* **auprès de la préfecture. Les démarches ne sont pas compliquées mais peuvent prendre un certain temps avant de** *former* **un dossier complet. Une fois le processus terminé, vous recevrez une confirmation et pourrez** *formellement* **commencer votre activité.**

【 Traduction japonaise 】 和訳

非営利団体という形で組織を起こすことが可能です。そのためには、都道府県に正式な要請を提出する必要があります。手順は複雑ではありませんが、完全な書類を作成するまでに時間がかかる場合があります。いったんプロセスが完了すれば、認証を受け、正式に活動を開始できます。

□ **association à but non lucratif** nf　非営利団体
organisme regroupant des personnes ayant un même objectif sans rechercher de gain financier
□ **déposer** v　置く、提出する　poser ce qu'on portait
▶書類はどこに出すのですか？　*Où est-ce qu'on dépose les dossiers ?*
□ **démarche** nf　手続き、段取り　étape à suivre
▶どんな手続きで家を売るのですか？　*Quelles sont les démarches pour vendre une maison ?*
□ **confirmation** nf　確認、確証　ce qui entérine quelque chose

Texte d'exemple d'application et exercices　応用例文と練習問題

Il est possible de　① [　　　　　　] un organisme sous la forme d'une association à but non lucratif.
Pour cela, il　② [　　　　　] déposer une demande formelle auprès de la préfecture. Les démarches ne sont pas compliquées mais
③ [　　　　　] prendre un certain temps avant de former un dossier complet.
Une fois le processus　④ [　　　　　] , vous ⑤ [　　　　　　] une confirmation et pourrez formellement commencer votre activité.

①〜⑤に入る動詞を選び、必要に応じて適当な法と時制に活用しなさい。ただし、解答は1語で。

terminer / recevoir / pouvoir / falloir / créer

Mots dérivés　派生語

formation nf　形成、編成、（専門の）教育

□チーム編成を考えるのはキャプテンの仕事だ。
It is the captain's job to think about team formation.
C'est le travail du capitaine de penser à la formation de l'équipe.

formalité nf　（行政的な書類の）形式、手続き

□永住権を得るには、いくつかの手続きを完了しなければならない。
Certain formalities must be completed in order to obtain permanent residence.
Il faut accomplir certaines formalités pour obtenir la résidence permanente.

fréquent

そもそもは〈「混んだ」→「頻繁な」〉というつながりから。

(se) fréquenter v	fréquence nf	fréquent(e) adj	fréquemment adv
よく行く、頻繁に通う、親しく付き合う	頻繁、頻度、回数	**頻繁な、よく見かける**	頻繁に、しばしば

Phrases fréquentes よく使う言い回し

☐ 二人は2か月前から付き合いだした。　*They started dating two months ago.*
Ils ont commencé à *se fréquenter* **il y a deux mois.**

☐ この街の犯罪発生率は高い。　*The incidence of crimes in this town is high.*
La *fréquence* **des crimes dans cette ville est élevée.**

☐ この道路で事故が多発しています。　*Accidents are very common on this road.*
Les accidents sont très *fréquents* **sur cette route.**

☐ これがよくある質問のリストです。　*Here is the list of frequently asked questions.*
Voici la liste des questions *fréquemment* **posées.**
＊英語ではFAQと訳され、しばしばそれがFoire Aux Questionsと仏訳されている。

Phrases d'exemple de base 基本例文

☐ 彼女は10歳のときから美術館によく通っています。　*She has been going to museums since she was 10 years old.* **Elle** *fréquente* **les musées depuis qu'elle a 10 ans.**

☐ 今はスマートウォッチで心拍数をチェックできます。
Smartwatches can now monitor your heart rate. **Les montres intelligentes peuvent maintenant surveiller votre** *fréquence* **cardiaque.**

☐ データのハッキングはますます増えている。　*Data hacking is more and more frequent.*
Le piratage de données est de plus en plus *fréquent*.

☐ おじは頻繁にこの居酒屋（ビストロ）に顔を出す。　*My uncle frequently visits this bistro.*
Mon oncle visite *fréquemment* **ce bistro.**

音声♪ 1_52.mp3

Texte d'exemple d'application 応用例文

Les églises sont des édifices remarquables. Pourtant, de moins en moins de gens les *fréquentent* **pour des raisons spirituelles ou religieuses. La** *fréquence* **des messes diminue et ces lieux de culte abandonnés deviennent une vision de plus en plus** *fréquente*. **Faute de moyens pour les entretenir, L'Église catholique fait** *fréquemment* **appel à des dons dans l'espoir de sauver ces monuments historiques et culturels.**

【 Traduction japonaise 】 和訳

教会は目につく大きな建造物だ。だが、精神的または宗教的な理由で教会を訪れる人はどんどん少なくなっている。ミサの頻度は減り、使われていない礼拝の場がますます多く見られるようになっている。それを維持する手立てがないので、カトリック教会はこの歴史的および文化的記念物を守ることを期待して頻繁に寄付を訴えてくる。

- □ **édifice** nm　大建造物　grand bâtiment
  - ▶廃墟となった建造物は、ついに取り壊された。　*L'édifice en ruine a finalement été démoli.*
- □ **culte** nm　礼拝、崇拝　pratique religieuse
- □ **messe** nf　ミサ　cérémonie catholique
- □ **don** nm　寄贈、寄付　action de donner en cadeau
  - ▶私の祖父は、自らの財産を慈善団体に寄付した。
  - *Mon grand-père a fait don de sa fortune à des associations caritatives.*
- □ **faire appel à qqn/qqch** loc. v　〜に訴える、助けを求める　demander le secours de qqn/qqch
  - ▶負債を払うために銀行に援助を求めた。　*J'ai fait appel à une banque pour payer mes dettes.*

(Texte d'exemple d'application et exercices)　応用例文と練習問題

Les églises sont ① [　　　　　　　　　] remarquables.
Pourtant, de moins en moins de gens les fréquentent pour
② [　　　　　　　　] spirituelles ou religieuses.
La fréquence ③ [　　　　　　　　] diminue et ces lieux de culte
abandonnés deviennent une vision de plus en plus fréquente.
Faute de moyens pour les entretenir, L'Église catholique fait
fréquemment appel à ④ [　　　　　　] dans l'espoir de sauver
ces monuments historiques et culturels.

①〜④に入る適当な語句を、次の中から選びなさい。

des dons / des édifices / des messes / des raisons

Mots dérivés　派生語

fréquentation nf　頻繁に通うこと、交友関係、仲間

□彼女は交友関係がよろしくない。　*She has bad company.*
Elle a de mauvaises fréquentations.

fréquentable adj　（人が）交際できる、（場所が）安心して出入りできる

□このクラブには、あまり安心して出入りできない。
This club is not very respectable.　**Ce club n'est pas très fréquentable.**

général

〈 génér［種・種族］＋「全体に」＋ -al［わたる］〉→「人にみな知れわたっている」＝「一般的な」。

(se) généraliser v	généralité nf	général(e) adj	généralement adv
一般化する、普及する、広がる	一般性、一般論、一般的な話	一般的な、全体の	一般に、普通、概して

Phrases fréquentes よく使う言い回し

□ その状況を一般化してはいけない。　*We should not generalize the situation.*
Il ne faut pas *généraliser* **la situation.**

□ ほとんどの場合　*in most cases*　**dans la** *généralité* **des cas**

□ ジャーナリストは、一般常識が必要だ。　*Journalists need general knowledge.*
Les journalistes ont besoin de connaissances *générales***.**

□ 日本の夏は普通とても湿気が多い。　*Japanese summers are generally very humid.*
L'été japonais est *généralement* **très humide.**

Phrases d'exemple de base 基本例文

□ スマートフォンの使用が広がっています。　*The use of smartphones has become widespread.*
L'utilisation du smartphone s'est *généralisée***.**

□ 上司はいつも大雑把にしか話さない。　*My boss only talks in generalities.*
Mon chef ne dit que des *généralités***.**

□ 交通機関のゼネスト（ゼネラル・ストライキ）が来週発表される。
A general transport strike is announced for next week.
Une grève *générale* **des transports est annoncée pour la semaine prochaine.**

□ 一般的に、フランス人は家族で料理をし、食事をする。
Generally, the French cook and eat with the family.
*Généralement***, les Français cuisinent et mangent en famille.**

音声♪ 1_53.mp3

Texte d'exemple d'application 応用例文

Beaucoup de personnes ont tendance à *généraliser* **l'idée que les étrangers sont la cause de tous les problèmes dans leur pays. Une** *généralité* **qui ne reflète pas la réalité mais qui influence l'opinion** *générale***. Lors des élections, ces personnes finiront** *généralement* **par voter pour un parti politique qui s'oppose à l'immigration.**

1
章

頻
出
度
別

88
語
を
徹
底
活
用
す
る
記
憶
術

頻
出
度
A

頻
出
度
B

頻
出
度
C

【 Traduction japonaise 】和訳

多くの人は、外国人が自国内のあらゆる問題の元凶だとする考えを一般化する傾向にある。これは現実を反映してはいないが、世論に影響を与える一般的な話だ。選挙になると、概して、こうした人たちは移民に反対する政党へと最後は票を投じることになる。

□**tendance** nf 性向、傾向 force qui pousse une personne ou un objet dans une direction déterminée
▶夫はなんでも大げさに言う傾向がある。 *Mon mari a tendance à tout exagérer.*

□**étranger, étrangère** n 外国人 personne qui vient d'un autre pays
▶フランスと比べて、日本に外国人は少ない。 *Il y a moins d'étrangers au Japon qu'en France.*

□**refléter** v 反映する représenter, exprimer
▶この本はあの時代の考えをきちんと映し出している。 *Ce livre reflète bien la pensée de cette époque.*

□**(s') opposer** v （à に）反対する、妨げる ne pas accepter une chose
▶両親は娘の結婚に反対している。 *Les parents s'opposent au mariage de leur fille.*

□**immigration** nf （他国からの）移民 action d'aller vivre dans un autre pays

---

Texte d'exemple d'application et exercices 応用例文と練習問題

Beaucoup de personnes ont tendance à ① [　　　　　　　　　] que les étrangers sont la cause de tous les problèmes ② [　　　　　　　　] . ③ [　　　　　　　　] qui ne reflète pas la réalité mais qui influence ④ [　　　　　　　] . Lors des élections, ces personnes ⑤ [　　　　　　　　] voter pour un parti politique qui s'oppose ⑥ [　　　　　　] .

①〜⑥に入る適当な語句を、次の中から選びなさい。

à l'immigration / dans leur pays / finiront généralement par / généraliser l'idée / l'opinion générale / une généralité

Mots dérivés 派生語

généraliste nm （一般の）開業医 = **médecin généraliste**

□私のかかっている医者が引退した。 *My GP (general practitioner) retired.*
Mon médecin généraliste a pris sa retraite.

généralisation nf 一般化、普及

□電子決済が一般化している。 *There is a generalization of electronic payments.*
Il y a une généralisation du paiement électronique.

grand

〈 ラテン語 grandis [大きい] 〉から。

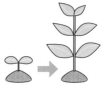

grandir v	grandeur nf	grand(e) adj	grandement adv
大きくなる、増大する、大きく見せる	大きさ、サイズ、偉大さ	**大きい、背の高い、大変な、重要な、偉大な**	大いに、すっかり、並外れて

Phrases fréquentes よく使う言い回し

□ 私は田舎で育ちました。　*I grew up in the countryside.*　**J'ai** *grandi* **à la campagne.**

□ この２つのベッドはサイズが異なります。　*These two beds are of different sizes.*
Ces deux lits sont de *grandeurs* **différentes.**

□ このセーターは大きすぎます。　*This sweater is too big.* **Ce pull est trop** *grand*.

□ ご支援誠にありがとうございます。　*Thank you very much for your support.*
Je vous remercie *grandement* **pour votre soutien.**

Phrases d'exemple de base 基本例文

□ この植物は、大きくなるのにたくさんの水が必要だ。　*This plant needs a lot of water to grow.*
Cette plante a besoin de beaucoup d'eau pour *grandir*.

□ 偉大さは未知の世界へとつながる道だ。　*Greatness is a road leading towards the unknown.*
La *grandeur* **est un chemin vers quelque chose qu'on ne connaît pas.**
＊ Charles de Gaulle の言葉。

□ 彼女は大きなアパルトマンに住んでいる。　*She lives in a big apartment.*
Elle habite dans un *grand* **appartement.**

□ この業務提供により、当社の評判は大幅に上向いた。
This partnership has greatly improved our reputation.
Ce partenariat a *grandement* **amélioré notre réputation.**

音声♪ 1_54.mp3

Texte d'exemple d'application 応用例文

Les réfugiés avaient *grandement* **besoin d'aide. Ils recherchaient un pays dont la** *grandeur* **politique et la protection sociale leur permettraient de voir** *grandir* **leurs enfants en toute sécurité. Un pays où les enfants peuvent avoir de** *grands* **rêves.**

【 Traduction japonaise 】和訳

難民たちは、大いに助けを必要としていた。彼らは、政治的な強大さと社会保障があり、子どもたちが成長するのを安心して見ていられる国を探していた。子どもたちが、大きな夢を持つことのできる国を。

□ **réfugié(e)** n　難民、亡命者
　　une personne qui fuit son pays pour des raisons politiques, à cause d'une guerre etc…
　　▶隣人は政治的亡命者です。　*Mon voisin est un réfugié politique.*

□ **rechercher** v　探す、捜査する　tenter de trouver quelque chose ou quelqu'un
　　▶辞書で単語を検索する　*rechercher un mot dans le dictionnaire*

□ **protection** nf　保護、庇護　action de protéger ou de secourir

□ **en toute sécurité** loc. adv　安心して　en confiance, tranquillement
　　▶枕を高くして寝る　*dormir en toute sécurité*

Texte d'exemple d'application et exercices　応用例文と練習問題

Les réfugiés _____ d'aide.
Ils recherchaient un pays dont la grandeur politique et la protection
sociale leur permettraient de v_____ grandir leurs enfants en
t_____ s_____.
Un pays où les enfants [de / avoir / peuvent / rêves / grands].

　下線部に足りない文や、語句を加えたり、[　]内の単語の順番を並べ替えて、正しい文にしなさい。

Mots dérivés　派生語

grandissant(e) adj　（徐々に）大きくなる

□高まる不満には、迅速な対応が必要だった。
Growing dissatisfaction required a rapid response.
L'insatisfaction grandissante exigeait une action rapide.

(s') agrandir v　大きくする、大きくなる

□画像を拡大するには、ここをクリックしてください。
Click here to enlarge the image.
Cliquez ici pour agrandir l'image.

＊grandirと違って「成長する、生育する」の意味では用いない。

étymologie 語源　〈a-［（行為の）方向 / 完了］+ grandir 〉cf. doux

agrandissement nm　拡大、拡張

□このきれいな風景写真は、大きく引き伸ばす価値がある。
This landscape photo deserves an enlargement.
Cette photo de paysage mériterait un agrandissement.

haut

〈ラテン語 altus（alere［育てる］の過去分詞古形）〉から。「見る対象が〈高い〉位置にある、下からの高度が〈高い〉」。

hausser v	hauteur nf	haut(e) adj	hautement adv
高くする、上げる	高さ、高度、高所	**高い、高く、大声で**	高く、高度に

Phrases fréquentes よく使う言い回し

□その店は先月急に価格を値上げした。　*The store suddenly raised its prices last month.*
La boutique a soudainement *haussé* ses prix le mois dernier.

□モンブランの標高（高さ）はどれくらいですか？　*What is the height of Mont Blanc?*
Quelle est la *hauteur* du Mont Blanc ?

□みんなの前で、ちゃんと声に出して読んでください。　*Please read aloud in front of everyone.*
Lisez à voix *haute* devant tout le monde, s'il vous plaît.

□1羽の鷲が空高く飛んでいた。　*An eagle was flying high in the sky.*
Un aigle volait *haut* dans le ciel.

□この病気は伝染性が高い。　*This disease is highly contagious.*
Cette maladie est *hautement* contagieuse.

Phrases d'exemple de base 基本例文

□先生は授業中に大声を上げた。　*The teacher raised his voice during the lesson.*
Le professeur a *haussé* le ton pendant la leçon.　＊hausser la voixも同義になる。

□この高みから、街全体を見ることができます。　*From this height you can see the whole city.*
De cette *hauteur* tu peux voir toute la ville.

□彼はハイレベルなプレイヤーです。　*He is a high level player.*
C'est un joueur de *haut* niveau.

□私どものスタッフは高度な資格を有しています。　*Our staff is highly trained.*
Notre personnel est *hautement* qualifié.

音声♪ 1_55.mp3

Texte d'exemple d'application 応用例文

Ma maison est *hautement* sécurisée. Tout le système de surveillance est *haut* de gamme, il y a même des caméras infrarouges placées en *hauteur*. À ma demande, la société de gardiennage a *haussé* les performances des capteurs de mouvement pour que même une souris ne passe pas sans être vue.

【 Traduction japonaise 】 和訳

私の家は大変安全です。監視システム全体は高級品で、高い位置に配置された赤外線カメラも付いています。私の求めに応じて、警備会社はたとえネズミ１匹でも通過すれば見逃さないように、モーションセンサーの性能を上げてくれました。

- □ **sécuriser** v 安全性を高める、安心感を与える　donner un sentiment de sécurité
  - ▶新しい支払いのシステムは、これまで以上に安全です。　*Le nouveau système de paiement est plus sécurisé.*
- □ **surveillance** nf 監視　action de surveiller, d'observer
- □ **haut de gamme** adj 高級品の、ハイクラスの　haute qualité, cher
- □ **infrarouge** adj 赤外線の　se dit de rayons invisibles utilisés pour le chauffage, la cuisson, etc...
- □ **gardiennage** nm 警備　fait de garder, de surveiller un lieu
- □ **performance** nf 性能、（人の）能力　résultat d'un appareil ou d'une personne, rendement
  - ▶バッテリーの性能は時間とともに低下する。　*La performance d'une batterie diminue avec le temps.*
- □ **capteur** nm センサー　appareil ou dispositif utilisé pour détecter quelque chose

(Texte d'exemple d'application et exercices) 応用例文と練習問題

Ma maison est hautement sécurisée.
Tout le système ① [　　　　　　　**] est haut de gamme, il y a**
même des caméras infrarouges placées ② [　　　　　**] .**
③ [　　　　　　　**] , la société ④ [** 　　　　　**] a haussé**
les performances des capteurs de mouvement pour que même une
souris ne passe pas ⑤ [　　　　　**] .**

①～⑤に入る適当な語句を、次の中から選びなさい。

à ma demande / de gardiennage / de surveillance / en hauteur /
sans être vue

Mots dérivés 派生語

haut nm 上、上部

□山の頂は雪で覆われている。　*The top of the mountain is covered with snow.*
Le haut de la montagne est couvert de neige.

hautain(e) adj 傲慢な、偉ぶった

□おばは高慢だ。　*My aunt is haughty.*　**Ma tante est hautaine.**

hautbois nm オーボエ　＊「高音の木管楽器」の意味から。

□オーボエを習っています。　*I'm learning to play the oboe.*
J'apprends à jouer du hautbois.

honneur

〈ラテン語 honor［名誉］〉から。

honorer v	honneur nm	honorable adj	honorablement adv
敬意を表す、栄誉を讃える	名誉、栄誉	名誉ある、立派な、かなりの	立派に、尊敬されるように、かなり

Phrases fréquentes　よく使う言い回し

□お盆の期間中、日本人は祖先を敬うために家族のもとに戻ります。
During the Obon period, the Japanese return to their families to honor their ancestors.
Pendant la période de Obon, les Japonais retournent dans leur famille pour *honorer* **leurs ancêtres.**

□お会いできて光栄です。　*It's an honor to meet you.*
C'est un *honneur* **de vous rencontrer.**

□彼は、じつにあっぱれな人生を送ってきた。　*He has had a perfectly honorable life.*
Il a mené une vie parfaitement *honorable***.**

□彼は（お）国に立派に仕えました。　*He served his country honorably.*
Il a servi *honorablement* **son pays.**

Phrases d'exemple de base　基本例文

□政府は、その公約を重んじなくてはなりません。　*The government must honor its commitments.*
Le gouvernement doit *honorer* **ses engagements.**

□ノーベル賞は途方もない名誉です。　*The Nobel Prize is an incredible honor.*
Le prix Nobel est un *honneur* **incroyable.**

□ラグビーチームは相当な痛手を被った。　*The rugby team suffered an honorable loss.*
L'équipe de rugby a subi une défaite *honorable***.**

□「尊敬されるように生きる」は父のモットーだった。　*"Living honorably" was my father's motto.*
« Vivre *honorablement* **» était la devise de mon père.**

音声♪ 1_56.mp3

Texte d'exemple d'application　応用例文

Les Vikings avaient un code d'*honneur* **qu'ils suivaient à la lettre. Ils** *honoraient* **plusieurs dieux au cours de leur vie et faisaient également beaucoup de commerce. Ils étaient aussi de grands guerriers et le pillage était une pratique** *honorable***. La guerre était pour eux un moyen de mourir** *honorablement* **et d'accéder au Valhalla.**

【 Traduction japonaise 】和訳

ヴァイキングには名誉規範があり、彼らはそれに字義通りに従った。生涯にいくつもの神を敬い、また数多の商取引をした。彼らは偉大な戦士でもあり、略奪は名誉ある慣行だった。ヴァイキングにとって、戦いは名誉ある死を遂げ、ヴァルハラ（戦死者の館、いわば戦士にとっての天国）へと至る手立てなのだった。

□**code** nm　規範、法規、法典　ensemble de règles　▷交通法規　*le code de la route*
□**guerrier, guerrière** n　（昔の）戦士、（集合的に）兵士　personne dont le métier est la guerre
□**pillage** nm　略奪、強奪　action de voler des biens avec violence
　▷不幸なことに、この地域はいつもくり返し略奪の犠牲となっている。
　Malheureusement, cette région est régulièrement victime de pillages.
□**accéder** v　（場所に）達する　parvenir à un lieu
　▷小道を通って古城に行ける。　*On accède au vieux château par une allée.*

Texte d'exemple d'application et exercices　応用例文と練習問題

Les Vikings avaient un code d'honneur qu'ils ① [
] à la lettre.
Ils ② [　　　　　　　　　　　] plusieurs dieux au cours de leur vie et
③ [　　　　　　　　　] également beaucoup de commerce.
Ils ④ [　　　　　　　　　] aussi de grands guerriers et le pillage était
une pratique honorable. La guerre était pour eux [de / un /
honorablement / moyen / mourir] et d'accéder au Valhalla.

　①〜④に入る適当な語句を次の中から選び、直説法半過去に活用しなさい。
　être / faire / honorer / suivre
　また、[　]内の単語の順番を並べ替えて、正しい文にしなさい。

Mots dérivés　派生語

honoraire adj　名誉職の

□名誉教授　*honorary professor*　**professeur honoraire**

honorifique adj　名誉上の、肩書きだけの

□名誉称号　*an honorary title*　**un titre honorifique**

déshonneur nm　不名誉、面よごし

□私の息子は一家の恥さらしだ。　*My son is a disgrace to our family.*
　Mon fils fait déshonneur à notre famille.

déshonorant(e) adj　不名誉な、（他人の）名誉を傷つける

□彼のしていることは恥ずべきことだと思う。　*I find what he is doing dishonorable.*
　Je trouve ce qu'il fait déshonorant.

industrie

〈 indu［中へ］＋ strie［積み重ねる］〉から「前向きな努力」→「勤勉な労働（勤労）から生み出される組織的な仕事＝産業」

industrialiser v	industrie nf	industriel, industrielle adj	industriellement adv
工業化（産業化）する	工業、産業	工業の、産業の	工業的な手段で

Phrases fréquentes　よく使う言い回し

□モロッコ王は、国を工業化したいと考えている。　The King of Morocco would like to industrialize the country.　**Le roi du Maroc voudrait** *industrialiser* **le pays.**

□観光業は危機に見舞われている。　The tourism industry has been affected by the crisis.
L'*industrie* **du tourisme a été touchée par la crise.**

□私は工業地帯の近くに住んでいます。　I live near an industrial area.
J'habite près d'une zone *industrielle*.

□工業的な手段で生産する　to produce industrially　**produire** *industriellement*

Phrases d'exemple de base　基本例文

□新会社は、自社の技術を工業化するために投資家を探している。
The startup is looking for investors to industrialize its technology.
La startup cherche des investisseurs pour *industrialiser* **sa technologie.**

□世界経済は中国産業に大きく依存している。　The world economy is heavily dependent on the Chinese industry.　**L'économie mondiale dépend beaucoup de l'***industrie* **chinoise.**

□工業用インテリアはますます人気が高まっている。　Industrial interior is becoming more and more popular.　**La décoration** *industrielle* **devient de plus en plus populaire.**

□この工場では、すべての冷凍食品が工業的に調理されている。
All frozen meals are industrially prepared in this factory.
Tous les plats surgelés sont préparés *industriellement* **dans cette usine.**

音声♪ 1_57.mp3

Texte d'exemple d'application　応用例文

Le pain est un des aliments les plus consommés en France, mais il est malheureusement de plus en plus produit *industriellement*. **Ce qui aurait dû être fait à la main en premier lieu a laissé place à une production** *industrielle* **plus rapide et moins goûteuse. L'***industrie* **du pain n'est pas la seule à avoir souffert d'une baisse de la qualité à cause de l'***industrialisation* **intensive du pays.**

【Traduction japonaise】和訳

パンは、フランスで一番食べられている食品の1つだが、残念なことに、どんどん工業的に生産されるようになっている。そもそもは手で作られていたはずのものが、スピーディではあるが、おいしさで劣る工業生産に取って代わられた。国の徹底した工業化のせいで、品質低下に苦しんだのはパン業界だけではない。

☐ **aliment** nm 食物、食品 nourriture
☐ **consommer** v 飲み食いする、消費する manger ou boire
▶ アメリカ人は、甘い飲み物をたくさん消費する。 *Les Américains consomment beaucoup de boissons sucrées.*
☐ **laisser place à qqch** loc. v ～に取って代わられる être remplacé par quelque chose d'autre
▶ 雨から晴れに変わった。 *La pluie a laissé place au soleil.*
☐ **intensif, intensive** adj 集中的な、徹底的な qui fait l'objet d'un effort considérable

---

(Texte d'exemple d'application et exercices) 応用例文と練習問題

Le pain est un des aliments ① [   ] en France, mais il est malheureusement ② [   ] industriellement.
Ce qui aurait dû être fait à la main ③ [   ] a laissé place à une production industrielle ④ [   ] .
L'industrie du pain n'est pas la seule à avoir souffert d'une baisse de la qualité ⑤ [   ] du pays.

①～⑤に入る適当な適句を、次の中から選びなさい。

à cause de l'industrialisation intensive / de plus en plus produit
/ en premier lieu / les plus consommés / plus rapide et moins goûteuse

---

Mots dérivés 派生語

construire v 建設する、作る

étymologie 語源 〈 con- [一緒に] + struire [積み重ねる、建設する] 〉

détruire v 破壊する

☐ 地震で教会が壊れた。 *The church was destroyed by an earthquake.*
L'église a été détruite par un tremblement de terre.
étymologie 語源 〈 dé- [逆に] + (s)truire [積み重ねる、建設する] 〉 →「取り壊す」

(s') instruire v 教育する、学ぶ

☐ 経験は、書物よりも多くのことを教えてくれる。 *Experience teaches us more than books.*
L'expérience nous instruit plus que les livres.
étymologie 語源 〈 人の in- [中へ] + 知識などを struire [積み重ねる] 〉

large

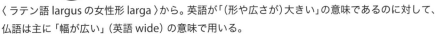

〈 ラテン語 largus の女性形 larga 〉から。英語が「(形や広さが) 大きい」の意味であるのに対して、仏語は主に「幅が広い」(英語 wide) の意味で用いる。

élargir **v**	largeur **nf**	large **adj**	largement **adv**
広げる、大きくする、拡大する	幅、横	幅の広い、大きな、気前のよい	広く、大きく、たっぷり

Phrases fréquentes よく使う言い回し

□ズボンがきつすぎるので、ウエストを5センチ (2インチ) 広くしたい。
My pants are too tight, I would like to make them 2 inches wider.
Mon pantalon est trop serré, je voudrais l'*élargir* **de 5 cm.**

□その部屋の広さはどれくらいですか？　*How wide is the room?*
Quelle est la *largeur* **de la chambre ?**

□このセーターは大きすぎます。　*This sweater is too large.*　**Ce pull est trop** *large*.

□大会期間中、川崎サッカーチームがトップに立った。
The Kawasaki football team came out on top during the competition.　**L'équipe de football de Kawasaki s'est** *largement* **imposée pendant la compétition.**

Phrases d'exemple de base 基本例文

□自分のスキルの幅を広げるために、会社を移ることに決めました。
I decided to change companies to broaden my skills.
J'ai décidé de changer d'entreprise pour *élargir* **mes compétences.**

□この2つのテーブルは、同じ幅ではありません。　*These two tables are not the same width.*
Ces deux tables n'ont pas la même *largeur*.

□この会社は幅広いサービスを提供しています。　*This company offers a wide range of services.*
Cette compagnie offre une *large* **gamme de services.**

□この本は面白い、十分に読む価値がある。　*This book is interesting, it's totally worth reading.*
Ce livre est intéressant, il vaut *largement* **le coup d'être lu.**

音声♪ 1_58.mp3

Texte d'exemple d'application 応用例文

J'ai *largement* **le temps de prendre mon avion. L'aéroport a** *élargi* **les files d'attentes et modifié la** *largeur* **des tapis roulants pour faciliter et accélérer les enregistrements. En plus, je suis en première classe et les fauteuils sont** *larges*. **À mon avis, ce vol va être très confortable ! J'ai hâte de partir !**

1 章 頻出度別 88語を徹底活用する記憶術

頻出度 **A**

頻出度 **B**

頻出度 **C**

【 Traduction japonaise 】和訳

飛行機に乗るまでたっぷり時間があります。空港は、チェックインを容易かつ迅速にするために順番待ちの列を広げ、動く歩道の幅を変更しました。それに、私はファーストクラスですから、座席は広々。思うに、今回のフライトはとても快適なものとなるでしょう！出発が待ちきれません！

☐ **file d'attente** nf　順番待ちの列
　une queue, ensemble de personnes qui attendent l'une derrière l'autre
☐ **modifier** v　〜を変える、修正する　changer quelque chose
☐ **tapis roulant** nm　動く歩道、トレッドミル
　tapis mécanique pour transporter des personnes ou des marchandises
　▶毎日、ジムのトレッドミル（トレーニング用の電動ランニングマシーン）で走っています。
　Je cours tous les jours sur le tapis roulant de la salle de sport.
☐ **enregistrement** nm　（空港の）チェックイン
　action de confier ses bagages à une compagnie de transport

Texte d'exemple d'application et exercices　応用例文と練習問題

J'ai [de / le / largement / temps] prendre mon avion.
L'aéroport a élargi les files d'attentes et modifié la largeur [pour / des / roulants / tapis] faciliter et accélérer les enregistrements.
En plus, je suis [en / classe / et / première] les fauteuils sont larges.
À mon avis, ce vol va être très confortable !
J'ai hâte de partir !

[　]内の単語の順番を並べ替えて、正しい文にしなさい。

Mots dérivés　派生語

largesse nf　気前のよさ、気前よく金品を与えること

☐多くの大企業は、政府から金銭的な恩典を受けている。
Many big companies have benefited from government largesse.
Beaucoup de grandes entreprises ont bénéficié des largesses du gouvernement.

élargissement nm　増大、拡大

☐道路の拡張でトラックが通過できるようになる。
The widening of the road will allow trucks to pass.
L'élargissement de la route permettra aux camions de passer.

long

〈 ラテン語 longus [長い] 〉から。

(s') allonger **v**	longueur **nf**	long, longue **adj**	longuement **adv**
長くする、（手足を）伸ばす、横たわる	長さ、縦	（空間的・時間的に）長い	長い間、長々と、詳細に

Phrases fréquentes　よく使う言い回し

□床に横になり、ゆっくり呼吸して。　*Lie down on the floor and breathe slowly.*
　Allonge-toi **par terre et respire doucement.**

□あのテーブルの長さはどれくらいですか？　*How long is that table?*
　Quelle est la *longueur* **de cette table ?**

□一見して、このズボンは長すぎます。　*At first glance, these pants are too long.*
　À première vue, ce pantalon est trop *long*.

□会議中にこの問題について詳細に話し合った。
　We discussed this issue at length during the meeting.
　Nous avons *longuement* **discuté de ce problème pendant la réunion.**

Phrases d'exemple de base　基本例文

□夏になると日が長くなる。　*In summer the days get longer.*　**En été les jours** *s'allongent*.

□スピーチでは、文の長さとリズムが重要だ。
　In a speech, the length of the sentences and the rhythm are important.
　Dans un discours, la *longueur* **des phrases et le rythme sont importants.**

□まだ長い道のりがあります。　*There is still a long way to go.*
　Il reste encore un *long* **chemin à parcourir.**

□彼女は答えを出す前に長い間ためらっていた。
　She hesitated for a long time before giving her answer.
　Elle a *longuement* **hésité avant de donner sa réponse.**

音声♪ 1_59.mp3

Texte d'exemple d'application　応用例文

Après avoir *longuement* **débattu, le tribunal a décidé d'***allonger* **le délai du jugement. Les avocats ne veulent pas d'un procès qui traîne en** *longueur* **mais doivent se préparer à une procédure** *longue* **et fastidieuse. La sortie du tunnel semble encore loin.**

【 Traduction japonaise 】和訳

長々とした議論の末、裁判所は判決の期限を延長することを決定した。弁護士はだらだらと続く長期の裁判を望んでいないのだが、長くうんざりする訴訟手続きに備えなくてはならない。トンネルの出口はまだ先のようだ。

□ **débattre** v 　議論する、討論する　discuter en exprimant des points de vue opposés
▶友人たちは、政治問題について議論するのが好きだ。　*Mes amis aiment débattre de questions politiques.*

□ **tribunal** nm 　裁判所　lieu où la justice est rendue.

□ **délai** nm 　期限、猶予　durée de temps pour faire quelque chose
▶税金を支払うのに、3週間の猶予がある。　*Vous avez un délai de trois semaines pour payer vos impôts.*

□ **procès** nm 　訴訟、裁判　processus qui a lieu dans un tribunal et qui aboutit à un jugement

□ **procédure** nf 　（訴訟などの）手続き　manière de procéder

□ **fastidieux, fastidieuse** adj 　うんざりする、げんなりする　qui est répétitif et monotone
▶これはうんざりする仕事だ。　*C'est un travail fastidieux.*

Texte d'exemple d'application et exercices 　応用例文と練習問題

Après avoir ① [　　　　　　] , le tribunal a décidé ② [　　　　　]
le délai du jugement.
Les avocats ne veulent pas d'un procès qui traîne ③ [　　　　　]
mais doivent se préparer à une ④ [　　　　　　] et fastidieuse.
La sortie du tunnel semble encore loin.

①〜④に入る適当な語句を、次の中から選びなさい。

d'allonger / en longueur / longuement débattu / procédure longue

---

Mots dérivés 　派生語

longtemps adv 　長い間

□お久しぶり！　*Long time no see!*　**Ça faisait longtemps !**

longtemps = pendant une longue durée de temps

longuement = d'une façon longue, et parfois trop longue

prolonger v 　（時間的／空間的に）延ばす　→ **prolongement** nm

□休暇を延長した。　*I extended my vacation.*
J'ai prolongé mes vacances.

rallonge nf 　（拡張用の）継ぎ足し部分　→ **rallonger** v

□延長コードを持ってる？　*Do you have an extension cord?*
Tu as une rallonge électrique ?

manifeste

〈 mani [手で] ＋ feste [つかめる] 〉→「感触でちゃんとわかる」→「(推測なしで、外に現れている事実で) 明らかな」。

manifester v	manifestation nf	manifeste adj	manifestement adv
表明する、明らかにする、デモをする	デモ、(感情や意志の)表明、(複数で) 行事	**明白な、はっきりした**	明らかに

Phrases fréquentes　よく使う言い回し

□聴衆は鳴りやまぬ拍手喝采で賞賛の意を表した。
The audience showed their admiration by a round of applause.
Le public *a manifesté* **son admiration par une salve d'applaudissements.**

□反戦デモ　*a demonstration against the war*　**une** *manifestation* **contre la guerre**

□彼の失望は明白だった。　*His disappointment was obvious.*　**Sa déception était** *manifeste.*

□シャッターが閉まっていて、レストランには明らかに誰もいない。
The shutters are closed, obviously there is no one in the restaurant.
Les volets sont fermés, *manifestement,* **il n'y a personne dans le restaurant.**

Phrases d'exemple de base　基本例文

□フランス人は、新しい年金改革に反対を表明している。
The French are demonstrating against the new pension reform.
Les Français *manifestent* **contre la nouvelle réforme de la retraite.**

□こちらが今年の私たちの文化活動のカレンダーです。
Here is the calendar of our cultural events for this year.
Voici le calendrier de nos *manifestations* **culturelles pour cette année.**

□二人のプレイヤーの違いは、ますます明白になっています。
The difference between the two players is increasingly evident.
La différence entre les deux joueurs est de plus en plus *manifeste.*

□明らかに、君は彼女の言っていることがわかっていない。　*Clearly, you don't understand anything she is telling you.*　*Manifestement,* **tu ne comprends rien à ce qu'elle te dit.**

Texte d'exemple d'application　応用例文

音声♪ 1_60.mp3

Les *manifestations* **contre l'augmentation des taxes duraient depuis plusieurs mois sans aucune concession du gouvernement. La frustration des manifestants était** *manifeste,* **et ils n'avaient aucune intention d'abandonner le combat. L'État n'avait** *manifestement* **pas non plus l'intention de céder et a décidé d'envoyer l'armée pour les empêcher de** *manifester.*

【 Traduction japonaise 】 和訳

増税に反対するデモは、政府から何の譲歩も引き出せないまま数か月続いていた。デモ参加者たちの欲求不満は明らかで、戦いをあきらめるつもりはまるでなかった。国は明らかに譲歩する意向はなく、デモ隊を押しとどめるために軍の派遣を決めた。

□ **durer** v 　続く　se dérouler pendant un certain temps
　▶会議は3時間続いた。　*La réunion a duré trois heures.*

□ **concession** nf 　譲歩　accorder quelque chose pendant un débat, une dispute
　▶私たちは合意に達するために、いくつかの譲歩をした。
　　Nous avons fait quelques concessions pour aboutir à un accord.

□ **frustration** nf 　欲求不満、フラストレーション
　sentiment d'insatisfaction lorsqu'une personne n'a pas pu réaliser son désir
　▶退屈と欲求不満が、彼を酒へと駆り立てた。　*L'ennui et la frustration l'ont poussé à boire.*

□ **armée** nf 　軍隊　force militaire d'un pays

□ **empêcher** v 　妨げる、さえぎる、邪魔する　faire obstacle à quelqu'un ou quelque chose
　▶雪のせいで外出できない。　*La neige m'empêche de sortir.*

(Texte d'exemple d'application et exercices) 応用例文と練習問題

Les manifestations　①[　　　　　　　　] l'augmentation des taxes
duraient ②[　　　　　　] plusieurs mois ③[　　　　　] aucune
concession du gouvernement.
La frustration des manifestants était manifeste, et ils n'avaient
④[　　　　　　] intention d'abandonner le combat.
L'État n'avait manifestement pas non plus l'intention ⑤[
] céder et a décidé d'envoyer l'armée ⑥[　　　　　] les empêcher
de manifester.

①～⑥に入る適当な語句を、次の中から選びなさい。

aucune / contre / de / depuis / pour / sans

Mots dérivés 派生語

manifestant(e) n 　デモの参加者

manifeste nm 　(船の) 積載目録、マニフェスト

□税関職員は船のマニフェストをチェックする。
Custom officers are checking the ship's manifest.
Les douaniers contrôlent le manifeste du navire.

＊ただし、この単語は「宣言 (書)、声明 (文)」の意味でも使われる。日本語でも選挙公約を載せたものが「マニフェスト」と呼ばれている。

mort

〈ラテン語 mors［死］〉から。「殺人」meurtre も mort［死］の関連語。

mourir v	mort nf	mort(e) / mortel, mortelle adj	mortellement adv
死ぬ	死	死んだ、枯れた／すべき、致命的な	致命的に、死ぬほど

Phrases fréquentes よく使う言い回し

☐ その俳優は90歳で亡くなった。　The actor died at the age of 90.
L'acteur est *mort* **à l'âge de 90 ans.**

☐ 死後の世界はあるか？　Is there life after death?　**Est-ce qu'il y a une vie après la** *mort* **?**

☐ 疲れて死にそうだ。　I am dead tired.　**Je suis** *mort(e)* **de fatigue.**

☐ この蛇に嚙まれたら致命的だ。　The bite of this snake can be deadly.
La morsure de ce serpent peut être *mortelle***.**

☐ 攻撃中に数人が致命傷を負った。　Several people were fatally injured during the attack.
Plusieurs personnes ont été *mortellement* **blessées pendant l'attaque.**

Phrases d'exemple de base 基本例文

☐ 私は死ぬほど退屈だ…　I'm bored to death…　**Je m'ennuie à** *mourir***...**

☐ その事故で10人が死亡した。　The accident left ten people dead.
L'accident a fait dix *morts***.**

☐ 枯葉はかき集めるのが大変だ。　Dead leaves are hard to pick up.
Les feuilles *mortes* **sont difficiles à ramasser.**

☐ 高層ビルで昨夜、ひどい火災が発生しました。　A deadly fire took place in a skyscraper last night.
Un incendie *mortel* **a eu lieu dans un gratte-ciel hier soir.**

☐ 彼女たちは、互いを死ぬほど憎んでいる。　They hate each other to death.
Elles se haïssent *mortellement***.**

Texte d'exemple d'application 応用例文

音声♪ 1_61.mp3

La petite amie du grimpeur était *mortellement* **inquiète car il s'apprêtait à escalader une falaise sans aucun équipement. L'année passée plusieurs personnes sont** *mortes* **en voulant tenter le même exploit : une seule erreur et c'est la chute** *mortelle***. Évidemment le grimpeur ne cherche pas à** *mourir***, mais comme beaucoup de sportifs extrêmes, il a toujours besoin de sensations fortes.**

【 Traduction japonaise 】 和訳

ロッククライマーの恋人（彼女）は、ものすごく心配していた。何の装備もなしに、彼が絶壁をよじ登ろうとしていたからだ。過去1年間に、同じ偉業を成し遂げたいと願って何人もの人が亡くなった。たった1つのミス、それが生命にかかわる滑落につながる。もちろん、ロッククライマーは死のうとしているわけではないが、多くの生命の危険を伴うスポーツマン（エクストリームスポーツマン）のように、いつも強い刺激を必要としているのだ。

□ **grimpeur, grimpeuse** n　ロッククライマー、登山家　personne qui fait de l'escalade

□ **s'apprêter à + inf.** v　〜しようとしている　être sur le point de faire quelque chose

□ **escalader** v　よじ登る　grimper, passer par-dessus
　▶不法滞在者たちは、国境を越えようと壁をよじ登った。
　Les clandestins escaladaient le mur pour passer la frontière.

□ **exploit** nm　偉業、功績　succès remarquable
　▶このアスリートは、彼のキャリアの間にいくつもの功績をあげた。
　Ce sportif a réalisé plusieurs exploits pendant sa carrière.

□ **sensation** nf　感覚、興奮、刺激　ce qu'on ressent avec son corps

(Texte d'exemple d'application et exercices)　応用例文と練習問題

La petite amie du grimpeur était mortellement inquiète car il s'apprêtait
① [　　　　　　　　] une falaise ② [　　　　　　] .
L'année passée plusieurs personnes sont mortes ③ [　　　　　　　]
tenter le même exploit : une seule erreur et c'est ④ [　　　　　] .
Évidemment le grimpeur ne cherche pas ⑤ [　　　　　　] , mais
comme ⑥ [　　　　　] , il a toujours besoin de sensations fortes.

①〜⑥に入る適当な語句を、次の中から選びなさい。

sans aucun équipement / la chute mortelle / en voulant /

beaucoup de sportifs extrêmes / à mourir / à escalader

Mots dérivés　派生語

mortalité nf　死亡率＝**taux de mortalité**、死亡者数

□日本の幼児死亡率は非常に低い。　*The infant mortality rate in Japan is very low.*
Le taux de mortalité infantile au Japon est très bas.

immortel, immortelle adj　不死の、不滅の　< **immortalité** nf

□クラゲの一種は、不死だと言われています。　*A species of jellyfish is said to be immortal.*
On dit qu'il existe une espèce de méduse immortelle.

naturel

〈 natur [生まれ] + el [〜の] 〉→「生まれつきの、自然の、当然の」。

naturaliser v	nature nf	naturel, naturelle adj	naturellement adv
（人を）帰化させる、移入する	自然、本性、性質、種類	自然の、天然の、生まれつきの、当然の	自然に、生まれつき、当然、もちろん

Phrases fréquentes よく使う言い回し

□フランスは、数名の政治難民を帰化させるだろう。　France will naturalize several political refugees.　**La France va** *naturaliser* **plusieurs refugiés politiques.**

□このコミュニティは自然と調和している。　This community lives in harmony with nature.　**Cette communauté vit en harmonie avec la** *nature*.

□私は天然物だけを購入します。　I only buy natural products.　**J'achète seulement des produits** *naturels*.

□これらの果物は、その地域で自然に育ちます。　These fruits grow naturally in the area.　**Ces fruits poussent** *naturellement* **dans la région.**

Phrases d'exemple de base 基本例文

□日本語は、たくさんの英単語を日本語に取り入れている。
The Japanese language naturalizes many English words.
La langue japonaise *naturalise* **de nombreux mots anglais.**

□習慣は第二の天性なり。　Habit is second nature.　**L'habitude est une seconde** *nature*.

□記者たちからの圧力にもかかわらず、大統領は自然な口調で応じた。
Despite pressures from the journalists, the president answered naturally.
Malgré la pression des journalistes, le président a répondu d'un ton *naturel*.

□アイドルグループの到着は、当然大勢の人たちの注意を引いた。
The coming of the idol group naturally drew a crowd.
La venue du groupe d'idoles a *naturellement* **attiré la foule.**

音声♪ 1_62.mp3

Texte d'exemple d'application 応用例文

Une langue parlée est par *nature* **vivante. Elle évolue aussi rapidement que le monde qui l'entoure et doit** *naturellement* **emprunter des mots à d'autres langues. Le français a, par exemple,** *naturalisé* **beaucoup de mots anglais, que l'on appelle anglicismes. Au départ, l'utilisation de ces mots n'est pas** *naturelle* **mais ils deviennent vite une partie intégrante de la langue.**

生来、話し言葉は生きています。それは、言葉を取り囲んでいる世の中と同じくらい急速に変化しており、当然、他の国々の言語から言葉を借りなければなりません。たとえば、フランス語は多くの英単語をフランス語として取り入れてきました。それは<anglicisme>と呼ばれます。最初、こうした単語の使用は自然ではないのですが、すぐに言語の不可欠な要素となります。

□ **entourer** v 取り囲む　être autour de quelque chose ou quelqu'un
　▶木々がわが家を囲んでいます。　Des arbres entourent notre maison.

□ **anglicisme** nm 英語からの借用語　mot d'origine anglaise

□ **partie intégrante de** loc. nf 〜の不可欠な部分（要素）　qui fait partie d'un ensemble
　▶方言は、国の文化の不可欠な部分です。　Les dialectes sont une partie intégrante de la culture d'un pays.

Texte d'exemple d'application et exercices　応用例文と練習問題

Une langue parlée est ① [　　　　　　　　　　] vivante.

Elle évolue ② [　　　　　　　　] que le monde qui l'entoure et
doit naturellement emprunter des mots à d'autres langues.

Le français a, ③ [　　　　　　　　　], naturalisé beaucoup de mots
anglais, que l'on appelle anglicismes.

④ [　　　　　　　　　], l'utilisation de ces mots n'est pas naturelle
mais ils deviennent ⑤ [　　　　　　　　] une partie intégrante de
la langue.

　①〜⑤に入る適当な語句を、次の中から選びなさい。

au départ / aussi rapidement / par exemple / par nature / vite

---

Mots dérivés　派生語

naturalisation nf 帰化

naturisme nm ヌーディズム、裸体主義　= nudisme

□毎年夏は、ヌーディズム（裸で過ごす）をしています。
　Every summer we do naturism.　**Tous les étés, nous faisons du naturisme.**

surnaturel, surnaturelle adj 超自然的な、不可思議な

□その映画の登場人物は、超自然的な力を持っている。
　The character in the movie has supernatural powers.
　Le personnage du film a des pouvoirs surnaturels.

nouveau

〈 ラテン語 novellus (novus [新しい、最新の] の指小辞) 〉から。nov は英語の new「新しい」に通じる語。

renouveler v	nouveauté nf	nouveau(nouvel), nouvelle adj	nouvellement adv
新しくする、変革する、 更新する	新しいこと、新製品、 新刊本	**新しい、最新の、 はじめての**	新たに、最近 ＊動詞の過去分詞の前で。

Phrases fréquentes よく使う言い回し

□トランスポート（公共交通機関の）カードを更新する必要がある。
I have to renew my transport card. **Je dois** *renouveler* **ma carte de transport.**

□最新のアップデートには、いくつかの新しい特徴があります。　*There are several new features in the latest update.* **Il y a plusieurs** *nouveautés* **dans la dernière mise à jour.**

□新しいレストランがオープンしたばかりです、行ってみませんか？
There's a new restaurant that just opened, shall we go?
Il y a un *nouveau* **restaurant qui vient juste d'ouvrir, on y va ?**

□最近エジプトで発見された彫像が博物館に展示されます。
The newly discovered statues in Egypt will be on display at the museum.
Les statues *nouvellement* **découvertes en Egypte seront exposées au musée.**

Phrases d'exemple de base 基本例文

□その会社はコンピュータシステムを更新する予定でいる。　*The company is going to renew its computer system.* **L'entreprise va** *renouveler* **son système informatique.**

□新製品は、すべて実演販売中に紹介されることになります。
All the innovations will be presented during the demonstration.
Toutes les *nouveautés* **seront présentées pendant la démonstration.**

□新しい監督はどうですか？ *How is the new director?* **Il est comment le** *nouveau* **directeur ?**

□新しく選出された市長は、スピーチを拒否した。 *The newly elected mayor refused to make a speech.*
Le maire *nouvellement* **élu a refusé de faire un discours.**

音声♪ 1_63.mp3

Texte d'exemple d'application 応用例文

J'ai décidé de *renouveler* **mon abonnement à la bibliothèque parce qu'ils ont toujours les dernières** *nouveautés* **disponibles. Les écrivains** *nouvellement* **publiés font parfois des apparitions là-bas pour des séances de lecture au public, et depuis la rénovation, j'aime beaucoup le** *nouvel* **auditorium.**

【 Traduction japonaise 】 和訳

図書館の定期加入契約を更新することに決めました。加入者は、最新の新刊本をいつも自由に利用できるからです。ときには、最近本を出版した作家たちが、一般の人向けの読書会のために姿を見せることがありますし、改修後の新ホールを私はとても気にいっています。

- ☐ **abonnement** nm　加入契約、予約申し込み
  souscription, contrat qui permet de bénéficier d'un service régulier
- ☐ **disponible** adj　自由に利用できる　que l'on peut utiliser, quelqu'un qui a du temps libre
  ▶今度の月曜日は空いていますか？　Est-ce que vous êtes disponible lundi prochain ?
- ☐ **séance** nf　（興行の）会、（映画の）上映（時間）　nom donné à certains spectacles
- ☐ **rénovation** nf　改修、修復　action de remettre à neuf
  ▶改修工事は半年続いた。　Les travaux de rénovation ont duré six mois.
- ☐ **auditorium** nm　（音楽用の）ホール　salle aménagée pour enregistrer ou écouter de la musique

---

Texte d'exemple d'application et exercices　応用例文と練習問題

_____ mon abonnement à la bibliothèque parce qu'ils ont toujours _____ disponibles. _____ font parfois des apparitions là-bas pour des séances de lecture au public, et _____, j'aime beaucoup le nouvel auditorium.

下線部に適した語句を入れなさい。

Mots dérivés　派生語

nouvelle nf　ニュース、消息、知らせ

☐ラジオでそのニュースが流れた。　*The news was broadcast on the radio.*
On a donné la nouvelle à la radio.

renouvellement nm　更新、改新、一新

☐カードはオンラインで更新できます。　*You can renew your card online.*
Le renouvellement de votre carte peut se faire en ligne.

innover v　改新（改革）する、新しいことを試みる

☐競争力を維持するために、新しいものを取り入れ続けなくてはならない。
We have to keep innovating to stay competitive.
Nous devons continuer à innover pour rester compétitif.
étymologie 語源 〈in [中に] + nover〉→「新しいものを中に取り入れる」

obliger

〈 ob [〜のほうに] ＋ liger [縛りつける] 〉→「義務づける」。

obliger v	obligation nf	obligatoire adj	obligatoirement adv
義務を負わせる、強いる	義務	義務的な、当然の、必然的な	義務的に、必然的に

Phrases fréquentes　よく使う言い回し

□上司は私に残業を強いる。　*My boss makes me work overtime.*
Mon patron m'oblige **à faire des heures supplémentaires.**

□マスク着用の義務　*the obligation to wear the mask*
l'obligation **de porter le masque**

□車内ではシートベルトの着用が義務づけられている。　*In a car, the seatbelt is mandatory.*
Dans une voiture, le port de la ceinture est obligatoire**.**

□すべての質問に答える必要がありますか？　*Do we necessarily have to answer all the questions?*
On doit obligatoirement **répondre à toutes les questions ?**

Phrases d'exemple de base　基本例文

□新しい法律は、工場にCO_2排出量の削減を義務づけている。
The new law requires factories to reduce their CO_2 emissions.
La nouvelle loi oblige **les usines à réduire leurs émissions de CO_2.**

□メンバーには、規則違反を報告する義務がある。
Members have an obligation to report any rule violations.
Les membres ont l'obligation **de signaler toutes violations aux règles.**

□それは必修の講義ですか？　*Is it a compulsory course?*　**C'est un cours** obligatoire **?**

□すべての従業員は健康診断を受ける必要がある。
All employees are required to undergo a medical examination.
Tous les employés doivent obligatoirement **passer une visite médicale.**

音声♪ 1_64.mp3

Texte d'exemple d'application　応用例文

Le débat sur le vaccin fait polémique. Faut-il obligatoirement **faire vacciner tout le monde ? La protection du peuple n'est-elle pas une** obligation **civique et morale ? Pourquoi** obliger **même ceux qui s'y opposent à se faire vacciner ? Une intervention du gouvernement est-elle vraiment** obligatoire **?**

【 Traduction japonaise 】和訳

ワクチンについての論争が議論になっている。万人の義務として、ワクチンを接種しなくてはならないのか？　人々を守るのは市民の道徳的義務ではないのか？　どうして、ワクチン接種に反対する人にまで従うよう強いるのか？　はたして、政府の介入は本当に避けがたいものなのか？

□ **débat** nm　論争、討論　discussion organisée autour d'un sujet spécifique
□ **vaccin** nm　ワクチン　injection qui permet d'être immunisé contre une maladie
▶そのウイルスに対するワクチンは開発中だ。　Le vaccin contre le virus est en cours de développement.
□ **polémique** adj　議論の、論争的な　qui crée un désaccord, une dispute
□ **civique** adj　市民の、公民の　qui est le propre du citoyen
▶投票は市民の権利であり義務です。　Le vote est un droit et un devoir civique.
□ **vaccination** nf　ワクチン接種　action de vacciner
□ **intervention** nf　介入、干渉　action d'intervenir　▶機動隊の介入　l'intervention des forces de l'ordre

Texte d'exemple d'application et exercices　応用例文と練習問題

Le [le / sur / débat / vaccin] fait polémique.
Faut-il obligatoirement [faire / le / tout / vacciner] monde ?
La p_____ du p_____ n'est-elle pas une obligation civique et morale ?
Pourquoi obliger même ceux [à / opposent / qui / s'y] se faire vacciner ?
Une i_____ du g_____ est-elle vraiment obligatoire ?

[　]内の単語の順番を並べ替えたり、下線部に足りない語句を加えて、正しい文にしなさい。

Mots dérivés　派生語

obligé(e) adj　〜せざるを得ない、避けられない
□私は今週末、仕事に行かなければなりません。　I have to go to work this weekend.
Je suis obligé d'aller travailler ce week-end.
□わがチームが勝ちます、当然です！　My team is going to win, it's inevitable!
Mon équipe va gagner, c'est obligé !

désobligeant(e) adj　不親切な、不愉快な
□彼（彼女）らの発言は失敬だ。　Their remarks are derogatory.
Leurs remarques sont désobligeantes.

＊désobliger「（人に）不快な思いをさせる」から派生。

penser

語源を遡れば〈pens [(重りをぶら下げて) 量る]〉→「重量を量る」→「よく考える」。

penser v	pensée nf	pensif, pensive adj	pensivement adv
考える、思う、覚えておく	思考、考え、思索	物思いにふけった、考え込んだ	物思わしげに、考えこんで、悲しげに

Phrases fréquentes　よく使う言い回し

□私の新しい車をどう思いますか？　*What do you think of my new car?*
Qu'est-ce que tu *penses* **de ma nouvelle voiture ?**

□彼は自分の考えを順次立てて説明するのに苦労している。
He has trouble formulating his thoughts.　**Il a du mal à formuler ses** *pensées.*

□物思わしげに (物思いに沈んで)　*pensively*　**d'un air** *pensif*

□彼女は考え込んで窓の外を見ていた。　*She looked thoughtfully out the window.*
Elle regardait *pensivement* **par la fenêtre.**

Phrases d'exemple de base　基本例文

□奥さんの誕生日を忘れないように。　*Don't forget your wife's birthday.*
Pensez **à l'anniversaire de votre femme.**

□疲れていたので、考えが散漫になり始めた。　*As I was tired, my thoughts began to wander.*
Comme j'étais fatigué(e), mes *pensées* **ont commencé à vagabonder.**

□ベンチに座っている少女は、物思いに沈んだ目をしていた。
The girl sitting on the bench had pensive eyes.
La fille assise sur le banc avait les yeux *pensifs.*

□男は雨の中を悲しげに歩いていた。　*The man was walking pensively in the rain.*
L'homme marchait *pensivement* **sous la pluie.**

音声♪ 1_65.mp3

Texte d'exemple d'application　応用例文

Je *pense* **souvent à mon grand-père qui était marin. Je me souviens particulièrement d'une nuit d'orage quand j'avais 10 ans. Il était assis près de la cheminée et bourrait** *pensivement* **sa pipe. Il me racontait ses aventures sur la mer, comme le jour où il a vu un énorme monstre passer sous son bateau. Je me rappelle être resté** *pensif* **sur mon lit toute la nuit et depuis, la simple** *pensée* **de prendre le bateau me terrifie.**

頻出度 A

頻出度 B

頻出度 C

船乗りだった祖父のことをよく思い出します。とりわけ、私が10歳のときの嵐の夜のことを覚えています。祖父は暖炉のそばに座り、物思わしげにパイプにタバコをつめていました。祖父は海での数々の冒険を私に話しました。たとえば、巨大な怪物が自分の乗っている船の下を通過するのを見た日のことを。その日一晩中、私はベッドに横たわりじっと考え込んでいたのを覚えています。それ以来、船に乗ると考えただけで震え上がるのです。

- □ **marin** nm　船員、船乗り　personne qui navigue sur les mers
- □ **cheminée** nf　暖炉　endroit où l'on fait du feu dans une maison
- □ **bourrer** v　詰め込む、いっぱいにする　remplir complètement en tassant
  ▶彼女はスーツケースいっぱいに詰め込んだ。　Elle a bourré sa valise.

Texte d'exemple d'application et exercices　応用例文と練習問題

Je pense souvent à mon grand-père ① [　　　　　　　　] .
Je me souviens particulièrement ② [　　　　　　] quand j'avais 10 ans.
Il était assis ③ [　　　　　　] et bourrait pensivement sa pipe.
Il me racontait ses aventures sur la mer, ④ [　　　　　　] où il a vu un énorme monstre passer sous son bateau.
Je me rappelle être resté pensif sur mon lit ⑤ [　　　　　] et depuis, la simple pensée de prendre le bateau me terrifie.

①〜⑤に入る適当な語句を、次の中から選びなさい。

comme le jour / d'une nuit d'orage / près de la cheminée / qui était marin / toute la nuit

Mots dérivés　派生語

penseur nm　思想家　＊penseuse は稀。

□老子は偉大な中国の思想家だった。　Lao Tzu was a great Chinese thinker.
Lao Tseu était un grand penseur chinois.

pensant(e) adj　思考能力のある、考える

□考える葦　a thinking reed　**un roseau pensant**

impensable adj　考えられない、想像もつかない

□50年前には想像もつかなかったことが現実になっている。
What was unthinkable 50 years ago has become reality.
Ce qui était impensable il y a 50 ans est devenu réalité.

personnel

〈 person［人］＋ -el［の］〉→「個人の」の意味。

personnaliser v	personnalisation nf	personnel, personnelle adj	personnellement adv
（規格品などを）個人の 好みに合わせる	個別化、カスタマイズ	個人の、独自な	個人的に、自分としては、 自分自身で

Phrases fréquentes　よく使う言い回し

□ 車をカスタマイズする（自分の好みに合わせ手を加える）
to customize a car *personnaliser* **une voiture**

□ 服のカスタム化は、とても人気があります。　*Customization of clothing has become very popular.*
La *personnalisation* **des vêtements est devenue très populaire.**

□ 個人的な質問をしてもいい？　*Can I ask you a personal question?*
Je peux te poser une question *personnelle* **?**

□ 自分としては、彼の言うことはひと言も信じません。　*Personally, I don't believe a word of what he says.* *Personnellement*, **je ne crois pas un mot de ce qu'il dit.**

Phrases d'exemple de base　基本例文

□ 母は布マスクを作り、好みに合わせてアレンジしています。
My mother makes and personalizes her fabric masks.
Ma mère fabrique et *personnalise* **ses masques en tissu.**

□ オンラインによるパーソナライズ技術（個人に合わせた最適化）は大きく発展した。
Online personalization techniques have developed significantly.
Les techniques de *personnalisation* **en ligne se sont beaucoup développées.**

□ その新入社員はあまりに個性的すぎて、チーム内での働き方がわからない。
The new employee is too individualistic, he doesn't know how to work in a team.
Le nouvel employé est trop *personnel*, **il ne sait pas travailler en équipe.**

□ 自分でそれに取り組むつもりです。　*I'll take care of it personally.*
Je vais m'en occuper *personnellement*.

音声♪ 1_66.mp3

Texte d'exemple d'application　応用例文

L'utilisation des données *personnelles* **sur internet a permis une** *personnalisation* **des services très précise. En** *personnalisant* **chaque détail de votre demande, l'entreprise donne ainsi l'impression de s'occuper de vous** *personnellement*. **Cette stratégie marketing est devenue aujourd'hui une méthode efficace dans la fidélisation de ses clients sur le long terme.**

インターネット上の個人データを使用することで、サービスのじつに正確なパーソナライズ（個人の好みに合わせた最適化）が可能となりました。リクエストの細部一つ一つを個人の好みに合わせることで、企業は個人的にあなたの世話をしているような印象を与えられるわけです。このマーケティング戦略は、現在、長期的な顧客固定化（ロックイン）にとって効果的な方法となりました。

□ **donnée** nf　データ　information utilisée pour quelque chose
▶この問題を解決するには、もっと多くのデータが必要です。
On a besoin de plus de données pour résoudre ce problème.

□ **détail** nm　細部、詳細　élément particulier d'un ensemble
▶君は細部にもっと注意を払う必要がある。　*Tu dois faire plus attention aux détails.*

□ **stratégie** nf　戦略、駆け引き　organisation pour réussir à faire quelque chose

□ **fidélisation** nf　固定客化　incorporer les clients en tant que clients réguliers

---

Texte d'exemple d'application et exercices　応用例文と練習問題

L'utilisation des d＿＿＿＿＿ p＿＿＿＿＿ sur i＿＿＿＿＿
a permis une personnalisation des services très précise.
En personnalisant c＿＿＿＿＿ d＿＿＿＿＿ de votre
d＿＿＿＿＿, l'entreprise donne ainsi l'impression de s'occuper
de vous personnellement.
Cette stratégie marketing est devenue aujourd'hui une m＿＿＿＿＿
e＿＿＿＿＿ dans la f＿＿＿＿＿ de ses clients sur le long terme.

下線部に足りない語句を加えて、正しい文にしなさい。

Mots dérivés　派生語

personnel nm　（集合的に）従業員、スタッフ

□うちの会社は従業員が足りない。　*Our office is understaffed.*
Notre bureau manque de personnel.

personne nf　人、人間、個人

personnalité nf　個性

□性格診断テスト（MBTI）によれば、個性には16のタイプがある。
According to the MBTI, there are 16 types of personalities.
D'après le MBTI, il y a 16 types de personnalités.

impersonnel, impersonnelle adj　個性のない、人間味のない

remarquable

〈 re [強く] ＋ mark [印、注意] ＋ able [できる] 〉→「新しく印をつけられる」→「注目に値する」。

remarquer v	remarque nf	remarquable adj	remarquablement adv
気づく、注目する、指摘する	注意、指摘	注目すべき、すばらしい	すばらしく、見事に、非常に

Phrases fréquentes　よく使う言い回し

□ 彼女は怒っているの？　私は気づかなかった。　*Is she angry? I did not notice.*
Elle est fâchée ? Je n'avais **pas** remarqué**.**

□ 同僚は、しばしば不適切な指摘をする。　*My colleague often makes inappropriate comments.*
Mon collègue fait souvent des remarques **déplacées.**

□ 彼のしたことはずば抜けている。　*What he did is remarkable.*
Ce qu'il a fait est remarquable**.**

□ 彼女のチェスの腕前は傑出している。　*She plays chess remarkably well.*
Elle joue remarquablement **bien aux échecs.**

Phrases d'exemple de base　基本例文

□ この景色の見事さを、しかと見てください。　*Notice the magnificence of this landscape.*
Remarquez **la magnificence de ce paysage.**

□ 作者は、ページの下にいくつかコメントを書いた。
The author wrote some remarks at the bottom of the page.
L'auteur a écrit quelques remarques **en bas de la page.**

□ 彼の新しい小説には、何か注目すべき点がありますか？　*Is there anything remarkable about*
his new novel? **Y a-t-il quelque chose de** remarquable **dans son nouveau roman ?**

□ 今年の冬は非常に暖かい。　*This winter is unusually warm.*
Cet hiver est remarquablement **doux.**

音声♪ 1_67.mp3

Texte d'exemple d'application　応用例文

Après avoir remarqué **les possibilités médicinales d'une plante aquatique, un chercheur a passé ces trois dernières années à développer un traitement contre le cancer en suivant les conseils et les** remarques **de ses pairs. Le traitement est** remarquablement **efficace et avec très peu d'effets secondaires. Cet exploit scientifique est** remarquable **et redonne enfin de l'espoir aux malades.**

【 Traduction japonaise 】 和訳

水生植物の医学的な可能性に気づいてから、ある研究者は仲間の忠告と指摘に従いながら、癌に対しての治療を開発するのに過去3年間を費やした。その治療は非常に効果的で、副作用はごくわずかしかない。この科学的偉業はずば抜けたもので、要するに病人たちに希望を取り戻させるものなのである。

□**aquatique** adj 水生の qui vit dans l'eau ou au bord de l'eau
▶葦は水生植物です。 *Le roseau est une plante aquatique.*

□**chercheur, chercheuse** n （特に科学的な）研究者 personne qui fait des recherches scientifiques
▶彼女は科学実験室の研究員です。 *Elle est chercheuse dans un laboratoire de chimie.*

□**traitement** nm 治療 ensemble des moyens utilisés pour soigner une maladie
▶祖父はショック療法を受けた。 *Mon grand-père a suivi un traitement de choc.*

□**pairs** nmpl （仕事や社会的な地位による）同僚、仲間
personne qui a la même fonction, la même carrière professionnelle

□**redonner** v 再び与える、取り戻させる donner de nouveau

Texte d'exemple d'application et exercices 応用例文と練習問題

Après [possibilités / avoir / les / remarqué] médicinales d'une plante aquatique, un chercheur a passé ces trois dernières années à développer un traitement contre le cancer [les / en / conseils / suivant] et les remarques de ses pairs.

Le traitement est remarquablement efficace et [d'effets / très / avec / peu] secondaires.

Cet exploit scientifique est remarquable et redonne enfin [malades / de / l'espoir / aux].

[   ] 内の単語の順番を並べ替えて、正しい文にしなさい。

Mots dérivés 派生語

marquer v 印をつける、書き込む

□彼は手帳に面会の約束を記入した。 *He marked his appointments in his notebook.*
Il a marqué ses rendez-vous dans son carnet.

marquant(e) adj 注目に値する、重要な、印象的な

□テロ攻撃は、アメリカ合衆国の歴史の中でも重要な出来事だった。
The terrorist attack was a significant event in the history of the United States.
L'attaque terroriste a été un évènement marquant dans l'histoire des États-Unis.

résolution

〈 ré [完全に] + solution [解くこと] 〉。

résoudre v	résolution nf	résolu(e) adj	résolument adv
（難題を）解く、解決する	決心、解決、決議	断固とした、決意の固い	断固として、毅然として、敢然と

Phrases fréquentes よく使う言い回し

□時間潰しになぞなぞを解くのが大好きです。 To spend time, I really like solving riddles.
Pour passer le temps, j'aime beaucoup *résoudre* des énigmes.

□あなたの新年の抱負はなんですか？ What are your resolutions for the new year?
Quelles sont vos bonnes *résolutions* pour la nouvelle année ?

□未解決の問題を次々と棚上げするのはよくない。
It is not good to shelve unresolved problems one after another. **Il n'est pas bon de mettre les problèmes non-*résolus* de côté les uns après les autres.**

□私たちは未来にしっかと焦点を合わせています。 We are resolutely focused on the future.
Nous sommes *résolument* tourné(e)s vers l'avenir.

Phrases d'exemple de base 基本例文

□一緒にこの問題を解決しなければなりません。 We must solve this problem together.
Nous devons *résoudre* ce problème ensemble.

□本日午後に、議会は新しい決議を発表します。
The Parliament will present a new resolution this afternoon.
Le Parlement présentera une nouvelle *résolution* cet après-midi.

□政府は年金改革に着手することを決定している。
The government is determined to undertake pension reforms.
Le gouvernement est *résolu* à entreprendre des réformes sur la retraite.

□私は断じて楽観的です。 I am resolutely optimistic. **Je suis *résolument* optimiste.**

音声♪ 1_68.mp3

Texte d'exemple d'application 応用例文

Les femmes sont aujourd'hui *résolument* engagées dans la lutte contre les inégalités. Malgré certaines *résolutions* de la part du gouvernement pour tenter de *résoudre* ce problème, beaucoup de préjugés persistent. Pour beaucoup de femmes, la question n'est toujours pas *résolue*.

女性は今、不平等等との戦いに強い意志を持って参加しています。この問題を解決しようと
するいくつかの政府の決議にもかかわらず、数多の偏見が執拗に続いています。多くの女
性にとって問題は相変わらず解決されていないのです。

□ **engagé(e)** adj 政治（社会）参加を行う
qui prend position pour des problèmes sociaux ou politiques
□ **lutte** nf 戦闘、戦い combat, opposition d'idées
▶人種差別との戦いを続けなければなりません。 Nous devons poursuivre notre lutte contre le racisme.
□ **préjugé** nm 偏見 opinion ou jugement préconçu
▶外国人に対する偏見はたくさんあります。 Il existe beaucoup de préjugés contre les étrangers.
□ **persister** v 執拗に続く、固執する ne pas changer sa manière de faire ou de penser
▶そうした症状が数週間執拗に続く危険があります。
Les symptômes risquent de persister plusieurs semaines.

Texte d'exemple d'application et exercices 応用例文と練習問題

Les femmes sont aujourd'hui résolument engagées [la / dans / contre /
lutte] les inégalités.
Malgré certaines résolutions de la part du gouvernement [tenter /
résoudre / de / pour] ce problème, beaucoup de préjugés persistent.
Pour beaucoup de femmes, la question [pas / n'est / résolue / toujours].

[ ] 内の単語の順番を並べ替えて、正しい文にしなさい。

Mots dérivés 派生語

solution nf 解決（案）、解答

□できるだけ速く解決策を見つけ出さなくてはなりません。
We must find a solution as soon as possible.
Il faut trouver une solution au plus vite.

solutionner v 解決する、解答を与える

□数日ですべてを解決することはできないでしょう。
We will not be able to solve everything in a few days.
On ne pourra pas tout solutionner en quelques jours.

dissolution nf 解体、解消、分解、溶解

□結婚の解消 *the dissolution of marriage*
la dissolution du mariage
étymologie 語源 〈 dis [分離して] + [解く、溶けること]〉→「個体・束縛から溶かされる」

respect

〈re［うしろを振り返って］＋ spect［見る］〉という意味に値する。

respecter v	respect nm	respectueux, respectueuse adj	respectueusement adv
尊敬する、大事にする	**尊敬、尊重**	敬意を抱いている、うやうやしい	丁重に、うやうやしく

Phrases fréquentes　よく使う言い回し

☐ 他人の権利は尊重すべきだ。　*We should respect the rights of other people.*
Nous devons *respecter* **les droits des autres.**

☐ 私は彼女をとても尊敬しています。　*I have great respect for her.*
J'ai beaucoup de *respect* **pour elle.**

☐ 彼は年上の人に例外なく敬意を払う。　*He is respectful to older people without exception.*
Il est *respectueux* **envers les personnes âgées sans exception.**

☐ 選手たちは互いに敬意を表して挨拶した。　*The players greeted each other respectfully.*
Les joueurs se sont salués *respectueusement*.

Phrases d'exemple de base　基本例文

☐ 法に従わなくてはならない。　*We must obey the law.*　**Il faut** *respecter* **la loi.**

☐ 彼は私が尊敬できる人物ではない（尊敬できない）。
He is not someone I respect.　**Ce n'est pas quelqu'un que je** *respecte*.

☐ 移民は受入国に対して、敬意を表する態度を示した。
The immigrants had a respectful attitude towards their host country.
Les immigrés avaient une attitude *respectueuse* **envers leur pays d'accueil.**

☐ 彼は上司の申し出を丁重に断った。　*He respectfully refused his boss's offer.*
Il a refusé *respectueusement* **l'offre de son patron.**

音声♪ 1_69.mp3

Texte d'exemple d'application　応用例文

Au Japon, le *respect* **et les bonnes manières sont enseignés dès la maternelle. À table par exemple, il existe plusieurs règles à** *respecter*, **en particulier lorsqu'on utilise des baguettes. Dans la vie de tous les jours, il faut être** *respectueux* **des traditions et s'adresser** *respectueusement* **aux personnes plus âgées. Historiquement, le confucianisme serait à l'origine de cette éducation japonaise.**

【 Traduction japonaise 】和訳

日本では、幼稚園から敬意とマナーが教えられています。たとえば食卓では、とりわけ箸を使用する場合に従わなくてはならないいくつかのルールがあります。日常生活では伝統を重んじ、高齢者には敬意を持って言葉をかける必要があります。歴史的に、儒教はこうした日本の礼儀作法の起源とされています。

□ **manières** nfpl （複数で）マナー、態度　façon d'agir, d'être, de se tenir
　▶態度が悪い　avoir de mauvaises manières

□ **maternelle** nf　幼稚園　= école maternelle　école pour les enfants de 2 à 6 ans
　▶私は娘を幼稚園に連れて行く。　J'emmène ma fille à la maternelle.

□ **s'adresser** v　（à, avec に）話しかける、言葉をかける　parler à quelqu'un

□ **confucianisme** nm　儒教　une religion basée sur les idées du philosophe chinois Confucius

□ **éducation** nf　礼儀作法　savoir-vivre

Texte d'exemple d'application et exercices　応用例文と練習問題

Au Japon, le respect et ① [　　　　　　　　　] sont enseignés dès la maternelle.

À table par exemple, il existe ② [　　　　　　　] à respecter, en particulier lorsqu'on utilise ③ [　　　　　　] .

Dans la vie de tous les jours, il faut être respectueux ④ [　　　　　　] et s'adresser respectueusement aux personnes plus âgées.

Historiquement, ⑤ [　　　　　　　] serait à l'origine de cette éducation japonaise.

①〜⑤に入る適当な語句を、次の中から選びなさい。

des baguettes / des traditions / le confucianisme / les bonnes manières / plusieurs règles

---

Mots dérivés　派生語

respectable adj　尊重すべき、相当な

respectif, respective adj　各自の、それぞれの

□彼らは各自の能力に応じて仕事を与えられた。
They were given work according to their respective abilities.
Ils ont reçu du travail selon leurs capacités respectives.

respectivement adv　各自、それぞれ

□ピエールとマリは、それぞれ15歳と17歳です。　*Pierre and Marie are fifteen and seventeen respectively.*
Pierre et Marie ont respectivement quinze et dix-sept ans.

signification

〈 sign [印（しるし）] 〉をつけること。

signifier v	signification nf	significatif, significative adj	significativement adv
意味する、（態度などが）表す、示す	（言葉や記号の）意味	明白な、はっきりと示す、意味のある	はっきりした意味を表して、著しく

Phrases fréquentes よく使う言い回し

□この言葉はどういう意味ですか？　*What does this word mean?*　**Que** *signifie* **ce mot ?**

□同じ単語が異なる意味を持つことがあります。　*The same word can have different meanings.*
Le même mot peut avoir des *significations* **différentes.**

□新しい措置は経済に明らかなインパクトを与えていない。
The new measures have not had a significant impact on the economy.
Les nouvelles mesures n'ont pas eu d'impact *significatif* **sur l'économie.**

□アルコール摂取は心臓に関わる諸問題のリスクを著しく高めます。
Alcohol consumption significantly increases the risk of heart problems.　**La consommation
d'alcool augmente** *significativement* **le risque de problème cardiaque.**

Phrases d'exemple de base 基本例文

□高熱が感染を意味していることがあります。　*A high temperature can mean an infection.*
Une température élevée peut *signifier* **une infection.**

□多くの祭事の挙行は、その宗教的な意味合いを失っています。
Many celebrations have lost their religious significance.
Beaucoup de célébrations ont perdu leur *signification* **religieuse.**

□彼は意味ありげに笑った。　*He gave a meaningful smile.*　**Il a eu un sourire** *significatif.*

□田中さんは私たちのプロジェクトの成功に意味のある貢献をしてくれました。
Ms. Tanaka made a significant contribution to the success of our project.
Mme Tanaka a contribué *significativement* **à la réussite de notre projet.**

音声♪ 1_70.mp3

Texte d'exemple d'application 応用例文

Plusieurs raisons peuvent *signifier* **une baisse du chiffre d'affaires :
un manque d'innovation, une baisse** *significative* **de la qualité ou
tout simplement un contexte économique difficile. Pour mieux comprendre
la** *signification* **de cette perte, il peut être utile de faire appel à un organisme
externe pour analyser objectivement la situation. Un simple changement
peut parfois améliorer** *significativement* **les performances de l'entreprise.**

【Traduction japonaise】和訳

いくつかの理由をあげて売上高の低下をはっきり示すことができます。イノベーションの欠如、品質の明らかな低下、あるいは単純に厳しい経済状況。この損失の意味をもっときちんと把握するために、状況を客観的に分析するべく外部機関に助けを求めることが有益かもしれません。ちょっとした変更で、ときとして企業の業績が目に見えて改善することがあり得ますので。

☐ **chiffre d'affaires** nm　売上高　somme totale des ventes sur une année
▶我々の売上高は10%増加しました。　*Notre chiffre d'affaires a augmenté de 10%.*

☐ **innovation** nf　革新、イノベーション　création de quelque chose de nouveau
▶この革新は、世界に革命をもたらすでしょう！　*Cette innovation va révolutionner le monde !*

☐ **perte** nf　なくすこと、無駄、損失　fait de perdre, fait de perdre de l'argent
▶これは時間の無駄だ。　*C'est une perte de temps.*

☐ **analyser** v　分析する　étudier quelque chose en détail
▶この工場の排水を検査しなくてはならない。　*Il faut analyser les eaux usées de cette usine.*

(Texte d'exemple d'application et exercices) 応用例文と練習問題

Plusieurs raisons peuvent signifier　① [　　　　　　　　　　　　] : un manque d'innovation, une baisse significative de la qualité ou tout simplement ② [　　　　　　　　　　] .

Pour mieux comprendre ③ [　　　　　　　　　　　　] , il peut être utile de faire appel à ④ [　　　　　　　　　] pour analyser objectivement la situation.

Un simple changement peut parfois améliorer significativement ⑤ [　　　　　　　　　　　] .

①〜⑤に入る適当な語句を、次の中から選びなさい。

la signification de cette perte / les performances de l'entreprise / un contexte économique difficile / une baisse du chiffre d'affaires / un organisme externe

---

Mots dérivés 派生語

signe nm　印、兆し、特徴、サイン

☐警告サイン　*a warning sign*　**un signe annonciateur**

insignifiant(e) adj　取るに足らない、重要ではない

☐私にとって、この件の詳細は取るに足らないことだ。
For me, this detail of this affair is insignificant.
Pour moi, ce détail de cette affaire est insignifiant.

spécial

同じ〈 species [種]（→ espèce）のものの中で、対象に spect [見ること]（視線）が集まり「特別の」扱いを受けている〉という意味合い。

(se) spécialiser v	spécialité nf	spécial(e) adj	spécialement adv
専門化する、（特定の分野を）専攻する	専門、特産物、名物料理	**特別な、特殊な**	特に、とりわけ

Phrases fréquentes　よく使う言い回し

□彼は有機農業を専門としている。　*He specializes in organic farming.*
Il se *spécialise* **dans l'agriculture biologique.**

□それは地域の特産品です。　*It's a specialty of the region.*　**C'est une** *spécialité* **de la région.**

□この映画は少し特殊ですが、私は好きです。　*This movie is a bit special, but I like it.*
Ce film est un peu *spécial*, **mais j'aime bien.**

□私はあなたのために、特別にこのケーキを作りました！　*I made this cake especially for you!*
J'ai fait ce gâteau *spécialement* **pour toi !**

Phrases d'exemple de base　基本例文

□その会社は、最先端の医療技術を専門としている。　*The company specializes in cutting edge medical equipment.*　**L'entreprise** est *spécialisée* **dans le matériel médical de pointe.**

□それは私の専門外です。　*It is outside my specialty.*
C'est en dehors de ma *spécialité*.　＊Ce n'est pas mon domaine. としても同義になる。

□あなたが旅に出てから特別なことは何も起こっていません。
Nothing special has happened since you left on your trip.
Il ne s'est rien passé de *spécial* **depuis votre départ en voyage.**

□すべての同僚に、とりわけデュラン氏に感謝したい。
I would like to thank all my colleagues, in particular Mr. Durant.
Je voudrais remercier tous mes collègues, *spécialement* **M. Durant.**

音声♪ 1_71.mp3

Texte d'exemple d'application　応用例文

Les insectes feront un jour partie de notre alimentation quotidienne. C'est pourquoi le chef de ce restaurant s'est *spécialisé* **dans cette cuisine un peu** *spéciale* **et encore mal acceptée. Il nous recommande une de ses** *spécialités* **qu'il a** *spécialement* **développée pour les fêtes entre amis : le burger aux sauterelles.**

【 Traduction japonaise 】 和訳

いずれそのうち、昆虫は私たちの日々の食料の一部になるでしょう。それを見込んで、このレストランのシェフは、いささか特別で、まだ十分には受け入れられていないこの料理を専門にしました。彼は友人とのパーティーのために、特別に開発した得意料理のひとつ、バッタ・バーガーを勧めます。

□ **alimentation** nf　食料（品）、栄養摂取（補給）　manière de s'alimenter
▶健康であるためには、バランスの取れた栄養補給が必要です。
Pour être en bonne santé, il faut une alimentation équilibrée.

□ **quotidien(ne)** adj　毎日の、日々の　qui se fait chaque jour
▶日常生活　*la vie quotidienne*

□ **recommander** v　推薦する、勧める　conseiller
▶この映画をお勧めします。　*Je vous recommande ce film.*

□ **sauterelle** nf　イナゴ、バッタ　insecte qui se déplace en sautant

Texte d'exemple d'application et exercices　応用例文と練習問題

Les insectes comestibles feront ① [　　　　　　] partie de notre alimentation quotidienne. ② [　　　　　　] le chef de ce restaurant s'est spécialisé dans cette cuisine un peu spéciale et ③ [　　　　　　] .
Il nous recommande une de ses spécialités qu'il a spécialement développée ④ [　　　　　　] entre amis : le burger aux sauterelles.

①～④に入る適当な語句を、次の中から選びなさい。

c'est pourquoi / encore mal acceptée / pour les fêtes / un jour

Mots dérivés　派生語

spécialiste n　専門家

□彼はワインのエキスパートです。　*He is a wine expert.*　**C'est un spécialiste en vin.**

spécialisation nf　（知識や技術などの）特定化、専門化

□私は物理学の学位を有し、天文学を専門としています。
I have a degree in physics with a specialization in astronomy.
J'ai un diplôme en physique avec une spécialisation en astronomie.

spécification nf　（時間、場所などの）明記、（製品の）仕様書

suffisant

〈 suf［十分に］＋ fis［作る］＋ ant［状態］〉→「満足な」。

suffire v	suffisance nf	suffisant(e) adj	suffisamment adv
（物が）十分である、満足させる	思い上がり、尊大	**十分な、満足できる**	十分に、たっぷり

Phrases fréquentes　よく使う言い回し

□ （うんざりして）もうたくさんだ！　　*That's enough!*　**Ça** *suffit* **！**

□ 彼は誇りと尊大さを示した。　　*He showed pride and smugness.*
Il faisait preuve d'orgueil et de *suffisance***.**

□ 十二分です。　　*It's more than enough.*　**C'est plus que** *suffisant***.**

□ この仕事を終えるのに、たっぷり時間があります。　　*I have enough time to finish this job.*
J'ai *suffisamment* **de temps pour finir ce travail.**

Phrases d'exemple de base　基本例文

□ スタートするには、このボタンを押すだけです。　　*To start, you just need to press this button.*
Pour démarrer, il *suffit* **d'appuyer sur ce bouton.**

□ 十分に在庫があるかは疑わしい。　　*I doubt we have sufficient stocks.*
J'ai des doutes quant à la *suffisance* **de nos stocks.**

□ その学生の成績は、卒業するのに十分ではなかった。
The student's results were not sufficient to graduate.
Les résultats de l'étudiant n'étaient pas *suffisants* **pour obtenir son diplôme.**

□ あなたは彼に対して、十分がまんしていると思います。
I think you've been patient enough with him.
Je pense que tu as été *suffisamment* **patient(e) avec lui.**

音声♪ 1_72.mp3

Texte d'exemple d'application　応用例文

La production de pétrole pourrait bientôt ne plus *suffire* **pour répondre à une demande mondiale toujours grandissante. Chaque pays dispose de stock en** *suffisance* **pour couvrir ses besoins en cas d'urgence mais pas** *suffisamment* **pour tenir indéfiniment. Cette ressource énergétique n'étant pas** *suffisante* **sur le très long terme, des efforts collectifs seront nécessaires pour surmonter ce défi.**

【 Traduction japonaise 】和訳

石油生産は、相変わらず増え続ける世界的な需要に応じるには、すぐにでも足りなくなる可能性があります。緊急時には、各国がニーズをカバーする豊富な備蓄を自由に使えるものの、歯止めなしに持ちこたえられるほどではありません。超長期的に見て、このエネルギー資源は潤沢とは言えないので、この課題を克服するために共同の努力が必要となるでしょう。

☐ **disposer** v （de を）自由に使える　avoir la possibilité de se servir de qqch
　▶このホテルではシャンプーと石鹸を自由に選べます。
　Dans cet hôtel, vous disposez d'un choix de shampooings et savons.

☐ **indéfiniment** adv　際限なく、果てしなく　sans fin

☐ **collectif** adj　共同でやる、集団の　qui concerne le groupe
　▶市は住民のために共同庭園を設置した。　*La ville a mis en place un jardin collectif pour ses habitants.*

Texte d'exemple d'application et exercices　応用例文と練習問題

La production de pétrole [ne / plus / bientôt / pourrait] suffire pour répondre à une demande mondiale toujours grandissante.
Chaque pays dispose de stock en suffisance pour couvrir [d'urgence / en / ses / cas / besoins] mais pas suffisamment pour tenir indéfiniment.
Cette ressource énergétique [suffisante / sur / pas / n'étant] le très long terme, des efforts collectifs seront nécessaires pour surmonter ce défi.

[　　]内の単語の順番を並べ替えて、正しい文にしなさい。

Mots dérivés　派生語

autosuffisance nf　（国や集団の）自給自足、自給能力

☐今でも食糧の自給自足を達成しようとしている国がある。
Some countries are still trying to achieve food self-sufficiency.
Certains pays cherchent encore à atteindre l'autosuffisance alimentaire.

insuffisant(e) adj　不十分な

☐ボランティアの数が不足しています。　*The number of volunteers is insufficient.*
Le nombre de bénévoles est insuffisant.

insuffisamment adv　不十分に　= de manière insuffisante

total

古典ラテン語〈tōtus［（個々をまとめた）全体］（仏語toutの語源）〉の形容詞から。

totaliser v	totalité nf	total(e) adj	totalement adv
総計する、合算する	全体、すべて	全体の、まったくの、完全な	すっかり、まったく、完全に

Phrases fréquentes　よく使う言い回し

□私たちのバスケットボールチームは、今シーズン合計800ポイントを獲得した。
Our basketball team totaled 800 points this season.
Notre équipe de basketball a *totalisé* **800 points cette saison.**

□展覧会のすべての絵を見ることはできなかった。
I couldn't see all of the paintings in the exhibition.
Je n'ai pas pu voir la *totalité* **des tableaux de l'exposition.**

□合計金額はいくらですか？　*What is the total price?*　**Quel est le prix** *total* **?**

□彼の車は事故で大破した。　*His car was completely destroyed in the accident.*
Sa voiture a été *totalement* **détruite dans l'accident.**

Phrases d'exemple de base　基本例文

□彼ら4人の勤続年数を合算すると100年になる。
The four of them have a total of 100 years of service.
À eux quatre ils *totalisent* **100 ans de service.**

□ほぼ従業員全員がストライキを行った。　*Almost all of the employees went on strike.*
La quasi-*totalité* **des employés ont fait grève.**

□教室は完全な沈黙状態だった。　*There was total silence in the classroom.*
Il y avait un silence *total* **dans la classe.**

□プロジェクトは寄付によって完全にまかなわれている。
The project is fully funded by donations.　**Le projet est** *totalement* **financé par des dons.**

音声♪ 1_73.mp3

Texte d'exemple d'application　応用例文

Cette compétition a été un échec *total*. **Nous n'avons même pas réussi à** *totaliser* **un seul point et la** *totalité* **de nos supporters nous ont abandonnés. En plus, nous avons** *totalement* **perdu la confiance de nos sponsors. Comme le dit le proverbe, un malheur ne vient jamais seul.**

あの試合は完敗だった。どうやっても１点も取れず、サポーターたちはこぞって私たちを見限った。その上、スポンサーの信頼を完全に失った。諺で言うように、泣きっ面に蜂だ。

□ **compétition** nf　試合、競争　　épreuve sportive, match, concurrence
　▶彼には競争心がない。　*Il n'a pas l'esprit de compétition.*

□ **échec** nm　敗北、失敗　　fait de ne pas réussir quelque chose
　▶息子は、バカロレア（大学入学資格試験）に２度失敗した。　*Mon fils a subi deux échecs au baccalauréat.*

□ **point** nm　点数、得点　　unité de compte
　▶彼（彼女）のチームは３点取った。　*Son équipe a marqué trois points.*

□ **confiance** nf　信頼、自信　　sentiment d'assurance, de sécurité envers quelqu'un ou quelque chose
　▶私を信じてください。　*Tu peux me faire confiance.*

□ **proverbe** nm　諺　　formule qui exprime une vérité générale ou un conseil de sagesse

---

Texte d'exemple d'application et exercices　応用例文と練習問題

Cette compétition a [total / un / été / échec].

Nous n'avons m＿＿＿＿＿＿＿ pas r＿＿＿＿＿＿＿ à t＿＿＿＿＿＿＿ un

s＿＿＿＿＿＿＿ point et la totalité de nos supporters nous ont

abandonnés.

En plus, nous avons t＿＿＿＿＿＿＿ p＿＿＿＿＿＿ la c＿＿＿＿＿＿＿

de nos sponsors.

Comme le dit le proverbe, un m＿＿＿＿＿＿＿ ne v＿＿＿＿＿＿＿

jamais s＿＿＿＿＿＿.

［　］内の単語の順番を並べ替えたり、下線部に足りない語句を加えて、正しい文にしなさい。

Mots dérivés　派生語

total nm　全体、総額

□総額は10万ユーロに達する。　*The total amounts to one hundred thousand euros.*

　Le total s'élève à cent mille euros.

totalitarisme nm　全体主義、権威主義

totalitaire adj　全体主義の

□全体主義国家　*totalitarian nation*　État totalitaire

unique

ラテン語〈un［1つ］＋ique［〜の］〉から。

unir v	unité nf	unique adj	uniquement adv
結びつける、1つにする、あわせ持つ	単一性、統一性、単品、（軍の）部隊	唯一の、均一の、独自の	ただ、単に、ひたすら

Phrases fréquentes　よく使う言い回し

□貧困と戦うために力を合わせなければならない。　*We must join forces to fight poverty.*
Nous devons *unir* nos forces pour combattre la pauvreté.

□これらのフルーツは、バラ売りされている。　*These fruits are sold individually.*
Ces fruits sont vendus à l'*unité*.

□東京の多くの道が一方通行です。　*Many streets in Tokyo are one-way.*
Beaucoup de rues à Tokyo sont à sens *unique*.

□この薬は処方箋がないと入手できない。　*This medicine can only be obtained by prescription.*
Ce médicament est *uniquement* délivré sur ordonnance.
＊直訳なら「この薬は処方箋によってのみ入手できる」となる。

Phrases d'exemple de base　基本例文

□あの女性は知性と美貌を兼ね備えている。　*That woman unites intelligence with beauty.*
Cette femme *unit* l'intelligence à la beauté.

□人身売買業者と戦うために、警察によって特殊部隊が設置された。
A special unit has been set up by the police to fight the traffickers.
Une *unité* spéciale a été mise en place par la police pour combattre les trafiquants.

□ますます多くの国が、使い捨てプラスチックを禁止しています。
More and more countries are banning single-use plastic.
De plus en plus de pays interdisent le plastique à usage *unique*.

□セミナーはオンラインでのみアクセスできます。　*The seminar will only be accessible online.*
Le séminaire sera accessible *uniquement* en ligne.

音声♪ 1_74.mp3

Texte d'exemple d'application　応用例文

L'*unité* est la chose la plus importante dans une équipe. Le chef a donc pour rôle primordial d'*unir* tous les membres du groupe en créant un climat de travail agréable et propice à la collaboration. Valoriser la communication devient inévitablement l'*unique* moyen de développer une synergie qui ne sera pas *uniquement* bénéfique à l'entreprise, mais également au bien-être des employés.

【 Traduction japonaise 】和訳

統一性は作業チーム内でもっとも大切なことです。よって、リーダーの非常に重要な役割は、共同作業に適した快適な職場環境を作り出し、グループのすべてのメンバーをひとつにすることです。コミュニケーションの価値を高めることは、必然的に、単に会社だけでなく従業員の満足感にも益をもたらす相乗効果（シナジー）を生み出す優れた手立てとなります。

☐ **primordial(e)** adj　最も重要な qui est très important, essentiel
▶交渉を継続することが一番重要だ。 *Il est primordial que les négociations continuent.*
☐ **valoriser** v　価値を上げる、評価を上げる　donner de l'importance
▶看護師の仕事をもっと評価しないと。 *Nous devons valoriser le travail des infirmier(ère)s.*
☐ **inévitablement** adv　必然的に、避けがたく　qui ne peut pas être évité
☐ **synergie** nf　シナジー（相乗効果）　collaboration de plusieurs éléments qui se renforcent
☐ **bénéfique** adj　有益な　qui a un effet positif
☐ **bien-être** nm　満足感　fait de se sentir bien, bonheur

Texte d'exemple d'application et exercices　応用例文と練習問題

L'unité est la chose la plus importante dans ① [　　　　　　].
Le chef a donc pour rôle primordial d'unir ② [　　　　　　]
du groupe en créant un climat de travail agréable et propice
à ③ [　　　　　] .
Valoriser la communication devient inévitablement
④ [　　　　　　] de développer une synergie qui ne sera
pas uniquement bénéfique à ⑤ [　　　　　　] , mais
également au bien-être des employés.

①〜⑤に入る適当な語句を、次の中から選びなさい。

la collaboration / l'entreprise / l'unique moyen / tous les membres
/ une équipe

Mots dérivés　派生語

unitaire adj　統一的な、単一の、単位の（↔ global）

uniforme nm　制服、ユニフォーム　＊「1つの形」の意味から。

uniformité nf　画一性、単調さ

(se) réunir v　（離れたものを）一緒にする、集める、集まる

☐うちの家族は、月に1度集まります。　*Our family meets once a month.*
Notre famille se réunit une fois par mois.

visuel

〈 vis(u) [見る] + al [〜に関する] 〉から。visiter も「見に行く」から。

voir v	vue nf	visuel, visuelle adj	visuellement adv
見る、見える、会う、わかる	視覚、眺め、見方	視覚の、視覚による	視覚によって、目で見て

Phrases fréquentes　よく使う言い回し

□彼はメガネなしでは何も見えない。　*He can't see anything without glasses.*
Il ne *voit* rien sans lunettes.

□父は視力が低下しています。　*My father's eyesight isn't what it used to be.*
Mon père a la *vue* qui baisse.

□娘は視覚による記憶力が優れている。　*My daughter has a good visual memory.*
Ma fille a une bonne mémoire *visuelle*.

□その新しいゲームは視覚的に期待外れです。　*The new game was visually disappointing.*
Le nouveau jeu était *visuellement* décevant.

Phrases d'exemple de base　基本例文

□私には違いがわかりません。　*I don't see the difference.*　**Je ne *vois* pas la différence.**

□ここからの眺めは息を飲むほどです。　*The view from here is breathtaking.*
La *vue* d'ici est à couper le souffle.

□料理は味覚と視覚の両方の体験です。　*Food is both a taste and a visual experience.*
La cuisine est une expérience gustative mais aussi *visuelle*.

□製品をひとつひとつ目視して調べなくてはなりません。
We have to visually examine each product.
Nous devons examiner *visuellement* chaque produit.

音声♪ 1_75.mp3

Texte d'exemple d'application　応用例文

Les fresques lumineuses sont *visuellement* des expériences uniques à vivre. D'un point de *vue* technique, chaque élément *visuel* est travaillé de manière à correspondre parfaitement avec l'objet sur lequel il est projeté. La ville de Lyon en a d'ailleurs fait un évènement majeur au mois de décembre : La Fête des lumières. Entre tradition populaire et innovation technologique ce spectacle est à *voir* absolument !

【 Traduction japonaise 】和訳

光のフレスコ画（ライトアップされたフレスコ画のイベント）は、体験すべき視覚的にユニークな試みです。技術的な観点から、ひとつひとつの視覚的要素は、それが投影されるオブジェと完全に合致するよう入念に仕上げられています。それに、リヨン市は12月にこれを一大イベントにしました。光の祭典と呼ばれます。伝承と革新的な技術とが合わさったこのショーは必見です！

- ☐ **fresque** nf　フレスコ画　peinture exécutée directement sur un mur
- ☐ **lumineux, lumineuse** adj　光る、明るい、光に照らされた　qui émet de la lumière
- ☐ **populaire** adj　民衆に普及した　qui émane du peuple
  - ▸民間伝承は、まだこの地域には根強く残っている。
  - *Les traditions populaires sont encore vivaces dans cette région.*
- ☐ **spectacle** nm　ショー、見せ物　représentation faite en face d'un public

(Texte d'exemple d'application et exercices)　応用例文と練習問題

Les fresques lumineuses sont ① [　　　　　　　] à vivre.
② [　　　　　　　　] technique, ③ [　　　　　　] est travaillé de manière à correspondre parfaitement avec l'objet sur lequel il est projeté.
La ville de Lyon en a d'ailleurs fait ④ [　　　　　　] au mois de décembre : La Fête des lumières.
Entre tradition populaire et innovation technologique ce spectacle est ⑤ [　　　　　] !

①〜⑤に入る適当な語句を、次の中から選びなさい。

à voir absolument / chaque élément visuel /

visuellement des expériences uniques / d'un point de vue / un évènement majeur

Mots dérivés　派生語

visualiser v　視覚化する　< **visualisation** nf

prévoir v　予測する、（将来に）計画している

☐休暇には何を計画していますか？　*What have you planned for your holidays?*
Qu'est-ce que tu as prévu pour tes vacances ?
étymologie 語源 〈 pré [前もって] + voir [見る] 〉

apercevoir v　見かける

☐今朝、市場でマリーを見かけた。　*I saw Marie at the market this morning.*
J'ai aperçu Marie au marché ce matin.
étymologie 語源 〈 a [（方向）に] + pre [〜によって] + voir [見る] 〉

76

brave

イタリア語の bravo［勇敢な］←〈ギリシア語 barbarus［野蛮な］＋ラテン語 pravus〉から。

braver v	bravoure nf	brave adj	bravement adv
（危険に）勇敢に立ち向かう、挑む	勇気、勇猛果敢	（名詞の後）勇敢な、（名詞の前）善良な	勇敢に、断固として

Phrases fréquentes　よく使う言い回し

□ 彼らは悪天候をものともせず漁に出かけた。　They braved the bad weather to go fishing.
Ils ont *bravé* **le mauvais temps pour aller pêcher.**

□ 消防士たちは勇気を讃える勲章を受け取った。　The firefighters received a medal for bravery.
Les pompiers ont reçu une médaille pour acte de *bravoure***.**

□ あの男はたいして勇敢ではありません。　That man is not very brave.
Cet homme n'est pas très *brave***.**

□ 彼は自国の自由のために勇敢に戦った。　He fought bravely for the freedom of his country.
Il a lutté *bravement* **pour la liberté de son pays.**

Phrases d'exemple de base　基本例文

□ 子どもたちは、親の権威に立ち向かうことにためらいはない。
Children don't hesitate to defy the authority of their parents.
Les enfants n'hésitent pas à *braver* **l'autorité de leurs parents.**

□ 将軍は兵士たちの勇気を称賛した。　The general praised the bravery of his soldiers.
Le général a salué la *bravoure* **de ses soldats.**

□ 彼は世話好きないい人です。　He is a good man who likes to help.
C'est un *brave* **homme qui aime rendre service.**

□ その警官は民間人を守るために死をものともしなかった。　The policeman fought bravely to the death to protect civilians.　**Le policier a** *bravement* **donné sa vie pour protéger les civils.**

Texte d'exemple d'application　応用例文

音声♪ 1_76.mp3

L'explorateur était un homme *brave* **qui n'avait peur de rien. Il se lançait toujours dans des aventures incroyables à la recherche d'anciens secrets** en *bravant* **tous les dangers. Ses techniques d'exploration et son savoir étaient sans égal, et il explorait** *bravement* **les confins les plus risqués en quête de trésors enfouis. Sa** *bravoure* **était sans limite et sa soif de découverte était insatiable.**

【 Traduction japonaise 】和訳

その探検家は勇敢な男で、何も恐れはしなかった。古代の神秘を常に追い求めて、信じら
れない数々の冒険へと身を投じ、あらゆる危険に立ち向かった。持っている探検の技量と
知識は比類なきもので、埋蔵された宝を求め最も危険な境界にまで勇猛果敢に足を踏み入
れていった。彼の勇気は限りなく、発見への渇望は飽くなきものであった。

□ **explorateur, exploratrice** n　探検家　personne qui explore

□ **se lancer** v　取り組む、身を投じる　se jeter avec énergie dans quelque chose

□ **aventure** nf　意外な出来事、冒険　évènement extraordinaire

□ **confins** nmpl　境界、境目　parties les plus éloignées d'un territoire

□ **trésor** nm　宝物　objet précieux
▶海賊は無人島に宝物を隠した。　*Les pirates cachaient leurs trésors sur des îles désertes.*

□ **insatiable** adj　飽くことを知らない　qui ne peut être satisfait
▶私には、飽くことのない好奇心がある。　*J'ai une curiosité insatiable.*

Texte d'exemple d'application et exercices　応用例文と練習問題

L'explorateur était un homme brave① [　　　　　　　　] de rien.
Il se lançait toujours② [　　　　　　　] incroyables à la recherche
d'anciens secrets en bravant tous les dangers.
Ses techniques d'exploration et son savoir étaient③ [　　　　　　] ,
et il explorait bravement les confins les plus risqués④ [　　　　　]
enfouis.
Sa bravoure était⑤ [　　　　　　　] et sa soif de découverte était
insatiable.

①～⑤に入る適当な語句を、次の中から選びなさい。

en quête de trésors / dans des aventures / qui n'avait peur / sans égal /
sans limite

Mots dérivés　派生語

bravo int　うまいぞ、いいぞ、ブラヴォー

□よくやった！　すばらしかったよ！　*Well done! It was wonderful!*
Bravo ! C'était magnifique !

bravade nf　強がり、虚勢

□彼女は強がって人の言うことを拒否する。　*She refuses to obey out of bravado.*
Elle refuse d'obéir par bravade.

continuer

〈con［一緒に］＋tinuer［保持する］〉→「ひと続きになる」→「続く」。

continuer v	continuation nf	continu(e) adj	continuellement adv
続ける、続く	継続、持続、続行	連続した、途切れのない	絶え間なく、始終、頻繁に

Phrases fréquentes　よく使う言い回し

□そのまま、まっすぐ行ってください。　*Keep going straight.*　*Continuez* **tout droit.**
　＊会話を促して Continuez！なら「（話を）続けて！」の意味。

□（続きを）これからも頑張ってください！　*All the best!*　**Bonne** *continuation* **!**

□この試験は平常点評価の一部です。　*This exam is part of the continuous assessment.*
Cet examen fait partie du contrôle *continu***.**

□ライトが終始点滅している。　*The lights stay on continuously.*
Les lumières restent *continuellement* **allumées.**

Phrases d'exemple de base　基本例文

□来年も中国語のレッスンを続けますか？　*Are you continuing Chinese lessons next year?*
Tu *continues* **les cours de chinois l'année prochaine ?**

□審議会はストライキの継続を承認した。　*The council authorized the continuation of the strike.*
Le conseil a autorisé la *continuation* **de la grève.**

□中国の万里の長城は切れ目なく続いているわけではない。
The Great Wall of China is not continuous.
La Grande muraille de Chine n'est pas *continue***.**

□父は私がもっと勉強する必要があると絶えず言い続けていました。
My father kept saying I needed to study more.
Mon père répétait *continuellement* **que je devais étudier plus.**

Texte d'exemple d'application　応用例文

音声♪ 1_77.mp3

Afin d'assurer notre succès *continu* **sur le marché des smartphones, notre priorité absolue est de** *continuellement* **assurer la satisfaction de nos clients. Nous devons également garder un œil sur la concurrence et** *continuer* **d'innover. Il est aussi important de garantir la** *continuation* **de notre partenariat avec nos collaborateurs étrangers.**

スマートフォン市場でのわが社の絶え間ない成功を動かぬものとする、そのための最優先
事項は顧客の満足を常に確保することだ。また、競争に目を光らせ、改革を続ける必要が
ある。あわせて、外国の協力者とのパートナーシップの継続を保証することも重要である。

□**assurer** v 保証する、確信させる garantir, rendre une chose sûre
▶間違いなく、それは真実です！ *Je vous assure que c'est la vérité !*

□**garder un œil sur qqn/qch** loc. v 番をする、見守る（〜に目をやる） surveiller
▶私が料理している間、子どもたちを見てててくれる？
Tu peux garder un œil sur les enfants pendant que je cuisine ?

□**concurrence** nf （利益がらみの）競争 rivalité d'intérêts

□**innover** v 改新（改革）する introduire de la nouveauté

□**partenariat** nm パートナーシップ
association d'entreprises qui travaillent ensemble, avec un objectif commun

□**collaborateur, collaboratrice** n 協力者、スタッフ personne qui travaille avec d'autres

(Texte d'exemple d'application et exercices) 応用例文と練習問題

Afin d'assurer① [   ] sur le marché des smartphones,
notre priorité absolue est de continuellement assurer
② [   ] .
Nous devons également garder③ [   ] et continuer
d'innover.
Il est aussi important de garantir④ [   ] avec nos
collaborateurs étrangers.

①〜④に入る適当な語句を、次の中から選びなさい。

la continuation de notre partenariat / la satisfaction de nos clients /
notre succès continu / un œil sur la concurrence

Mots dérivés 派生語

continuel, continuelle adj 絶え間のない、連続的な、頻繁な

□今週はずっと雨でした。 *It has been raining this week.*
Nous avons eu des pluies continuelles cette semaine.

continent nm 大陸 ＊「ひと続きになったもの」の意味。

continuité nf 連続（性）、継続（性）、ひと続き

□この成功で、彼女のたゆまぬ努力が報われた。
This success rewarded the continuity of her efforts.
Ce succès a récompensé la continuité de ses efforts.

exception

〈 ex- [外に] ＋ cept [取る] ＋ ion [こと] 〉→「取り除くこと」。

excepter v	exception nf	exceptionnel, exceptionnelle adj	exceptionnellement adv
除外する、例外として除く	例外、除外	例外的な、並外れた	例外的に、特別に、並外れて

Phrases fréquentes　よく使う言い回し

□パスカルを除いて、スペイン語を話せる学生はあなただけです。
If we except Pascale, you are the only student who can speak Spanish.
Si on *excepte* **Pascale, tu es la seule étudiante à pouvoir parler espagnol.**
＊前置詞 excepté を用いて Excepté Pascale, ... とすることはできる。

□あらゆるルールに例外はある。*Each rule has its exception.*　**Chaque règle a son** *exception*.

□彼女は並外れた仕事をした。　*She did an exceptional job.*　**Elle a fait un travail** *exceptionnel*.

□今週の月曜日レストランは特別に休業します。　*The restaurant will be exceptionally closed this Monday.*　**Le restaurant sera** *exceptionnellement* **fermé ce lundi.**

Phrases d'exemple de base　基本例文

□その危機は富める国々も例外とせず、すべての人々に影響した。
The crisis has affected everyone, including rich countries.
La crise a touché tout le monde, sans *excepter* **les pays riches.**

□あの教師は決して特別扱いをしない。　*That teacher never makes any exceptions.*
Ce professeur ne fait jamais d'*exception*.

□今夜のショーには特別ゲストがいます。　*There will be a special guest on the show tonight.*
Il y aura un invité *exceptionnel* **à l'émission ce soir.**

□この冬はいつになく暖かった。　*This winter was unusually warm.*
Cet hiver a été *exceptionnellement* **doux.**

音声♪ 1_78.mp3

Texte d'exemple d'application　応用例文

La fille du roi était *exceptionnelle*. **Elle était intelligente, douce et aimée de tout le royaume. La loi ne faisait cependant pas d'***exception*. **Seul un descendant mâle pouvait s'asseoir sur le trône. Si l'on** *excepte* **la famille royale, tous les habitants du royaume s'étaient soulevés pour protester contre cette tradition qu'ils jugeaient archaïque. Dans ce pays très conservateur, ce changement serait** *exceptionnellement* **important car il signifierait le début d'une nouvelle ère.**

【 Traduction japonaise 】 和訳

王の娘は類まれな人だった。聡明で、優しく、王国全体に愛されていた。しかし、法に例外扱いはない。王座につくことができるのは男の子孫だけ。王室を除いて王国のすべての住民たちはこのしきたりが時代遅れだと判断し、それに抗議すべく立ち上がった。この非常に保守的な国では、こうした変化はとりわけ重要なものとなる。新しい時代の始まりを意味するのだから。

□ **descendant(e)** n　子孫　personne qui fait partie des enfants de quelqu'un

□ **trône** nm　王座、王位　siège du roi, de l'empereur, etc...

□ **archaïque** adj　旧式の、古風な、時代遅れの　qui est très ancien
　▶彼（彼女）の仕事のやり方は古風だ。　Sa méthode de travail est archaïque.

□ **conservateur, conservatrice** adj　保守的な

(Texte d'exemple d'application et exercices)　応用例文と練習問題

La fille du roi était ① [　　　　　　　　].

Elle était intelligente, douce et aimée ② [　　　　　　　　] .

La loi ne faisait cependant pas ③ [　　　　　　　] .

Seul un descendant mâle pouvait s'asseoir ④ [　　　　　　　] .

Si l'on ⑤ [　　　　　　　] la famille royale, tous les habitants du royaume s'étaient soulevés pour protester contre ⑥ [　　　　　　　] qu'ils jugeaient archaïque.

Dans ce pays très conservateur, ce changement serait ⑦[　　　　　　　] important car il signifierait le début ⑧ [　　　　　　　] .

①～⑧に入る適当な語句を、次の中から選びなさい。

cette tradition / de tout le royaume / d'exception / d'une nouvelle ère / excepte / exceptionnelle / exceptionnellement / sur le trône

Mots dérivés　派生語

exclure v　締め出す、排除する　cf. exclure

enlever v　取り除く、削除する

□リストから私の名前が削除された。　My name was taken off the list.
　Mon nom a été enlevé de la liste.

supprimer v　（完全に）除去する

□この薬は痛みを鎮めてくれる。　This medicine suppresses the pain.
　Ce médicament supprime la douleur.

＊exclure [外へと閉じる]、enlever [持ち上げて外に移す]、supprimer [押し下げる] から。

expérience

〈ex［十分に］＋péri［試みる］＋ence［こと］〉から。ちなみに、expert は「試みを積み重ねた人」＝「専門家」の意味。

expérimenter v	expérience nf	expérimental(e) adj	expérimentalement adv
試す、体験する、（科学の）実験をする	経験、体験、実験	実験に基づく、実験用の	実験によって

Phrases fréquentes よく使う言い回し

□旅行の際、新しいことを試すのが好きだ。　When I travel, I like to experiment new things.
Quand je voyage, j'aime expérimenter **de nouvelles choses.**

□私の父は交渉の経験が豊富です。　My father has a lot of experience in negotiation.
Mon père a beaucoup d'expérience **en négociation.**

□おじは癌の実験的治療を受けた。　My uncle had an experimental treatment for his cancer.
Mon oncle a suivi un traitement expérimental **contre son cancer.**

□ラットは実験によって感染した。　The rats were infected experimentally.
Les rats ont été infectés expérimentalement.

Phrases d'exemple de base 基本例文

□科学者は、さまざまな材料で実験をした。　The scientist experimented with various materials.
Le scientifique a expérimenté **avec divers matériaux.**

□この旅行はユニークな体験でした。　This trip was a unique experience.
Ce voyage a été une expérience **unique.**

□私の友人は実験音楽を作っています。　My friend makes experimental music.
Mon ami fait de la musique expérimentale.

□AI は、あらゆる種類の理論を実験的に計算することができます。
AI is able to experimentally calculate all sorts of theories.
L'IA est capable de calculer expérimentalement **toutes sortes de théories.**

音声♪ 1_79.mp3

Texte d'exemple d'application 応用例文

Le savant fou faisait des expériences **terrifiantes dans son manoir. Tard dans la nuit, on pouvait entendre des bruits étranges s'échapper du sous-sol où il** expérimentait **sur toutes sortes de choses. Il venait de mettre au point une potion et il cherchait maintenant des cobayes afin de vérifier** expérimentalement **son efficacité. Il espérait terminer au plus vite la phase** expérimentale **et enfin passer à la pratique : boire la potion et retrouver sa chevelure de jeunesse !**

【 Traduction japonaise 】 和訳

狂った科学者が邸宅で恐ろしい実験をしていた。夜遅く奇妙な物音が地下室から聞こえてきた。そこで彼は、あらゆる種類の実験を行っていたのだ。飲み薬を完成させたばかりで、その有効性を実験的に検証すべく実験台を探していた。実験段階をできるだけ早く終えて、最終的に実行に移すことを望んでいた。その薬を飲んで、若々しい豊かな髪を取り戻すことを！

☐ **manoir** nm 邸宅 très grande maison, comme un petit château
▶邸宅で、大規模なレセプションが開催された。 *Une grande réception a été organisée au manoir.*

☐ **sous-sol** nm 地下（室） étage en dessous du rez-de-chaussée

☐ **mettre au point** loc. v （発明などを）完成する、開発する compléter, développer

☐ **potion** nf 水剤、水薬 médicament à boire

☐ **cobaye** nm モルモット、実験材料 petit rongeur, ou personne sur qui on teste quelque chose

☐ **phase** nf 局面、段階 chacune des étapes

☐ **chevelure** nf （集合的に）頭髪 ensemble des cheveux
▶毎朝、娘は長い髪をブラッシングする。 *Tous les matins, ma fille brosse sa longue chevelure.*

(Texte d'exemple d'application et exercices) 応用例文と練習問題

Le savant fou f_____ des e_____ t_____
dans son manoir. Tard dans la nuit, on pouvait entendre des
b_____ é_____ s'échapper du sous-sol où il expérimentait
sur toutes sortes de choses.
Il v_____ de m_____ au p_____ une potion et il
cherchait maintenant des cobayes afin de vérifier expérimentalement
son efficacité.
Il espérait t_____ au p_____ v_____ la phase
expérimentale et enfin passer à la pratique : boire la potion et retrouver
sa chevelure de jeunesse !

下線部に足りない語句を加えて、正しい文にしなさい。

Mots dérivés 派生語

expérimenté(e) adj 経験を積んだ、熟練した ↔ **inexpérimenté(e)**

☐彼は経験豊かな登山家だ。 *He is an experienced climber.* **C'est un alpiniste expérimenté.**

expert(e) nm 専門家、エキスパート ↔ **amateur, profane**

☐専門家がこの絵を調べて、真贋を検証した。
An expert has examined this picture and verified its authenticity.
Un expert a examiné ce tableau et vérifié son authenticité.

faux

〈ラテン語 falsus（fallere［だます］の過去分詞）〉から。

fausser v	faute nf	faux, fausse adj	faussement adv
ねじ曲げる、損なう、曲げる	間違い、ミス、落ち度、責任	間違った、誤った、偽物の	誤って、間違って

Phrases fréquentes よく使う言い回し

□彼女は夕飯の最中に挨拶せずに立ち去った。　*She ditched us in the middle of our dinner.*

Elle nous a *faussé* compagnie en plein dîner.

＊fausser compagnie à qqn で「～に挨拶せずに立ち去る」の意味。

□全部あなたのせいだ！　*Everything is your fault!*　**Tout est de ta *faute* !**

□警察は彼の車の中で偽のID（身分証）を発見した。　*The police discovered fake IDs in his car.*

La police a découvert de *faux* papiers dans sa voiture.

□彼は隣人から誤って告発された。　*He was falsely accused by his neighbor.*

Il a été *faussement* accusé par sa voisine.

Phrases d'exemple de base 基本例文

□ひとつの計算ミスが、すべての結果をねじ曲げてしまっていた。

A miscalculation had skewed all the results.

Une erreur de calcul avait *faussé* tous les résultats.

□彼女はどうにかミスをおかすことなく書くことができた。　*She can write without making any mistakes.*　**Elle arrive à écrire sans faire de *fautes*.**

□彼の答えはすべて間違っていました。　*All of his answers were wrong.*

Toutes ses réponses étaient *fausses*.

□ときとして、臨床検査の結果が偽陰性になることがあります。

Sometimes laboratory test results are false negatives.

Les résultats de tests en laboratoire sont parfois *faussement* négatifs.

Texte d'exemple d'application 応用例文

音声♪ 1_80.mp3

Le tableau que mon père pensait être un Picasso était en fait un *faux*. La technique du peintre avait été tellement bien reproduite qu'elle a même *faussé* l'avis des experts. Même les examens d'authenticité étaient *faussement* positifs. Ce n'est qu'en analysant de plus près les documents rattachés au tableau, qu'une petite *faute* dans le nom de l'artiste a permis d'identifier l'origine de la copie.

【 Traduction japonaise 】 和訳

父がピカソの作品だと思っていた絵は、実は偽物だった。画家の技法が非常によく模倣されていたので、専門家の考えさえも狂わせた。真贋診断も間違っていて真作と判定された。絵に添付された文書を綿密に分析して、やっとアーティスト名の小さなミスから模写の出所の正体が特定できた。

□ **reproduire** v 再現する、複製（複写）する recopier, imiter
□ **authenticité** nf 本物であること caractère de ce qui est authentique, vrai
▶このサインの真贋を鑑定しなくてはならない。 *Nous devons vérifier l'authenticité de cette signature.*
□ **identifier** v 身元を確認する、種類を判別する
reconnaitre l'identité de quelqu'un ou quelque chose
▶子どもは、動物の種類を判別するのが好きだ。 *Les enfants aiment identifier les animaux.*

(Texte d'exemple d'application et exercices) 応用例文と練習問題

Le tableau que mon père pensait être un Picasso ① [　　　　　　].
La technique du peintre ② [　　　　　] qu'elle ③ [　　　　　]
l'avis des experts.
Même les examens d'authenticité étaient faussement positifs.
Ce n'est qu'en analysant de plus près les documents rattachés au
tableau, qu'une petite faute dans le nom de l'artiste ④ [　　　　　]
l'origine de la copie.

①〜④に入る適当な語句を、次の中から選びなさい。

a même faussé / a permis d'identifier / avait été tellement bien reproduite /
était en fait un faux

Mots dérivés 派生語

fausseté nf 誤謬、間違い

□理論の虚偽 *the falsity of a theory* **la fausseté d'une théorie**

faussaire n 偽造者、偽作者

□贋作者ウォルフガング・ベルトラッチと妻は300点を超える偽造絵画を販売した。
Forger Wolgang Beltracchi and his wife sold more than 300 forged paintings.
**Le faussaire Wolgang Beltracchi et sa femme ont vendu plus de 300 faux
tableaux.**

fautif, fautive adj 過ちを犯した、責任がある、誤った

□責任があるのは私だけではありません。 *I am not the only one to blame.*
Je ne suis pas le seul fautif.

léger

〈ラテン語 levis [（質量や程度などが）軽い] 〉から。

alléger v	légèreté nf	léger, légère adj	légèrement adv
軽くする、取り除く、緩和する	軽さ、軽快さ	**軽い、薄い、軽度の、軽率な**	軽く、軽快に、少し

Phrases fréquentes よく使う言い回し

□この新しいシステムは、私の仕事の一部を軽減してくれるはずだ。
This new system should alleviate some of my work.
Ce nouveau système devrait *alléger* un peu mon travail.

□そのダンサーは実に軽快に動いていた。　*The dancer was moving with a lot of ease.*
La danseuse se déplaçait avec beaucoup de *légèreté*.

□このスーツケースはとても軽い。　*This suitcase is very light.*
Cette valise est très *légère*.

□ジョルジュは事故で軽傷を負った。　*Georges was slightly injured in the accident.*
Georges a été *légèrement* blessé dans l'accident.

Phrases d'exemple de base 基本例文

□親たちは子どものランドセルを軽くするよう学校に求めた。
The parents asked the school to lighten their children's schoolbag.
Les parents ont demandé à l'école d'*alléger* le cartable de leurs enfants.

□彼らは驚くほど軽々しくその問題を議論した。
They discussed the problem with astonishing levity.
Ils ont discuté du problème avec une étonnante *légèreté*.

□そのケーキはわずかにナッツの味がする。　*The cake has a slight nutty taste.*
Le gâteau a un *léger* goût de noix.

□今年、金利がわずかに上昇した。　*Interest rates have increased slightly this year.*
Les taux d'intérêts ont *légèrement* augmenté cette année.

音声♪ 1_81.mp3

Texte d'exemple d'application 応用例文

Depuis son burnout, Jean-Paul a appris à aborder la vie avec plus de *légèreté*. Il a décidé d'*alléger* son emploi du temps pour voir plus souvent ses enfants. Sa relation avec sa femme s'est *légèrement* améliorée aussi. Il s'est également mis à faire plus de sport. C'est grâce à tous ces changements qu'il a commencé à se sentir plus *léger*.

【 Traduction japonaise 】和訳

燃え尽き症候群になってから、ジャン・ポールはもっと軽やかに生きることを学んだ。わが子にもっと頻繁に会うために、日々の予定を減らすことに決めた。妻との関係も少し改善した。また、これまで以上にスポーツをやり出した。こうした変化のおかげで、彼は前よりも爽快だと感じ始めていた。

□ **burnout** nm　燃え尽き症候群（バーンアウト）　état de fatigue extrême dû au stress
　▶燃え尽き症候群は日本社会が抱える大問題だ。　*Le burnout est un problème majeur dans la société japonaise.*
□ **emploi du temps** loc. nm　日課、スケジュール　planning, programme
　▶秘書は予定が詰まっていて忙しい。　*Ma secrétaire a un emploi du temps chargé.*
□ **s'améliorer** v　改善される　devenir meilleur
　▶この赤ワインは年とともに味がよくなる。　*Ce vin rouge s'améliore avec l'âge.*
□ **se sentir** v　感じられる、自分が〜だと感じる　ressentir, avoir l'impression
　▶自分が不幸だと感じるのですか？　*Tu te sens malheureux(se) ?*

Texte d'exemple d'application et exercices　応用例文と練習問題

Depuis son burnout, Jean-Paul a appris　① [　　　　　　　]
avec plus de légèreté.
Il a décidé　② [　　　　　　] pour voir plus souvent ses enfants.
Sa relation avec sa femme s'est légèrement améliorée aussi.
Il s'est également mis ③ [　　　　　] .
C'est grâce à tous ces changements qu'il a commencé
④ [　　　　　] .

①〜④に入る適当な語句を、次の中から選びなさい。

à aborder la vie / à faire plus de sport / à se sentir plus léger / d'alléger son emploi du temps

Mots dérivés　派生語

allégement, allègement nm　（負担などの）軽減

□労働者たちは労働時間の短縮を求めている。
The workers are asking for a reduction in their working time.
Les ouvriers demandent un allégement de leur temps de travail.

allégé(e) adj　低脂肪の、低糖の

□低脂肪ヨーグルト　*a low-fat yogurt*　**un yaourt allégé**

lent

〈 ラテン語 lentus 〉から。

ralentir v	lenteur nf	lent(e) adj	lentement adv
速度を落とす、ゆっくり進む	遅さ、（複数で）緩慢なやり方（決断）	遅い、のろい、（頭が）鈍い	ゆっくりと、徐々に

Phrases fréquentes よく使う言い回し

□ 車は学校の前では減速しなくてはならない。　*Cars must slow down in front of schools.*
Les voitures doivent *ralentir* devant les écoles.

□ 大勢の人が役所の仕事の緩慢さを批判している。
Many criticize the slowness of the administration.
Beaucoup critiquent les *lenteurs* de l'administration.

□ 私のパソコンは動作が遅すぎる。　*My computer is too slow.*
Mon ordinateur est trop *lent*.

□ ゆっくり、しかし確実に。　*Slowly but surely.*　***Lentement* mais sûrement.**

Phrases d'exemple de base 基本例文

□ その工場は生産速度を遅くした。　*The factory has slowed down the production rate.*
L'usine a *ralenti* la cadence de production.

□ ネットワークの速度が遅いのは、現在ネットに接続している人数によるものだ。
The slowness of the network is due to the number of people currently connected.
La *lenteur* du réseau est due au nombre de personnes connectées actuellement.

□ 彼女はちゃんと仕事はしますが、少々のろいです。　*She works well but she is a bit slow.*
Elle travaille bien mais elle est un peu *lente*.

□ プロジェクトの進行は予想よりも遅い。　*The project progressed more slowly than expected.*
Le projet a avancé plus *lentement* que prévu.

音声♪ 1_82.mp3

Texte d'exemple d'application 応用例文

Dans la vie, il faut parfois savoir *ralentir* un peu. Avancer *lentement* et prendre son temps pour apprécier le monde qui nous entoure. Privilégier la *lenteur* améliore la qualité des moments que l'on passe avec ceux qu'on aime, mais aussi notre santé. Il faut donc revoir notre rapport avec le temps pour apprendre à vivre à un rythme plus *lent*.

【 Traduction japonaise 】 和訳

人生において、ときに少し減速することを知る必要があります。ゆっくりと前に進み、時間をかけることで自分たちを取り囲む世界の値打ちを知る。スローネスを優先することで、愛する人と過ごす時間の質が改善するだけでなく、健康もまた改善します。したがって、もっとゆっくりとしたペースで生活することを学ぶために、時間と自分たちとの関係を見直す必要があります。

□ **apprécier** v 高く評価する、値打ちを認める aimer, estimer la valeur
□ **privilégier** v 特権を与える、優遇する favoriser quelqu'un ou quelque chose
▶再生可能エネルギーに価値を置かなくてはならない。 *Nous devons privilégier les énergies renouvelables.*
□ **rythme** nm リズム、調子、ペース tempo, cadence

Texte d'exemple d'application et exercices 応用例文と練習問題

Dans la vie, il faut parfois s_____ r_____
un p_____.
A_____ l_____ et p_____ son
t_____ pour apprécier le monde qui nous entoure.
Privilégier la lenteur a_____ la q_____ des
m_____ que l'on passe avec ceux qu'on aime, mais aussi
notre santé.
Il faut donc revoir notre rapport avec le temps pour apprendre à
v_____ à un r_____ plus l_____.

下線部に足りない語句を加えて、正しい文にしなさい。

Mots dérivés 派生語

ralentissement nm 減速、鈍化、低下

□石油市場は減速の兆しを見せている。
The oil market has shown some signs of slowing down.
Le marché du pétrole a montré quelques signes de ralentissement.

au ralenti loc. adv スローモーションで、速度を落として、ゆっくりと

□現在、ビジネスは低迷している。
Business is slow at the moment.
Les affaires tournent au ralenti en ce moment.

mondial

〈ラテン語の mundus［宇宙、地球、世界］〉→ monde「世界」。

(se) mondialiser v	mondialisation nf	mondial(e) adj	mondialement adv
世界的に広める、 世界的に広まる	世界化、国際化、 グローバリゼイション	世界的な、全世界の	世界的に、世界中で

Phrases fréquentes よく使う言い回し

□ 新しいテクノロジーのおかげで、教育は全世界に浸透している。
Education is globalizing thanks to new technologies.
L'éducation se *mondialise* **grâce aux nouvelles technologies.**

□ 国際化の悪影響は何ですか？ *What are the negative effects of globalization?*
Quels sont les effets négatifs de la *mondialisation* **?**

□ 彼の本は世界的な成功を収めた。 *His book was a worldwide success.*
Son livre a été un succès *mondial*.

□ この日本のブランドは世界的に有名です。 *This Japanese brand is world-famous.*
Cette marque japonaise est *mondialement* **connue.**

Phrases d'exemple de base 基本例文

□ 社会正義を世界に広めなくてはなりません。 *We need to globalize social justice.*
Nous devons *mondialiser* **la justice sociale.**

□ ヨーロッパ人は、グローバル化によって引き起こされる諸問題に敏感だ。
Europeans are concerned about the challenges of globalization.
Les Européens sont sensibles aux problèmes que pose la *mondialisation*.

□ 富士山は世界遺産に登録されている。 *Mount Fuji is a UNESCO World Heritage Site.*
Le mont Fuji est classé au patrimoine *mondial* **de l'UNESCO.**

□ 天然痘は1980年に世界中で根絶された。 *Smallpox was eradicated worldwide in 1980.*
La variole a été éradiquée *mondialement* **en 1980.**

音声♪ 1_83.mp3

Texte d'exemple d'application 応用例文

Depuis les années 70, nous avons pu observer une *mondialisation* **fulgurante de la restauration rapide. Cette tendance** a *mondialisé* **une culture de la malbouffe, entraînant des problèmes de santé publique majeurs. Certaines enseignes** *mondialement* **connues essaient de limiter cet impact en proposant des menus soi-disant équilibrés, mais qui restent malgré tout mauvais pour la santé. Des statistiques** *mondiales* **sur l'alimentation montrent que ce fléau tue plus que le tabac.**

【 Traduction japonaise 】和訳

1970年代以降、ファストフードの急速な世界的広がりを目の当たりにしてきた。この傾向はジャンクフードの文化を世界に広めたものの、重大な公衆衛生上の問題をもたらした。一部の世界的に有名なブランド店は、いわゆるバランスの取れたメニューを提供することでこの影響を最小限に食いとどめようとしているが、それでも健康には悪いままである。世界の食糧統計はこの害毒はタバコ以上に人の命を奪うと明らかにしている。

☐ **fulgurant(e)** adj （稲妻のように）すばやい　très rapide
▶世界は急速に発展している。　*Le monde évolue à un rythme fulgurant.*

☐ **malbouffe** nf　体によくない食べ物、ジャンクフード　mauvaise alimentation
▶ジャンクフードのせいで肥満が増えている。　*L'obésité est en hausse à cause de la malbouffe.*

☐ **enseigne** nf　シンボルマーク、ブランド（店）　panneau d'un établissement commercial, une marque

Texte d'exemple d'application et exercices　応用例文と練習問題

Depuis les années 70, nous avons pu o_____ une
m_____ f_____ de la restauration rapide.
Cette tendance a mondialisé une culture de la malbouffe, entrainant des
p_____ de s_____ publique m_____.
Certaines enseignes mondialement connues e_____ de
l_____ cet i_____ en proposant des menus
soi-disant équilibrés, mais qui restent malgré tout mauvais pour la
santé.
Des s_____ m_____ sur l'a_____
montrent que ce fléau tue plus que le tabac.

下線部に足りない語句を加えて、正しい文にしなさい。

Mots dérivés　派生語

monde nm　世界、世の中、（集合的に）人々

☐皆が王室の結婚式の話をしていた。　*Everyone was talking about the royal wedding.*
Tout le monde parlait du mariage royal.

étymologie 語源 mundus

mondialité nf　世界性、国際性

☐20世紀半ばに、mondialité という言葉が使われ出した。
The word "mondialité" began to be used in the middle of the 20th century.
Le mot « mondialité » a commencé à être utilisé au milieu du 20e siècle.

normal

〈 norm [大工の定規] →「規格通り・基準」+ -al [の] 〉。

normaliser v	normalité nf	normal(e) adj	normalement adv
（製品などを）規格化する、統一する、正常化する	正常、常態、（精神の）正常さ	**正常な、標準の、普通の、当然の**	普通に、正常に、通常なら

Phrases fréquentes　よく使う言い回し

□トルコは、フランスとの関係を正常化する準備はできている。
Turkey is ready to normalize its relationship with France.
La Turquie est prête à *normaliser* **sa relation avec la France.**

□商店が開いて正常感を取り戻していた。　*The shops' reopening brought back a feeling of normalcy.*
La réouverture des commerces a redonné un sentiment de *normalité*.
＊「正常感」とは、困難な状況下で日常生活を取り戻したような安心感を指す。

□試験前に緊張しているのは当然です。　*It's natural to get nervous before an exam.*
C'est *normal* **d'être nerveux avant un examen.**

□電話がもう正常に動きません。　*My phone is no longer functioning normally.*
Mon téléphone ne fonctionne plus *normalement*.

Phrases d'exemple de base　基本例文

□管理手順が簡素化され標準化された。　*Administrative procedures have been simplified and standardized.*　**Les procédures administratives ont été simplifiées et** *normalisées*.

□戦争が勃発してから、正常な状態がなんなのかわからない。
Since the war broke out, I don't know what normal is.
Depuis que la guerre a éclaté, je ne sais plus ce qu'est la *normalité*.

□あなたはこれが普通だと思いますか？　*Do you think this is normal?*
Vous pensez que c'est *normal* **?**

□歯医者の予約に通常15分かかる。　*A dentist appointment normally takes 15 minutes.*
Un rendez-vous chez le dentiste prend *normalement* **15 minutes.**

Texte d'exemple d'application　応用例文

音声♪ 1_84.mp3

Après l'échec de la tentative de coup d'état par les opposants au régime, le pays retrouvait peu à peu sa *normalité*. **La vie reprenait son cours** *normal* **et les habitants pouvaient enfin se rassembler** *normalement*. **Le gouvernement souhaite maintenant** *normaliser* **ses relations internationales afin de relancer son économie et ainsi tourner une nouvelle page de son histoire.**

【 Traduction japonaise 】 和訳

体制反対派によるクーデターの試みが失敗したあと、国は少しずつ正常に戻っていった。生活は通常の流れに戻り、住民はようやく普通に集えるようになった。今、政府は経済を振興させて、歴史に新たなページを開くために国際関係を正常化したいと願っている。

□ **tentative** nf　試み、未遂　essai par lequel on s'efforce de faire une chose
▶自殺未遂　*une tentative de suicide*

□ **opposant(e)** n　反対者、敵対者　personne qui s'oppose au pouvoir
▶彼は、敵対する候補よりも多くの票を獲得した。　*Il a obtenu plus de votes que son opposant.*

□ **régime** nm　体制　manière dont un État est organisé et gouverné

□ **se rassembler** v　集まる、集合する　se réunir quelque part
▶ファンがホテル正面に集まった。　*Les fans se sont rassemblés en face de l'hôtel.*

□ **relancer** v　再び動かす　remettre en marche　▶パソコンを再起動する　*relancer un ordinateur*

Texte d'exemple d'application et exercices　応用例文と練習問題

Après l'échec de la tentative de coup d'état par les opposants au régime, le pays retrouvait ① [　　　　　　　　] sa normalité.
La vie reprenait son cours normal et les habitants pouvaient ② [　　　　　　　　] se rassembler normalement.
Le gouvernement souhaite ③ [　　　　　　　　] normaliser ses relations internationales afin de relancer son économie et ④ [　　　　　　　　] tourner une nouvelle page de son histoire.

①〜④に入る適当な語句を、次の中から選びなさい。

ainsi / enfin / maintenant / peu à peu

Mots dérivés　派生語

normalisation nf　（製品の）規格化、（関係の）正常化

□国家間の関係の正常化　*normalization of relations between countries*
la normalisation des relations entre pays

anormal(e) adj　異常な、異様な　　étymologie 語源　〈 a [離れて] + [普通の] 〉

□こんな寒さは、この季節にしては異常だ。　*This cold is abnormal for the season.*
Ce froid est anormal pour la saison.

paranormal(e) adj　超常の　　étymologie 語源　〈 para [超えた] + [普通の] 〉

□彼女は超常（心霊）現象に興味がある。　*She is interested in the paranormal.*
Elle s'intéresse aux phénomènes paranormaux.

passion

〈 pass [苦しみ] を受けること ＋ ギリシア語 pathos [感情] 〉→「強い情熱」。

(se) passionner v	passion nf	passionnant(e) adj	passionnément adv
熱中させる、熱中する	情熱、熱中、熱愛	夢中にさせる	熱烈に、激しく

Phrases fréquentes よく使う言い回し

□ この邦画に、私たちは引き込まれた。　*This Japanese film fascinated us.*
Ce film japonais nous a *passionné(e)s.*

□ 私は常に音楽に情熱をもっています。　*I have always had a passion for music.*
J'ai toujours eu une *passion* **pour la musique.**

□ 彼の新しい本は魅力的だ。　*His new book is fascinating.*
Son nouveau livre est *passionnant.*

□ 二人は熱烈に愛し合っている。　*They love each other passionately.*
Ils s'aiment *passionnément.*

Phrases d'exemple de base 基本例文

□ 自分は９歳のときに宇宙への情熱を持ち始めた。*I started to get into space when I was 9 years old.*
J'ai commencé à *me passionner* **pour l'espace quand j'avais 9 ans.**

□ 二人の間に情熱がなくなったので別れました。
We broke up because there was no longer any passion between us.
On s'est séparés parce qu'il n'y avait plus aucune *passion* **entre nous.**

□ この動物のドキュメンタリーは見ていてワクワクします。
This documentary on animals is fascinating to watch.
Ce documentaire sur les animaux est *passionnant* **à regarder.**

□ 彼は猛烈に法律の研究に打ち込んでいる。　*He devotes himself passionately to the study of the law.* **Il s'adonne** *passionnément* **à l'étude de la loi.**

音声♪ 1_85.mp3

Texte d'exemple d'application 応用例文

Le professeur enseignait *passionnément* **la physique à ses étudiants. Il illustrait chacune de ses explications avec des expériences** *passionnantes* **que tout le monde regardait avec attention. Sa** *passion* **était contagieuse et éveillait la curiosité de tous. Il réussissait à vulgariser des concepts difficiles et à** *passionner* **même ceux qui n'aimaient pas les sciences.**

【 Traduction japonaise 】和訳

その先生は物理学を熱心に学生たちに教えました。みんなが注意深く見つめるわくわくするいくつかの実験をして、一つ一つわかりやすく説明をしました。彼の情熱は伝染性があり、みんなの好奇心を呼び覚ましました。先生は難しい概念をわかりやすく嚙みくだき、科学が嫌いな人でも夢中にさせることに成功したのです。

□**physique** nf　物理学　science qui étudie la matière et les lois de la nature
□**illustrer** v　（写真や実例を示して）明快に説明する
　rendre quelque chose plus clair avec des images, des exemples etc...
□**contagieux, contagieuse** adj　伝染する　qui se transmet
　▶これはとても伝染力のある病気です。　C'est une maladie très contagieuse.
□**vulgariser** v　（思想や科学を）通俗化する、普及させる　rendre accessible à tous
□**conception** nf　概念、考え方　manière de voir
　▶私たち兄弟は世界観が違う。　Nos frères n'ont pas la même conception du monde.

(Texte d'exemple d'application et exercices)　応用例文と練習問題

Le professeur ① [　　　　　　　　] passionnément la physique à ses étudiants.
Il ② [　　　　　　　] chacune de ses explications avec des expériences passionnantes que tout le monde ③ [　　　　　　] avec attention.
Sa passion était contagieuse et ④ [　　　　　] la curiosité de tous.
Il ⑤ [　　　　　] à vulgariser des concepts difficiles et à passionner même ceux qui n'⑥ [　　　　　] pas les sciences.

①〜⑥に入る動詞を選び、直説法半過去に活用しなさい。

aimer / enseigner / éveiller / illustrer / regarder / réussir

(Mots dérivés)　派生語

passionné(e) adj　情熱的な、熱中した
□彼は熱烈な無声映画のファンだ。　He is passionate about silent films.
Il est passionné de cinéma muet.

passionnel, passionnelle adj　恋愛感情による、痴情の
□痴情のもつれ（痴情による犯罪）　a crime of passion　**un crime passionnel**

compassion nf　同情、哀れみ
□私は彼女に同情した。　I felt compassion for her.　**J'ai ressenti de la compassion pour elle.**

raison

〈 rai [計算 (推論) する] ＋ son [こと] 〉→「理性や道理に基づいて考える」。avoir raison は「道理がある」→「もっともである」→「(人が) 正しい」。

raisonner v	raison nf	raisonnable adj	raisonnablement adv
推論する、諭す	理性、理由	分別のある、妥当な、(価格が) ほどほどの	分別をわきまえて、適度に

Phrases fréquentes よく使う言い回し

□ このビデオゲームは、子どもたちが問題を推論して解決する助けになる。
This video game helps children reason and solve problems.
Ce jeu vidéo aide les enfants à *raisonner* et à résoudre des problèmes.

□ 存在理由 (レゾンデートル)　*la raison d'être (reason to be)*　**la *raison* d'être**

□ 料理はおいしくて、値段も手ごろです。　*The food is good and the price is reasonable.*
La cuisine est bonne et le prix est *raisonnable*.

□ 体重を減らすには、適度に食べ、甘いものを避ける必要がある。
To lose weight, you have to eat sensibly and avoid sweets.
Pour maigrir, il faut manger *raisonnablement* et éviter les sucreries.

Phrases d'exemple de base 基本例文

□ 彼はキレていて、説き伏せられない。　*He has gone mad, it's impossible to reason with him.*
Il est devenu fou, impossible de le *raisonner*.

□ どうして私たちの会社を選んだのですか？　*Why did you choose our company?*
Pour quelle *raison* avez-vous choisi notre entreprise ?

□ 彼の決定は妥当ではなく、今日中に仕事を終えるのは不可能です。
His decision is unreasonable, it's impossible to finish the job today.
Sa décision n'est pas *raisonnable*, c'est impossible de terminer le travail aujourd'hui.

□ 彼女の新ビジネスは、そこそこ順調に進んでいる。　*Her new business is going reasonably well.*
Sa nouvelle affaire marche *raisonnablement* bien.

音声♪ 1_86.mp3

Texte d'exemple d'application 応用例文

Il est *raisonnable* de penser que dans un avenir proche, l'intelligence artificielle prendra de plus en plus de décisions à la place de l'homme. La machine *raisonne* logiquement et sans émotion, c'est pourquoi nous pouvons lui faire confiance. Cependant, devons-nous *raisonnablement* laisser un programme diriger nos vies ? L'intelligence artificielle aura-t-elle un jour une conscience et une *raison* ?

【 Traduction japonaise 】和訳

近い将来、人工知能（AI）は、ますます人間の代わりに、いろいろな決定を下すことになると考えるのが妥当だ。機械は論理的で、気持ちを高ぶらせることなく推論する、だから私たちはAIに信頼を寄せる。しかし、私たちはプログラムに自分たちの生活をほどほど管理させておくべきなのか？　AIは、いつの日か意識や理性をもつのだろうか？

□**logiquement** adv　論理的に、本来なら　avec logique
▶論理的には、ここを押すと動くはずだ。　*Logiquement, si tu appuies ici ça devrait marcher.*
□**émotion** nf　（喜怒哀楽の）気持ちの高ぶり　sentiment intense comme la peur, la joie etc...
▶感動を込めて、興奮して　*avec émotion*
□**confiance** nf　信頼、信用　fait de se fier entièrement à quelqu'un ou quelque chose
▶私は彼女を信頼しています。　*J'ai confiance en elle.*
□**conscience** nf　意識、認識、良心　faculté de juger de ses propres actes
▶彼は自分の才能を自覚している。　*Il prend conscience de son talent.*

Texte d'exemple d'application et exercices　応用例文と練習問題

Il est raisonnable de penser que ① [　　　　　　　], l'intelligence
artificielle prendra de plus en plus de décisions ② [　　　　　　].
La machine raisonne logiquement et ③ [　　　　　　], c'est
pourquoi nous pouvons lui faire confiance.
Cependant, devons-nous ④ [　　　　　] laisser un programme
diriger nos vies ?
L'intelligence artificielle aura-t-elle ⑤ [　　　　　] une
conscience et une raison ?

①〜⑤に入る適当な語句を、次の中から選びなさい。

à la place de l'homme / dans un avenir proche / raisonnablement /
sans émotion / un jour

Mots dérivés　派生語

raisonnement nm　論理、推論、論法

□彼女の推論についていくのは容易ではありません。　*Her reasoning is not easy to follow.*
Son raisonnement n'est pas facile à suivre.

déraisonnable adj　無分別な、筋道の通らない、常軌を逸した

□彼の行動は無茶だ。　*His conduct was unreasonable.*
Sa conduite était déraisonnable.

180

sensible

〈 sens [五感で感じることが] ＋ ible [できる] 〉→「敏感な」。

(se) sensibiliser v	sensibilité nf	sensible adj	sensiblement adv
敏感にする、関心を持たせる、敏感になる	感覚、感性、感度	**敏感な、感知できる、感じやすい**	ほとんど、目立つほどに、かなり

頻出度別 88語を徹底活用する記憶術

Phrases fréquentes　よく使う言い回し

□ 性感染症について、若者の意識を高めることが重要だ。　*It is important to raise young people's awareness about sexually transmitted diseases.*　**Il est important de** *sensibiliser* **les jeunes sur les maladies sexuellement transmissibles.**

□ 彼は感受性に欠ける。　*He lacks sensitivity.*　**Il manque de** *sensibilité.*

□ 敏感肌用クリーム　*a cream for sensitive skin*　**une crème pour peaux** *sensibles*

□ 観光客の数は昨年から著しく増加している。　*The number of tourists has significantly increased since last year.*　**Le nombre de touristes a** *sensiblement* **augmenté depuis l'année dernière.**

Phrases d'exemple de base　基本例文

□ 世論はこの問題に敏感になっている。　*Public opinion is becoming aware of this problem.*
L'opinion publique se *sensibilise* **à ce problème.**

□ デバイスの設定でマウスの感度を調整しました。
I adjusted the sensitivity of my mouse in the device settings.
J'ai réglé la *sensibilité* **de ma souris dans les paramètres du périphérique.**

□ これは答えるのが難しいデリケートな問題です。　*This is a sensitive question that is difficult to answer.*
C'est une question *sensible* **à laquelle il est difficile de répondre.**

□ 新しいディレクターが着任してから状況はほとんど変わっていません。
The situation is pretty much the same since the arrival of the new director.
La situation n'a *sensiblement* **pas changé depuis l'arrivée du nouveau directeur.**

音声♪ 1_87.mp3

Texte d'exemple d'application　応用例文

Aujourd'hui encore, beaucoup de personnes ne sont pas *sensibles* **aux problèmes de l'environnement auxquels nous devons faire face. La situation s'est** *sensiblement* **améliorée ces dernières années grâce à l'engagement de plusieurs célébrités. Elles ont permis de** *sensibiliser* **le monde entier sur les défis auxquels nous sommes confrontés. Cependant la** *sensibilité* **écologique de beaucoup de pays reste encore trop faible pour avoir un impact vraiment positif.**

【 Traduction japonaise 】 和訳

今日もなお、多くの人が自分たちの直面している環境問題に敏感ではありません。人が立ち向かうべき試練について世界中の意識を高めるのに役立った名士による環境問題への社会参加（アンガージュマン）のおかげで、近年、状況は目に見えて改善されています。しかし、エコロジーに思いを馳せる多くの国々の感性が脆弱すぎて、いまだに本当のプラスの効果を得られずにいます。

- □ **engagement** nm　アンガージュマン（社会・政治参加）
  acte d'une personne qui met son travail ou son temps au service d'une cause
- □ **célébrité** nf　名士　personne célèbre
  ▶兄（弟）はこの辺りの名士です。　*Mon frère est une célébrité dans le quartier.*
- □ **être confronté(e) à** loc. v　（危険や困難に）直面する　être dans une situation à risque
  ▶両親は難しい選択に直面していた。　*Mes parents étaient confrontés à un choix difficile.*
- □ **impact** nm　衝撃、効果、影響　effet produit par quelque chose
  ▶新しい規則は、会社の組織に何ら影響を与えていない。
  Les nouvelles règles n'ont eu aucun impact sur l'organisation de la compagnie.

[Texte d'exemple d'application et exercices]　応用例文と練習問題

Aujourd'hui encore, beaucoup de personnes ne sont pas s_____ aux p_____ de l'e_____ auxquels nous devons faire face.

La situation s'est sensiblement améliorée ces dernières années g_____ à l'e_____ de c_____. Elles ont permis de s_____ le m_____ e_____ sur les défis auxquels nous sommes confrontés.

Cependant la sensibilité écologique de beaucoup de pays reste encore trop faible pour avoir un i_____ v_____ p_____.

下線部に足りない語句を加えて、正しい文にしなさい。

Mots dérivés　派生語

sens nm　感覚（機能）

□ 五感とは視覚、聴覚、嗅覚、味覚、触覚です。
The 5 senses are sight, hearing, smell, taste and touch.
Les 5 sens sont la vue, l'ouïe, l'odorat, le goût et le toucher.

sentir v　感じる

□ 彼女は、風が髪をそっとなでているのを感じていた。
She could feel the wind caressing her hair.　**Elle sentait le vent lui caresser les cheveux.**

terrible

〈terr［ぎょっとさせる］＋able［ことができる］〉から。

terrifier v	terreur nf	terrible adj	terriblement adv
（人を）怖がらせる、おびえさせる	（大きな）恐怖	恐ろしい、ぞっとする、（程度が）すさまじい	大変、すごく、非常に、過度に

Phrases fréquentes　よく使う言い回し

□妻は私の姿にびっくり仰天した。　*My wife was terrified by my appearance.*
Ma femme était *terrifiée* **par mon apparence.**

□強盗団が街に恐怖を広げている。　*A gang of robbers is spreading terror in the city.*
Un gang de braqueurs sème la *terreur* **dans la ville.**

□この子たちはひどい状態で暮らしている。　*These children are living in terrible conditions.*
Ces enfants vivent dans des conditions *terribles*.

□奥さん、大変申し訳ありません。　*I am terribly sorry, ma'am.*
Je suis *terriblement* **désolé(e), madame.**

Phrases d'exemple de base　基本例文

□ハロウィンで、夫は家の近所を歩く子どもたちを怖がらせて楽しんでいます。
On Halloween, my husband has fun terrifying the children who walk by our house.

À Halloween, mon mari s'amuse à *terrifier* **les enfants qui passent devant notre maison.**

□村人たちは恐怖の中で暮らしていた。　*The villagers lived in terror.*
Les villageois vivaient dans la *terreur*.

□高速道路でひどい事故があった。　*There has been a terrible accident on the highway.*
Il y a eu un *terrible* **accident sur l'autoroute.**

□私は家族がとても恋しい。　*I miss my family so much.*
Ma famille me manque *terriblement*.

音声♪ 1_88.mp3

Texte d'exemple d'application　応用例文

Quand j'avais huit ans, les ascenseurs me *terrifiaient*. **Je me rappelle encore ce jour** *terrible* **où, en montant chez moi, je suis resté bloqué entre deux étages. Impossible de sortir, c'était la** *terreur* **absolue. Paniqué, je me suis mis à appuyer frénétiquement sur tous les boutons en espérant le faire repartir. Je n'oublierai jamais cette expérience** *terriblement* **choquante.**

【 Traduction japonaise 】和訳

8歳のとき、エレベーターでぞっとさせられました。その恐ろしい日のことは、今も覚えています。自宅で階上にあがる際、階と階の間で動けない状態になったのです。外に出られず、絶対的な恐怖でした。パニックになって、エレベーターを再び動かしたいと思い、しゃにむにすべてのボタンを押し始めました。このひどくショッキングな体験をけっして忘れることはないでしょう。

- □ **bloqué(e)** adj 動けなくなった、ブロックされた　qui ne peut pas bouger
- □ **frénétiquement** adv 夢中になって、しゃにむに　de manière extrême
  ▶彼は夢中でドアを引っ張っていた。　*Il tirait frénétiquement sur la porte.*
- □ **choquant(e)** adj ショッキングな、不愉快な　qui choque

(Texte d'exemple d'application et exercices) 応用例文と練習問題

Quand j'avais huit ans, les ascenseurs me terrifiaient.

① [　　　　　　　　　　　　　　　　　　　　　　　　　　　]
② [　　　　　　　　　　　　　　　　　　　　　　　　　　　]
③ [　　　　　　　　　　　　　　　　　　　　　　　　　　　]
④ [　　　　　　　　　　　　　　　　　　　　　　　　　　　]

①〜④に入る文を、下の**A**〜**D**から選びなさい。

A: Paniqué, je me suis mis à appuyer frénétiquement sur tous les boutons en espérant le faire repartir.

B: Je me rappelle encore ce jour terrible où, en montant chez moi, je suis resté bloqué entre deux étages.

C: Je n'oublierai jamais cette expérience terriblement choquante.

D: Impossible de sortir, c'était la terreur absolue.

Mots dérivés 派生語

terroriser v 恐怖に陥れる

□殺人犯が住人を恐怖に陥れていた。　*A killer was terrorizing the population.*
Un tueur terrorisait la population.

terrifiant(e) adj 怖い、ぞっとさせる

□この物語はぞっとする！　*This story is terrifying!*　**Cette histoire est terrifiante !**

terrorisme nm テロリズム、テロ行為

□ともにテロと戦わなければなりません。　*We must stand together to fight terrorism.*
Nous devons combattre ensemble le terrorisme.

2章

88単語から発想して覚える単語例文集

2章の構成

この章は、次の３つのパターンで構成されている。

style 1　　　１章の応用例文の中から「１つの単語」にスポットライトを当て、語根（あるいは接頭辞、接尾辞）に注目し、その単語を使用した例文を掲載している。

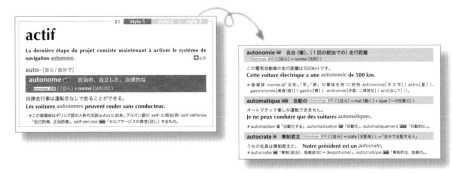

style 2　　　１章の応用例文の中から「１つの単語」にスポットライトを当て、そこから広がるジャンル／カテゴリー展開、あるいは単語の性格に注目し、その単語を使用した例文を掲載している。

style 3　　　１章の応用例文の、見出し語や記事の類似から展開する４品詞を応用させた例文を紹介している。いわば第２の応用例文といえる。

---

01 **style 1** style 2 style 3

actif

La dernière étape du projet consiste maintenant à activer le système de navigation *autonome*. → p.9

auto- [自ら／自分で]

autonome adj　自治の、自立した、自律的な
étymologie 語源〈[自ら] + nome [法則の]〉

自律走行車は運転手なしで走ることができる。
Les voitures *autonomes* peuvent rouler sans conducteur.

＊この接頭辞はギリシア語の人称代名詞 autos に由来。ゲルマン語の self- に相当（例：self-défense「自己防衛、正当防衛」、self-service nm「セルフサービスの食堂（店）」）するもの。

---

autonomie nf　自治（権）、（1回の給油での）走行距離
étymologie 語源〈[自ら] + nomie [法則]〉

この電気自動車の走行距離は500km です。
Cette voiture électrique a une *autonomie* de 500 km.

＊接尾辞 -nomie は「法則」「学」「律」の意味を持つ（別例：astronomie[天文学]〈astro[星]〉、gastronomie[美食（術）]〈gastro[胃]〉、antinomie[矛盾、二律背反]〈anti[反して]〉）。

automatique adj　自動の　étymologie 語源〈[自ら] + mat [動く] + ique [〜の性質の]〉

オートマチック車しか運転できません。
Je ne peux conduire que des voitures *automatiques*.

＊automatiser v「自動化する」、automatisation nf「自動化」、automatiquement adv「自動的に」。

autocrate n　専制君主　étymologie 語源〈[自ら] + crate [支配者]〉→「自分で支配する人」

うちの社長は専制君主だ。　**Notre président est un *autocrate*.**
＊autocratie nf「専制（政治）、独裁政治（＝despotisme）」、autocratique adj「専制的な、独裁の」。

autobiographie nf　自叙伝、自伝
étymologie 語源〈[自ら] + bio [生命を] + graphie [書く]〉

偉人の自伝を読むのが好きだ。
J'aime lire les *autobiographies* de grands hommes.

authentique adj　本物の、真実の
étymologie 語源〈aut（＝auto）[自ら] + thentique [作った]〉→ 本物の

これはフェルメールの真作ですか？　**Est-ce un *authentique* Vermeer ?**

＊authentifier v「（美術品などを）鑑定する、認証する」、authenticité nf「本物であること、信憑性」、authentification nf「真正さの証明、鑑定」、authentiquement adv「真に、正しく」。

187

bas

J'ai passé une visite *médicale* l'autre jour et mon docteur m'a dit que ma tension était trop basse. ▶p.11

médi(c) - [(医学) 治療する]

médical(e) adj 　医療の、医学の étymologie (語源)〈[治療する] + al [〜に関する]〉

場合によっては、セカンドオピニオンを求めるほうがよいケースもあります。

Dans certain cas, il est préférable de demander un deuxième avis *médical*.

　＊médicaliser **v**「（地域の）医療体制を整える」、médicalisation「医療体制の充実」、médicalement「医学的に」。

---

médecine nf 　医学 　étymologie 語源〈[治療する] + ine [技術]〉

息子は医学博士です。　**Mon fils est docteur en *médecine*.**

＊médecin **nm** は〈[治療する] + -in[属する人]〉で「医者」のこと。

---

médicament nm 　（医療用の）薬、薬品 　étymologie 語源〈[治療する] + ment [もの]〉

アスピリンはフランス人がよく服用する薬です。

L'aspirine est un *médicament* souvent pris par les Français.

---

remède nm 　薬、治療薬、治療法 　étymologie 語源〈re [元のように] + [治療する]〉

この草は万能薬だ。

Cette herbe est un *remède* universel.

＊「万能薬、特効薬」はpanacée **nf** ともいう。なお、広い「薬」の概念を指す。つまり、médicamentはremèdeの範疇に入るが、remèdeは必ずしもmédicamentとは限らない。

---

complet

Je dois retourner chez le *médecin*, la dernière fois j'ai complètement oublié de lui demander des compléments alimentaires. ▶p.13

médecin nm 　（広く、一般的に）医者

あなたにはホームドクターはいますか？

Vous avez un *médecin* de famille ?

　＊形容詞を添えて「（内科の）一般医」médecin généraliste、「専門医」médecin spécialiste、「開業医」médecin praticien などと分けることもある。

infirmier, infirmière n 看護師

近年、（女性の）看護師の数が減りました。
Ces dernières années, le nombre d'*infirmières* a diminué.

pharmacien, pharmacienne n 薬剤師

薬剤師には化学のきちんとした知識が必須です。
Un *pharmacien* doit avoir une bonne connaissance de la chimie.

patient(e) n （医者から見た）患者

外科医が今日の午後、患者の一人を手術する。
Le chirurgien va opérer un de ses *patients* cet après-midi.

＊なお、開業医の「患者」を client(e)、「入院患者」を hospitalisé(e) と呼んだりする。

malade n 病人、患者

患者が精神病院から逃げ出した。
Un *malade* s'est échappé de l'hôpital psychiatrique.

04　style 1　style 2　style 3

considérer

Pour *obtenir* un saké de qualité, il faut prendre plusieurs éléments en considération.

➡p.15

obtenir v （望んでいる金品や資格などを）獲得する、手に入れる

彼は自転車を買うのに必要なお金を、祖母からもらった。
Il a *obtenu* de sa grand-mère l'argent nécessaire pour s'acheter un vélo.

acquérir v （代償を払って）獲得する、買い入れる

彼女はオフィスにするために、ワンルームマンションを手に入れた。

Elle a *acquis* le studio pour en faire un bureau.

se procurer v （自ら努力して）手に入れる

どこでその宝石が手に入るかご存知ですか？

Savez-vous où je pourrais me *procurer* cette gemme ?

gagner v （働いて金銭や利益を）得る、（勝負や賭けなどで）勝ち取る

おじは競馬で大金を手に入れた。

Mon oncle a *gagné* beaucoup d'argent aux courses.

remporter v （賞や勝利などを）勝ち取る、獲得する

ナポレオンは自らの軍事戦術のおかげで数々の勝利を勝ち得た。

Napoléon a *remporté* de nombreuses victoires grâce à sa stratégie militaire.

05 　style 1　style 2　style 3

courir

Les *rumeurs* sont comme les lapins, il faut les laisser courir.

➡p.17

rumeur nf （世間に広められた）うわさ、風聞

そのうわさはまるで根拠がなかった。

La *rumeur* était complètement infondée.

---

bruit nm （伝聞で伝わってきた）うわさ

日本酒の値段が上がるという、うわさが流れている。

Le *bruit* court que le prix du saké va augmenter.

médisance nf 悪口（を言うこと）、中傷

人のうわさも75日。

Les *médisances* ne durent jamais bien longtemps.

＊具体的な日数を入れた言い回しなら On ne parle d'une nouvelle que pendant neuf jours.（←うわさ が続くのは9日だけ）といった言い方もある。

bavardage nm （多く複数で）ゴシップ、うわさ話

うわさ話というのは万国共通だ。
Le *bavardage* est universel.

＊類義語に potins nmpl、commérages nmpl がある。ただし、
bavardage は une conversation［会話］に近い意味でも使われる。

06　style 1　style 2　style 3

définir

La définition d'un mot n'est jamais définitive. Elle change avec le temps, et *parfois* de manière importante. ➡p.19

parfois adv （習慣性を感じつつ）ときどき、ときには

父はときどき、部屋でジャズを聞いています。
Mon père écoute *parfois* du jazz dans sa chambre.

---

de temps en temps loc. adv （一定の規則性、リズムを背景に）ときどき

ときどきあのレストランには、昼食に出かけます。
Je vais déjeuner *de temps en temps* dans ce restaurant.

quelquefois adv ときたま、ときには

ときおり映画館で彼女に会います。
Je la rencontre *quelquefois* au cinéma.

＊上記の2つよりは頻度が落ちる。

occasionnellement adv たまたま、臨時に、不定期に

たまに隣人の子どもたちの面倒をみることがあります。
Il m'arrive *occasionnellement* de garder les enfants de la voisine.

souvent adv （偶発的でも頻度が高く）しばしば

夏、この地域ではよく雨が降ります。
En été, il pleut *souvent* dans cette région.

fréquemment adv （規則的な反復性を感じつつ）頻繁に

兄（弟）は出張で頻繁にパリに行きます。
Mon frère va *fréquemment* à Paris en voyage d'affaires.

direct

Un employé vous demandera de remplir un *formulaire* dans lequel vous devrez indiquer votre nom et votre numéro de téléphone, ainsi que l'heure et la direction de votre train. ➡p.21

formulaire nm 　記入用紙、申し込み用紙

papier nm 　（身分証などの）書類、文書

＊給与明細、治療明細のような比較的簡単な「書類」にはfeuille nf を用いる。

dossier nm 　（人物・事項についての）関係書類、関連ファイル

Style 2 の単語から発展して

spécifier étymologie（語源）〈spéc［見る］＋［分けて］〉→「（一つ一つ）明確に示す」

spécifier v	spécification nf	spécifique adj	spécifiquement adv
明示（明記）する、指定する	（商品の）仕様（書）、明記、明示	特有の、固有の、明確な、明細な、特定の	特に、特徴的に、専門的に

音声♪ 2_01.mp3

Phrase d'exemple d'application　応用例文

Ma demande de brevet a été rapidement rejetée car la description et les *spécifications* de mon invention étaient insuffisantes. J'avais pourtant essayé d'être le plus *spécifique* possible en remplissant mon dossier, mais l'employé m'a dit que j'avais oublié de *spécifier* les limites d'utilisation de mon invention et plus *spécifiquement* les risques liés à son utilisation.

＊音声はナチュラルスピードのみ

【 Traduction japonaise 】和訳

発明の説明と仕様が不十分だったせいで、私の特許出願は即刻却下されました。しかし、関係書類に記入する際には、できるだけ細かく具体的であるよう努めていたのです。なのに、係員から、発明の使用制限、より専門的にはその使用に関連したリスクを明記するのを忘れていたと言われました。

effectuer

Il a concentré ses *recherches* sur le développement d'un riz qui puisse être cultivé efficacement, même dans des environnements arides. ➡p.23

recherches nfpl　（課題解決に向けた）研究、探求

研究員たちは新しいワクチン開発のために研究を続けている。
Les chercheurs poursuivent leurs *recherches* pour développer de nouveaux vaccins.

étude nf　（調査、勉学の）研究

あの髭の男性はラテン語の研究が専門です。
Cet homme barbu se spécialise dans l'*étude* du latin.

travail nm　（多くは複数で）研究（業績）、労作

いにしえの京都に関する明治大学との共同研究がやっと終わりそうです。
Les *travaux* en collaboration avec l'Université Meiji sur l'ancienne Kyoto vont enfin se terminer.

exclure

La journaliste avait obtenu un *entretien* exclusif avec le Président afin d'écrire un article sur son nouveau programme d'aide à l'emploi. ➡p.25

entretien nm　（多くは身分・立場に差のある人物との重要な）会談、話し合い

彼は舞台監督との話し合いを望んでいます。
Il souhaite avoir un *entretien* avec le metteur en scène.

entrevue nf　（責任者同士の）会談、会見

両国家元首間の会見は３日後に予定されている。
Une *entrevue* entre les deux chefs d'état est prévue dans trois jours.

sommet nm　トップ会談（＝ rencontre au sommet）、サミット（＝ conférence au sommet）

次回の主要国首脳会議の開催地はどこですか？
Où se tiendra le prochain *sommet* du G8 ?　＊ G8は《Groupe des huit》のこと。

interview nf　インタビュー

女優はテレビでインタビューに応じた。
L'actrice a donné une *interview* à la télé.　＊「インタビューする」interviewerという動詞もある。

2章　88単語から発想して覚える単語例文集

頻出度 A

頻出度 B

頻出度 C

facile

Il est beaucoup plus facile de vivre aujourd'hui qu'à l'*époque* de nos grands-parents.

➡ p.27

époque nf （歴史上、あるいは個人の人生の特定の）時代、時期

この城は江戸時代に築かれた。
Ce château a été construit à l'*époque* d'Edo.

période nf （époque と似ているが、ある特徴を有した）時期、時代

ピカソの青の時代をご存知ですか？
Connaissez-vous la *période* bleue de Picasso ?

âge nm （歴史的な大きな区分として、特に先史を指して）時代

これらの土器は青銅器時代に使われていたものだ。
Ces poteries étaient utilisées à l'*Âge* du Bronze.

ère nf （元号、あるいは新しい秩序が生み出す）時代

原子力時代は終わりを告げようとしている。
L'*ère* nucléaire est sur le point de se terminer.

faveur

Le *succès* n'arrive pas sans effort. Une personne qui réussit saura faire pencher la balance en sa faveur, même lorsque les conditions ne lui sont pas favorables.

➡ p.29

succès nm （広く一般的、客観的に認められた）成功

私たちのプティ・パテ（小さなパイ）は大ヒットしました（当たりました）。
Nos petits pâtés ont eu du *succès*.

collocations

成功する、当たる	avoir du succès	＊文脈によっては「異性にもてる」の意味を持つ。
成功を夢見る	rêver de succès	成功を疑う　douter du succès

réussite nf （succès の類語だが、個々人の判断をも含む）成功、達成

あなたの成功の鍵は何ですか？　Quelle est la clé de votre *réussite* ?

victoire nf （華々しい、大きな）成功、勝利

チームは選手権大会の勝利を祝いました。
L'équipe a célébré sa *victoire* au championnat.

＊〈vic(t)〉は「勝つ、征服する」の意味合い。ちなみに、victime nf が「（事故などの）犠牲者、被害者」の意味になるのは「征服された → 生贄となった動物」ということから。

échec nm 失敗

この試験の不合格率は65％です。
Le taux d'*échec* à cet examen est de 65%.

---

12   **style 1**   style 2   style 3

fin

Les *acteurs* ont été obligés de rejouer la scène finale plusieurs fois mais en vain. ➡ p.31

act [行動する、演じる]

acteur, actrice n   俳優、女優   étymologie 語源 〈［演じる］+ eur［人］〉

あの女優は演技がとても下手だ。
Cette *actrice* joue très mal.

---

action nf   行動、行為   étymologie 語源 〈［行動する］+ ion［こと］〉

彼はついに行動に移ると決めた。
Il s'est enfin décidé à passer à l'*action*.

＊行われる「行為」の全体、「そのやり方 → 行動、活動」を指す。類義の acte nm は何かが行われた際の「（具体的な）行為、動作」をいう。
例：「万引きは犯罪行為だ」Le vol à l'étalage est un acte criminel.

activité nf   （人や物の）活動
étymologie 語源 〈 active［行動の性質を持つ → 活動的な］+ ité［状態］〉

その会社は操業を停止した。
L'entreprise a mis fin à son *activité*.

interaction nf   相互作用、交流   étymologie 語源 〈 inter［間で］+ action［行動すること］〉

その衣料品ブランドは、一般の人々ともっと交流したいと考えている。
La marque de vêtements souhaite créer plus d'*interactions* avec le public.

réaction nf   反応、反動
étymologie 語源 〈 ré［戻して］+ action［行動すること］〉 →「〜に応えての行動」

私の同僚はいつも上司の反応をうかがっている。
Mon collègue guette toujours les *réactions* de notre patron.

fort

Maintenant, je suis petit et gros, je manque d'énergie, je perds mes forces et mon médecin me conseille fortement de faire un *régime*. ➡ p.33

régime nm ダイエット、食事療法

妻は痩せるためにダイエットをしている。 **Ma femme suit un *régime* pour maigrir.**

＊「ダイエットをしている」être au régime も同義になる。なお、diète **nf** は「（栄養学的な）節食、減食」の意味で、diète absolue で「絶食」のこと。

collocations

ダイエットをする　faire un régime
ダイエットを始める　se mettre au régime
ダイエットで痩せる　maigrir grâce à un régime

maigrir v 痩せる

痩せたいなら、お酒をこれ以上飲みすぎないことから始めたら。
Si tu veux *maigrir*, commence par ne plus boire.

grossir v 太る

私は1か月で3キロ太った。 **J'ai *grossi* de trois kilos en un mois.**

＊なお、gros(se)「太い」という形容詞に〈 -esse[性質・特性] 〉を意味する語尾を添えると、grossesse「妊娠期間）」の意味になる。

poids nm 体重

そのお相撲さんは体重が200キロだ。

Le *poids* du lutteur de sumo est de 200 kg.

＊prendre [perdre] du poids なら「体重が増える[減る、落とす]」の意味。gagner du poids も「体重が増える」の意味になる。

collocations

体重が元に戻る　reprendre du poids
（自分の）体重に注意している　surveiller son poids

franc

La franchise est un élément *essentiel* pour toute relation amoureuse de longue durée. ➡ p.35

ess [存在している]

essentiel(le) adj　極めて重要な、肝心の
étymologie (語源) 〈 [存在している] + entiel [状態の] 〉→「実体の」→「本質的な」

外交努力は平和維持のために極めて重要である。
Les efforts diplomatiques sont *essentiels* pour le maintien de la paix.

---

essence nf　本質、エッセンス、ガソリン

この車はすごくガソリンを食う。
Cette voiture consomme beaucoup d'*essence*.

---

absent(e)　不在の、欠席の　　étymologie 語源 〈 ab [離れて] + s = ess [存在している] 〉
　< **absence** nf

この店のオーナーはたいてい不在です。
Le propriétaire de cette boutique est généralement *absent*.

---

intéressant(e) adj　興味深い、面白い　　étymologie 語源 〈 intér [間に] + es [存在している] 〉
→「間の存在するものへの興味、関心」 < **intéresser** v, **intérêt** nm

この歴史家の着眼点は実に興味深い。
Le point de vue de cet historien est vraiment *intéressant*.

---

habitude

Tous les week-ends, il pariait sur son cheval habituel mais il ne *gagnait* jamais. ➡ p.37

gagner v　稼ぐ、もうける

彼女は月に20万円稼ぐ。
Elle *gagne* deux cent mille yens par mois.

＊「収入、所得」revenu nm を使って、Ses revenus sont de deux cent mille yens par mois. と
書き換えられる。

gain nm　もうけ、利益

女性ロトプレイヤーの儲けは1000万ユーロに達します。
Les _gains_ de la joueuse de loto s'élèvent à 10 millions d'euros.

profit nm　利益、利得

彼は自分の利益だけを追いかけている。　**Il ne cherche que son _profit_.**

recette nf　（企業の）収入、売上高

支出が収入をはるかに上回っているようでは問題だ。
Ce serait un problème si les dépenses excédaient de beaucoup les _recettes_.

perdre v　損をする　< perte nf

競馬で5万円損した。
J'ai _perdu_ cinquante mille yens dans les courses de chevaux.

-------------------------------------- 16 ▎ style 1 ▎ style 2 ▎ style 3

juste

La justesse du rapport du consultant ne justifiait pas son attitude arrogante lors de la _réunion_.

➡p.39

réunion nf　会議

会議は午後5時に本社で開かれる。
La _réunion_ se tiendra au siège à 17 heures.

＊〈 se tenir + 時間［場所］〉で、「（会議や催しなどが）〜に［で］開かれる」の意味。être en réunion で「会議中である」、une salle de réunion なら「会議室」の意味になる。

se réunir v　（ある目的で人が）集まる、集結する

会議のメンバーは、文化的なイベントを計画するために毎月集まります。
Les membres du Conseil _se réunissent_ tous les mois pour planifier les évènements culturels.

discuter v　議論する　< discussion nf

残念ですが、彼女とはまともに議論ができません。
Malheureusement, on ne peut pas _discuter_ avec elle.

＊「〜について議論する」なら discuter de ［sur］qqn/qqch という。

proposer　v　提案する　< proposition　nf

あなたは私たちに何を提案なさいますか？

Qu'est-ce que vous nous _proposez_ ?

＊他に「会議」に関する動詞としては、consentir　v 「同意する」< consentement　nm 、s'opposer　v 「反対する」< opposition　nf 、décider　v 「決定する」< décision　nf などがあげられる。

---

17 style 1 ｜ style 2 ｜ style 3

liberté

Personne n'avait ressenti cette liberté depuis que la _guerre_ civile avait éclaté.

➡ p.41

guerre　nf　戦争

娘は湾岸戦争が勃発した日に生まれました。

Ma fille est née le jour où la _guerre_ du Golfe a éclaté.

collocations

宣戦布告する	déclarer la guerre	戦争を放棄する	renoncer à la guerre
戦争に勝つ［負ける］	gagner [perdre] la guerre	戦争を終わらせる	mettre fin à la guerre

---

paix　nf　平和

両国は和平協定に調印した。

Les deux pays ont signé un accord de _paix_.

---

coup d'état　loc. nm　クーデター

将軍はクーデターを準備していた。

Le général préparait un _coup d'état_.

---

attentat　nm　テロ行為

この一帯では自爆テロが頻発している。

Les _attentats_ suicides sont fréquents dans cette zone.

＊「自爆テロ」は attentat-suicide とも書かれ、日本語の「神風」を用いて、attentat kamikaze とも称される。

révolution　nf　革命

何年にフランス革命は起こりましたか？

En quelle année a eu lieu la _Révolution_ française ?

nécessaire

Trouver sa vocation est cependant une tâche difficile car tous les métiers ne *correspondent* pas nécessairement à nos compétences. ➡ p.43

spond [応じる、約束する]

correspondre ⓥ 一致する、〜に通じている

étymologie (語源) 〈 cor [共に] + [応じる]〉→「応じ合う」→「一致する」〉

それは真実とは食い違っている。 **Cela ne *correspond* pas à la vérité.**

---

correspondance nf 一致、合致、（交通機関の）乗り換え

渋谷は乗り換えるのに不便な駅です。
Shibuya n'est pas une gare pratique pour les *correspondances*.

répondre ⓥ 返答する、反応する étymologie 語源 〈 ré [戻す] + [約束する]〉→「約束を返す」

どうか、「はい」か「いいえ」かお答えください。
***Répondez*-moi par oui ou par non, s'il vous plaît.**

réponse nf 返答、返事

2週間前に送った手紙の返事を、まだもらっていません。
Je n'ai pas encore reçu de *réponse* à la lettre que j'ai envoyée il y a deux semaines.

responsable adj 責任がある、責任を負う
étymologie 語源 〈 réponse [返答] + able [できる]〉→「責任を持って返事ができる」

自分の言っていることには責任を持たなくてはなりません。
Vous êtes *responsable* de ce que vous dites.

---

note

Cependant, une étude suggère que prendre des notes améliore les performances et notamment la mémorisation d'*information*. ➡ p.45

information nf （公的な）情報、ニュース、報道

今朝、ニュースを聞いた？
Tu as écouté les *informations* ce matin ?

＊infos nfpl と略されることも多い。

renseignement nm （実用的、個人的な）情報

あなたが借りているアパルトマンの情報を教えて。
J'aimerais avoir des *renseignements* sur l'appartement que vous louez.

＊information と renseignement は同義に使われるが、あえて言えば、情報が前者は「公的」、後者は「私的」という差異がある。

nouvelle nf （最新の）情報、知らせ、（複数で）ニュース

便りがないのはよい便り。
Pas de *nouvelles*, bonnes *nouvelles*.

message nm メッセージ、伝言

私はあなたのメッセージをまだ受け取っていない。
Je n'ai pas encore reçu votre *message*.

---

20 | style 1 | style 2 | style 3 |

ouvrir

Depuis l'ouverture du nouveau *centre commercial* à l'extérieur de la ville, …

➡p.47

centre commercial nm ショッピングセンター

カルフールのショッピングセンターが、わが家の近くにオープンする予定だ。
Un *centre commercial* Carrefour va ouvrir près de chez moi.

---

hypermarché nm 大型のスーパーマーケット

大型スーパーには、BIO のコーナー（売り場）がある。
Il y a un rayon bio dans l'*hypermarché*.

＊hypermarché は主に郊外にある大型のスーパーを指す。なお、BIO は「有機栽培（オーガニック）の食料品、自然食品」（= des produits bios）のこと。

supermarché nm スーパーマーケット

スーパーのレジ係のアルバイトを見つけた。
J'ai trouvé un petit boulot de caissière au *supermarché*.

＊「アルバイト」は travail à mi-temps nm とか、英語を用いて job nm とも呼ばれる。

supérette nf 小型のスーパー

歩いてわずか2分のところに小さなスーパーがある。
Il y a une *supérette* à seulement 2 min à pied.

＊supérette < supermarché（売り場面積 400㎡～2500㎡）< hypermarché（売り場面積 2500㎡以上）の順で規模が大きくなる。「大型スーパー（大規模店）」を指して un magasin à grande surface と呼ぶこともある。なお、例文中の 2 min は deux minutes のこと。

passer

La visite au sanctuaire est aussi un passage obligatoire pour beaucoup de familles et le réveillon se déroule dans une *ambiance* passablement calme.

➡ p.49

ambiance nf （場の）雰囲気、周囲の状況

ここは素晴らしい雰囲気です。
Il y a une bonne *ambiance* ici.

atmosphère nf （特定の場や建物などの）雰囲気、趣、ムード

キャンドルはロマンチックな雰囲気を与えます。
Les bougies donnent une *atmosphère* romantique.

environnement nm （自然や設備、人を取り囲む）環境

子どもたちは、勉強するための静かな環境を必要としています。
Les enfants ont besoin d'un *environnement* calme pour étudier.

milieu nm （日常的な、家庭での）環境

彼は特権的な環境で育ちました。　**Il a grandi dans un *milieu* privilégié.**

circonstances nfpl （出来事を取り巻く）状況、事情

警察は事故の状況を調査している。
Les policiers enquêtent sur les *circonstances* de l'accident.

possible

応用例文に書かれた内容、〈ギャンブル〉の延長として。

➡ p.51

dépendre v 依存する

étymologie（語源）〈 **dé** [下に] + **pendre** [ぶら下がる] 〉→「何かにぶら下がり頼る」
→「ぶら下がっている他者に左右される」

dépendre v	dépendance nf	dépendant(e) adj	dépendamment adv
〜しだいである、 依存する	依存相関（関係）、 従属	従属した、依存した	従属的に、 〜しだいで

[注] 現在、dépendammentはほとんど使われない。selon, en fonction deなどを用いる。ただし、この単語は anglicisme の一例でケベックなどでは用いられている。

Phrase d'exemple d'application　応用例文

Les jeux d'argent nécessitent réflexion et contrôle de soi, mais ils peuvent rapidement créer une *dépendance* difficile à gérer. Un joueur compulsif, malheureusement, ne réalisera pas qu'il est devenu *dépendant* aux jeux. *Dépendamment* de sa volonté, il devra reprendre le contrôle de sa vie s'il souhaite vraiment s'en sortir. Bien entendu tout cela ne *dépendra* que de lui.

＊音声はナチュラルスピードのみ

【 Traduction japonaise 】和訳

ギャンブルには熟慮と自制心が必要だが、すぐに金銭のやりくりが困難になる可能性がある。 残念ながら、強迫的な（自分の意に反して不合理な行為を反復してしまう）ギャンブラーは、自分がギャンブル依存症を引き起こしていることに気づかない。自らの意志で、本当に困難な状況から抜け出したいなら、生活をコントロールする力を取り戻さなくてはならない。もちろん、そのすべては本人次第でしかないわけだが。

23　　style 1　　style 2　　style 3

pratique

Je n'ai pratiquement pas réussi mes *exercices* de guitare.

➡p.53

exercice nm　練習

娘は毎日ピアノの練習をしています。
Ma fille fait des *exercices* de piano tous les jours.

＊s'exercer au piano としても同義になる。ちなみに faire un exercice なら「練習問題をする」の意味になる。

---

s'exercer v　練習する、（自分を）訓練する

卓球の選手権にそなえて、毎日練習することが大切だ。
Il est important de *s'exercer* chaque jour pour le championnat de ping-pong.

entraînement nm　トレーニング

こうした数年間のハード・トレーニングが、とうとう報われた。
Ces années d'*entraînement* intensif ont fini par porter leurs fruits.

s'entraîner v　練習する、（自分を）トレーニングする

今日は外でトレーニングするには寒すぎる。
Il fait trop froid pour *s'entraîner* dehors aujourd'hui.

＊「スポーツをする」なら faire du sport という。

préciser

Une petite *entreprise* vient de développer un GPS capable de localiser très précisément les personnes et véhicules. ➡p.55

entreprise nf　会社、企業

去年、父は自分の会社を始めた。

L'année dernière, mon père a monté sa propre *entreprise*.

＊「会社を設立する」fonder une société といった言い方もする。「中小企業」は petites et moyennes entreprises nfpl（P.M.E. と略される）。

compagnie nf　（保険、金融などの）会社

息子は保険会社に勤めている。

Mon fils travaille dans une *compagnie* d'assurances.

société nf　株式会社、有限会社

彼はちょうど訪問販売会社に雇われたばかりです。

Il vient juste d'être embauché dans une *société* de vente à domicile.

firme nf　（メーカー、商社などの大きな）会社、企業

娘はあの商社に就職したがっている。

Ma fille veut trouver un emploi dans cette *firme* commerciale.

＊「商社」は une société [entreprise] commerciale とか une maison de commerce ともいう。

affaires nfpl　ビジネス、商売

商売はうまくいっていますか？

Comment vont les *affaires* ?

＊英語 business nm も使う。「ビジネスマン」は homme d'affaires という。

progressif

La *découverte* progressive des planètes et les progrès scientifiques des 500 dernières années … ➡p.57

découverte nf　発見、発見物　< découvrir

この小さな骨が、考古学上の大発見です。

Ce petit os est une grande *découverte* en archéologie.

invention nf 発明、発明品 < inventer

この装置が、彼（彼女）の発明のひとつだとご存知ですか？
Savez-vous que cet appareil est l'une de ses *inventions* ?

exploration nf 探検、踏査 < explorer

息子の夢は宇宙探検だ。
Le rêve de mon fils est l'*exploration* spatiale.

observation nf 観察、観測 < observer

その映画評論家は、鋭い観察眼を持っている（観察がとても鋭い）。
Le critique de cinéma a un sens de l'*observation* très aigu.

examen nm 検討、検査 < examiner

医者は私に、胃の精密検査を受けるよう命じた。
Le médecin m'a ordonné de subir un *examen* approfondi de l'estomac.

26   style 1   style 2   style 3

public

Après plusieurs années de secret, le Président a autorisé la publication des dossiers classifiés sur les *ovni*s.

➡ p.59

sigle「頭文字を取った略語」の例

OVNI nm Objet Volant Non Identifié 未確認飛行物体（**UFO**）

CV nm Curriculum Vitae 履歴書

QI nm Quotient Intellectuel 知能指数（**IQ**）

SDF nm Sans Domicile Fixe ホームレス

SMIC nm Salaire Minimum Interprofessionnel de Croissance
（フランスの）最低賃金

TVA nf Taxe sur la Valeur Ajoutée 付加価値税（消費税）

VF nf Version Française フランス語吹き替え版

VOST nf Version Originale Sous-Titrée 字幕付きオリジナル版

réel

Depuis l'apparition de la réalité augmentée, le secteur du luxe vit une période de *transformation* importante. ➡p.61

form [形、形作る]

transformation nf　変化、変革
étymologie（語源）〈 trans [（変換）越えて] + [形作る]〉 < transforme

この商店街は30年来、いくつもの変化に耐えてきた。
Cette rue commerçante a subi de nombreuses *transformations* depuis 30 ans.

---

réforme nf　改革、改善　étymologie 語源〈 ré [再び] + [形作る]〉→「形を変える」
< réformer

この改革は実施されるまでに数年かかる恐れがある。
Cette *réforme* risque de prendre plusieurs années pour être mise en place.

information nf　情報、（複数で）ニュース
étymologie 語源〈 in [（頭の）中に] + [形作ること]〉 < informer

さらなる情報については、当社のWebサイトにアクセスしてください。
Pour plus d'*informations*, dirigez-vous vers notre site internet.

conformité nf　一致、適合
étymologie 語源〈 con [一緒に] + [形]〉→「同じ形にする」 < conformer

その契約は法律に即していません。　**Le contrat n'est pas en *conformité* avec la loi.**

---

simple

J'aime la simplicité de la vie à la *campagne*.

➡p.63

campagne nf　田舎

田舎はきっと君を元気にしてくれますよ、疲れておいでのようですから。
La *campagne* te ferait du bien, tu as l'air fatigué(e).

＊faire du bien à qqn で「人のためになる、元気づける」の意味。

---

village nm　村

ゴルドはフランスで最も美しい村のひとつです。
Gordes est un des plus beaux *villages* de France.

ville nf 都会、都市

そこはゴーストタウンで、もう誰も住んでいません。
C'est une *ville* fantôme, plus personne n'y habite.

＊ une ville morte も「ゴーストタウン」の意味になる。逆に「都市化」は urbanisation **nf** 、「都会化する」なら urbaniser を使い、「都会生活」は la vie urbaine [citadine] という。

centre-ville nm 中心街

町の中心部は通行止めです。　**Le *centre-ville* est fermé à la circulation.**

＊「通行止め」の交通標識 panneau **nm** には « Interdit à tous les véhicules » « Accès interdit à tous les véhicules à moteur » などがある。

---

29 `style 1` `style 2` `style 3`

tard

Le tremblement de terre avait *détruit* la plupart des routes et des ponts de la ville. En plus d'une réaction tardive du gouvernement... ➡ p.65

struire, struct [建設する、積み重ねる]

> **détruire** v 破壊する étymologie 語源〈 dé＝des [逆に] + [建設する]〉
> →「取り壊す」 < **destruction** nf

ベイルートの港周辺は港に備蓄されていた化学薬品の爆発で破壊された。
La zone autour du port de Beyrouth a été *détruite* par une explosion de produits chimiques stockés dans le port.

---

construire v 建設する étymologie 語源〈 con [一緒に] + [建設する]〉< **construction** nf

私たちは郊外に家を建てるつもりです。
Nous allons faire *construire* notre maison en banlieue.

(s') instruire v 教育する、教える、学ぶ étymologie 語源〈 con [中に] + [積み重ねる]〉
→「頭の中で知識などを積み重ねる」 < **instruction** nf

この本は、中東情勢についてたくさんのことを教えてくれた。
Ce livre m'a beaucoup *instruit* sur la situation au Moyen-Orient.

structure nf 構造、機構、組織 étymologie 語源〈 [積み重ねる] + ure [こと]〉
< **structurel(le)** adj

祖父は科学者で、分子構造の専門家でした。
Mon grand-père était un scientifique et un expert en *structure* moléculaire.

instrument nm 道具、器具、楽器 étymologie 語源〈 in [中に] + [積み重ねて] + ment [あるもの]〉
→「備品」→「器具」 < **instrumental(e)** adj

これらの医療器具は特殊鋼でできている。
On fabrique ces *instruments* médicaux en acier spécial.

vérité

Le *suspect* était assis dans la salle d'interrogatoire depuis deux heures. Les inspecteurs essayaient de lui faire dire la vérité ... ➡p.67

spect [見る]

suspect nm 容疑者 étymologie 語源〈su[下から]＋[見る]〉→「疑って見上げる」

suspect(e) adj あやしい、疑わしい、うさん臭い

あの金髪女性は嘘をついている疑いがある。
Cette femme blonde est *suspectée* d'avoir menti.

---

perspective nf 見通し、眺望、(将来の)展望 étymologie 語源〈per[通して]＋[見る]〉

ここからの眺望は実に見事だ。
La *perspective* d'ici est vraiment spectaculaire.

---

inspection nf 検査、査察 étymologie 語源〈in[中を]＋[見ること]〉

テロ対策のせいで、手荷物検査はますます厳しくなる。
En raison des mesures antiterroristes, l'*inspection* des bagages devient de plus en plus stricte.

---

spectacle nm 光景、見せ物、ショー
étymologie 語源〈[見る]べき＋cle[もの]〉→「見るに値するもの」

ムーラン・ルージュの夜のショーは、一見の価値がある。
Le *spectacle* nocturne au Moulin Rouge vaut le coup d'œil.

vie

Dans ce sens, s'investir dans nos activités est un bon moyen pour garder l'esprit vif mais aussi de vivre de manière plus *positive*. ➡p.69

posit /pose [置く]

positif(ve) adj 確実な、肯定的な、積極的な
étymologie (語源)〈[置く]場所がはっきりしている〉

彼女は私に前向きな返事をしてくれた。
Elle m'a donné une réponse *positive*.

proposition nf 提案、申し出 étymologie 語源 〈 pro［前に］＋［置く］〉

あなたの提案はあまりに曖昧だ。
Votre *proposition* est trop vague.

opposition nf 反対、対立、対比 étymologie 語源 〈 op［反対に］＋［置く］〉

両国の利害対立は、この先10年は続くことだろう。
L' *opposition* d'intérêts entre les deux pays se poursuivra au cours de la prochaine décennie.

composition nf 組み立て、制作、作文
étymologie 語源 〈 com［一緒に］＋［置く］〉→「組み立てること」

芸術作品の制作には、インスピレーションが欠かせない。
L'inspiration est indispensable à la *composition* d'œuvres d'art.

---

32 | style 1 | style 2 | style 3

vouloir

Pour sauver l'*auberge* japonaise en déficit, la propriétaire nous a demandé de réduire volontairement nos heures de travail et a proposé aux employés plus âgés un départ volontaire à la retraite. ➡ p.71

auberge nf （田舎や郊外の）小さなホテル、オーベルジュ

彼らは古い公民館（催し会場）をオーベルジュに改装した。
Ils ont transformé la vieille salle des fêtes en *auberge*.

＊見出し語は、地元料理を楽しめるレストランとホテルを兼ねた小洒落た宿泊施設を指す。

---

auberge de jeunesse nf ユースホステル

そのユースホステルにはベッドが150ある。
L'*auberge de jeunesse* dispose de 150 lits.

＊AJと略される。disposer de qqchで「〜を自由に使える、持っている」の意味。「（寄宿舎などの）共同寝室、ドミトリー」は dortoir nm という。

hôtel nm ホテル

申し訳ございませんが、当ホテルは満室です。
Nous sommes désolés, l'*hôtel* est complet.

ホテルに部屋を予約する　réserver une chambre à l'hôtel
チェックインする　prendre [quitter] sa chambre
支払いをする　régler sa note
ホテルに泊まる　séjourner dans un hôtel, dormir à l'hôtel
ホテルに１泊する　passer une nuit à l'hôtel
ホテルの予約をキャンセルする　annuler une réservation d'hôtel

appart'hôtel nm　アパートメントホテル

３日間、私は郊外のアパートメントホテルに滞在した。
Pendant trois jours, j'ai séjourné dans un *appart'hôtel* en banlieue.

＊appart'hôtel は、キッチン付きの短期滞在用のビジネスホテルのこと。

頻出度 **B**

33　style 1　style 2　style 3

actuel

La science *progresse* et évolue tous les jours. Je vis à la campagne, mais ça ne m'empêche pas d'actualiser mes connaissances le plus souvent possible.

➡ p.73

progresser v　進歩する、向上する
< progrès nm , progression nf

うちの娘はここ数か月で英語の力が伸びた。
Ma fille a *progressé* en anglais au cours des derniers mois.

＊progrès は「（成功や達成など、多くプラスへの）前進、上達、進歩」で、progression は「（段階的に）前に進むこと、進行」を意味する。

évoluer v　（新たな状態へと）進展する、（病状が）進む、進化する　< évolution nf

彼（彼女）の病が急変し、医者はとても心配している。
Sa maladie *évolue* rapidement, et le médecin est très inquiet.

(se) développer v　発展（発達）させる、発展（発達）する　< développement nm

ソーラー産業は発展し続けている。
L'industrie solaire ne cesse de se *développer*.

changer v　変わる、変化する、変える　< changement nm

席を替わっていただけますか？
Voulez-vous *changer* de place avec moi ?

collocations

引越しする（住所を変える）　changer d'adresse
ヘアースタイルを変える　changer de coiffeur
車線を変更する　changer de file
電車を乗り換える　changer de train
転職する　changer de travail

34　style 1　**style 2**　style 3

aimer

Mon chiot est très *mignon* et je l'aime beaucoup.

▶p.75

mignon(ne) adj　（小さくて）かわいらしい、すてきな

この子猫は何てかわいいいんだろう！
Comme ce chaton est *mignon* !

---

adorable adj　かわいい、愛らしい

3歳の彼（彼女）の娘は愛くるしい。
Sa fille de trois ans est *adorable*.

＊mignon(ne) のやや気取った単語。

---

joli(e) adj　（見たり聞いたりして心地よさのある）かわいい、きれいな

これはきれいなブーケだ。
C'est un *joli* bouquet de fleurs.

---

charmant(e) adj　魅力的な、チャーミングな　< **charme** nm

新しいスーツを着た彼は非常に魅力的でぐっときます。
Je le trouve très *charmant* et séduisant dans son nouveau costume.

＊séduisant(e) は「魅惑的な、色っぽい」という意味合い。

---

attirant(e) adj　（引きつけられるような）魅力的な、色っぽい

君が彼について何が魅力的だと思うのかが、僕にはわからない。
Je ne sais pas ce que tu trouves d'*attirant* chez lui.

apparence

Malgré son apparence calme et sereine, ce volcan est toujours actif et peut entrer en *éruption* à tout moment.　➡ p.77

éruption nf　噴火、噴出

そう遠くないうちに、富士山が噴火すると予測する専門家がいる。
Certains experts prédisent que le mont Fuji entrera en *éruption* dans un avenir peu lointain.

ouragan nm　暴風雨、ハリケーン

今回のハリケーンによる被害は、想像を絶するものだった。
Les dégâts causés par cet *ouragan* étaient inimaginables.
＊「台風」は typhon nm、「竜巻、トルネード」は tornade nf という。

tremblement de terre loc. nm　地震

地震は忘れたころにやってくると言われる。
On dit qu'un *tremblement de terre* survient lorsqu'on s'y attend le moins.
＊直訳は「地震は予想外のときに来ると言われる」となる。séisme nm も同義。

tsunami nm　津波

津波が発生した場合は、海岸からできるだけ離れてください。
En cas de *tsunami*, éloignez-vous le plus possible des côtes.
＊「津波、高潮」は raz de marée, raz-de-marée nm ともいう。

inondation nf　洪水

昨年、50年に1度の大洪水が起こった。
Une *inondation* telle que celle qui s'est produite l'année dernière n'arrive qu'une fois tous les 50 ans.
＊「昨年起こったような洪水は50年に1度だけ起こる」が直訳。

avalanche nf　雪崩 (なだれ)

雪崩が起こりそうな天気です。
Le temps est susceptible de provoquer une *avalanche*.
＊「吹雪」は tempête de neige nf という。

incendie de forêt loc. nm　森林火災

近年、世界中で大規模な森林火災が起こっている。
Ces dernières années, de grands *incendies de forêt* se sont produits dans le monde entier.

sécheresse **nf**　干ばつ

深刻な干ばつでその地域は砂漠化している。
La région est devenue désertique en raison d'une grave *sécheresse*.

36　style 1　style 2　style 3

calme

« *Calmez*-vous ou vous êtes tous *virés* !! »

▶p.79

virer **v**　（くだけた言い方）クビにする、解雇する

友人は仕事をクビになった。
Mon ami s'est fait *virer*.

＊口語で「〜を追い出す」の意味から、「クビにする」の意味で使われる。

---

licencier **v**　（改まって）解雇する　< licenciement **nm**

彼はあまりに怠惰なせいで解雇された。
Il a été *licencié* parce qu'il était trop fainéant.

---

renvoyer **v**　（学校や職場を）やめさせる、解雇する　< renvoi **nm**

息子は学校から追い出されました（退学させられた）。
Mon fils s'est fait *renvoyer* de son école.

＊くだけた言い方で、mettre à la porte「追い出す」という言い方も使われる。

---

chômer **v**　失業する　< chômage **nm**

夫は半年前から失業中です。
Mon mari *chôme* depuis six mois.　　＊être au chômageも同義になる。

---

démissionner **v**　（役職・地位を）辞任する、辞職する　< démission **nf**

その政治家はスキャンダルにもかかわらず、辞任を拒んでいる。
Le politicien refuse de *démissionner* malgré le scandale.

certain

Trouver un emploi pour un jeune *diplômé* n'est certainement pas une chose facile.

➡p.81

di [2]（ギリシア語系）

diplômé(e) n　免状取得者　étymologie 語源〈[2つ]＋**plôme**［折り畳んだ紙］ ＝「免状」**diplôme** nm 〉を取得した人

この分野では、免状取得者しか採用しません。
Nous n'embauchons que des *diplômés* dans ce domaine.

---

diplomate n　外交官（公文書を携えている人物）
< **diplomatie** nf, **diplomatique** adj

ロシアの外交官たちがドイツから追放された。
Des *diplomates* russes ont été expulsés d'Allemagne.

---

dilemme nm　ジレンマ
étymologie 語源〈[2つ]＋**lemme**［想定]〉→「2つの仮設定に挟まれた状態」

彼はジレンマに直面している。
Il est confronté à un *dilemme*.

＊「板挟みになる」entre le marteau et l'enclume(←ハンマーと鉄床の間) といった言い方もする。

mono [1]（ギリシア語系）

monopole nm　独占（権）、独占企業　　étymologie（語源）〈[1つ]＋**pole**［販売]〉

国がギャンブルを独占している
L' État a le *monopole* sur les jeux d'argent.

---

monotone adj　単調な、変化のない　　étymologie 語源〈[1つ]＋**tone**［色調]〉→「単調な」

工場での作業は少々単調です。
Le travail en usine est un peu *monotone*.

---

moine n　修道士、僧、独り暮らしの

僧侶は瞑想に多くの時間を費やす。
Un *moine* passe beaucoup de temps à méditer.

＊会話では「若い僧侶」あるいは「生臭坊主」を moinillon nm という。

clair

Ses explications manquaient de clarté et il racontait clairement des *mensonges*.

➡ p.83

mensonge nm　嘘

私は何よりも嘘が大嫌いだ。

Je déteste le *mensonge* par-dessus tout.

＊「嘘が大嫌いである」は avoir horreur du mensonge といった言い方もできる。

mentir v　嘘をつく

彼はしょっちゅう（←呼吸をするように）嘘をつく。

Il *ment* comme il respire.

＊「嘘をつく」は raconter [dire] des mensonges
とも表現できる。

menteur, menteuse n　嘘つき

彼女（彼）の新しい恋人は嘘つきだ。

Son nouveau petit-ami est un *menteur*.

contrevérité nf　虚偽の申し立て、真実に反すること

この虚偽の申し立てはメディアによって取り上げられた。

Cette *contrevérité* a été reprise par les medias.

déformer v　ゆがめる、変形させる

おじは事実をゆがめた。

Mon oncle a *déformé* les faits.

＊déformer [fausser] les faits も同義になる。名詞 déformation nf は「ゆがみ、変形」の意味。

comparer

La puissance *militaire* entre les deux pays n'est pas comparable. ➡p.85

-taire [〜に関する（人）／〜の]

militaire adj n　軍隊の、軍による / 軍人
étymologie 語源〈 milit［兵士］+［に関する（人）］〉

あの国では、軍事クーデターで民主主義が破壊された。
Dans ce pays, un coup d'État *militaire* a détruit la démocratie.

révolutionnaire adj n　革命の / 革命家　étymologie 語源〈révolution［革命］+［に関する（人）］〉

何人もの学生たちが革命運動を起こした。
Plusieurs étudiants ont lancé un mouvement *révolutionnaire*.

secrétaire n　（役員などの）秘書　étymologie 語源〈secré［秘密、機密］+［に関する人］〉

私の秘書は残業が多い。　**Ma *secrétaire* fait beaucoup d'heures supplémentaires.**

budgétaire adj　予算の　étymologie 語源〈budget［予算］+［に関する、〜の］〉

当社の今年の予算の見積もりが、いまだに役員会に提示されていなかった。
Notre prévision *budgétaire* pour cette année n'a pas encore été présentée au conseil.

documentaire adj　参考資料になる、記録に基づく
étymologie 語源〈document［参考資料］+［に関する、〜の］〉

このドキュメンタリー映画はとてもよくできている。
Ce film *documentaire* est très bien fait.

honoraire adj　名誉職の　étymologie 語源〈honneur［名誉］+［に関する、〜の］〉

デュヴァル氏は大学の名誉教授だ。
Mr Duval est un professeur *honoraire* à l'université.

contraire

Il a beaucoup de *loisirs*, mais ce qu'il aime le plus c'est me contrarier. ➡p.87

loisirs nmpl　（仕事などから解放された時間の余裕として）余暇、レジャー

引退したら余暇をとることが大事です。
Il est important d'avoir des *loisirs* quand on est retraité.

divertissement nm （演芸やエンターテイメントなどの）気晴らし、楽しいこと

落語は祖父が大好きだった娯楽です。
Le Rakugo est un *divertissement* que mon grand-père adorait.

passe-temps nm （読書や映画鑑賞といった）趣味

趣味は何ですか？　**Quel est ton *passe-temps* favori ?**

distraction nf （気分転換となるような）娯楽

自宅で仕事をすることができません、気分転換（気晴らし事）が多すぎますので。
Je n'arrive pas à travailler chez moi, il y a trop de *distractions*.

hobby nm （技術の習得を必要とするような）趣味

趣味が変わって、今は毎週末ロッククライミングをしています。
J'ai changé de *hobby*, maintenant je fais de l'escalade tous les week-ends.

41　style 1　style 2　style 3

correct

Afin de correctement traduire un document dans une *langue* étrangère, il faut...
➡ p.89

langue nf （国や地域に固有の）言語

彼（彼女）の母語はトルコ語です。　**Sa *langue* maternelle est le turc.**

---

langage nm （人間に固有の）言語、言語能力

この子には言語障害の兆候がある。
Cet enfant présente des signes de troubles du *langage*.

parole nf （口に出す）言葉、発言

主任は会議中に支離滅裂な発言をし続けた。
Le chef a continué à prononcer des *paroles* incohérentes pendant la réunion.

mot nm （表現のための）言葉、単語

この言葉は日常会話では使われない。
Ce *mot* ne s'emploie pas dans la conversation quotidienne.

expression nf 表現、言い回し

表現の自由を尊重しなければなりません。　**Il faut respecter la liberté d'*expression*.**

écriture nf 書く行為

私はこの辞書を書くのに5年かかった。
L'*écriture* de ce dictionnaire m'a pris cinq ans.

courage

Elle trouve toujours les bons *mots* pour me motiver et me pousser à agir courageusement. ➡p.91

mot(e) [動かす]

motif nm　動機、理由　étymologie 語源〈［動かす］+ if［性質を持つもの］〉

正式な理由がありませんと、支配人と会うことはできません。
Vous ne pouvez pas rencontrer le directeur sans *motif* valable.

motivation nf　動機、動機づけ
étymologie 語源〈motiver「人に行動を起こさせる」+ tion［こと、もの］〉

カバーレター（志望動機などを書いた添え状）を書かなければならない。
Je dois écrire une lettre de *motivation*.

moteur nm　エンジン、発動機　étymologie 語源〈［動かす］+ eur［〜するもの］〉

この車のエンジンは自動的に停止します。
Le *moteur* de cette voiture s'arrête automatiquement.

émotion nf　心の動揺、感動、不安　étymologie 語源〈e［外に］+［動かす］〉→「心を揺り動かすもの」

彼女は自分の感情をコントロールできません。
Elle n'arrive pas à contrôler ses *émotions*.

promotion nf　昇進、昇級、販売促進　étymologie 語源〈pro［前に］+［動かす］〉→「前進させる」

夫は長年望んでいた営業部長昇進を果たした。
Mon mari a obtenu la *promotion* de directeur des ventes qu'il souhaitait depuis longtemps.

décider

Il ouvre *vigoureusement* la porte, trébuche sur un câble et tombe. Il se relève en se cognant la tête et dit « Chef ! J'ai décidé de... » ➡p.93

violemment adv　（乱暴に、暴力的に）力強く、激しく

彼らは激しく言い合った。
Ils se sont disputés *violemment*.

énergiquement adv （肉体的、精神的エネルギーを使って）力強く、精力的に

彼は飲む前に、ボトルをシャカシャカと（力強く）振る必要があります。
Avant de boire, il faut secouer *énergiquement* la bouteille.

puissamment adv （強力な手段、効果的な行動で）力強く、強力に

兵士たちは重武装している。
Les soldats sont *puissamment* armés.

fortement adv （力を込めて）強く、しっかりと

私は学生にもっと読書するよう強く勧めます。
J'encourage *fortement* mes étudiants à lire plus.

43　style 1　style 2　**style 3**

décider 　応用例文　「落ちのある小話」から展開。

désespoir nm 絶望（感） étymologie 語源 〈 dés ［ない］ + espoir ［希望］〉			
(se) désespérer v	**désespoir** nm	**désespéré(e)** adj	**désespérément** adv
絶望させる、絶望する、悩み苦しむ	絶望（感）	絶望した、絶望的な、必死の	絶望して、必死で、どうしようもないほど

音声♪ 2_03.mp3

Phrase d'exemple d'application　応用例文

D'un air *désespéré*, un gentleman en costume arpentait les rues de la ville. Les passants qu'il croisait pouvaient voir le *désespoir* apparaître sur son visage. Il frappait à chaque porte mais personne ne répondait. Il *désespérait*. Il ne souhaitait *désespérément* qu'une seule chose : utiliser les toilettes !

＊音声はナチュラルスピードのみ

【 Traduction japonaise 】 和訳

スーツを着た紳士が絶望的な様子で、街の通りを大股で歩きまわっていた。通りすがりの人たちは、彼の顔に絶望が現れているのを見てとることができた。一軒一軒ドアをノックしたが、誰も返答しなかった。彼は希望を失っていった。紳士はたった1つのことを死に物狂いで望んでいたのだ、トイレを借りることを。

différent

Chaque *nation* possède une identité qui peut se différencier par sa langue, …

➡ p.95

nation nf （国民の集合体としての）国家

われわれは、強くて公正な国家を築きたい。
Nous voulons bâtir une *nation* forte et équitable.

pays nm （政治的まとまり・地理的意味合いからの）国

いくつもの国が国境を封鎖した。
Plusieurs *pays* ont fermé leurs frontières.

お国はどちらですか？
De quel *pays* êtes-vous ?　　＊De quelle région êtes-vous ？　といった聞き方もする。

collocations

国を出る（出国する）**sortir du pays, quitter son pays**
国に帰る、帰省する　**rentrer [retourner] au pays (natal)**
国中を旅する　**voyager dans tout le pays**／お国自慢をする　**se vanter de son pays (natal)**

État nm （1つの政府に統治された制度としての）国家、政府、（アメリカの）州

アメリカ合衆国には州がいくつありますか？
Combien d'*États* y a-t-il aux États-Unis ?

patrie nf （自分が生まれた）国、祖国

フランスは彼（彼女）の第2の祖国です。
La France est sa seconde *patrie*.　　＊pays natal nm も「祖国」の意味。

durable

Les fabricants d'électronique ignorent-ils le *concept* de « produit durable » ?

➡ p.97

cept [つかむ、取る]

concept nm （哲学の）概念

étymologie 語源 〈 con [一緒に] ＋ [つかむ、取る] 〉 →「考えを抱く」

彼（彼女）の博士論文のテーマは、アルベール・カミュにおける悪の概念です。
Le thème de sa thèse est le *concept* du mal chez Albert Camus.

conception nf 着想、考え方、妊娠 [étymologie 語源] 〈con [一緒に] + [つかむ、取る]〉→「考えなどを抱く」

日本では、結婚に対する考え方がフランスと同じではない。
Au Japon, nous n'avons pas la même *conception* du mariage qu'en France.

déception nf 失望、幻滅 [étymologie 語源] 〈de [分離] + [つかむ、取る]〉→「(罠にかけて) 人から物を取る」

彼は失望を隠さない。　**Il ne cache pas sa *déception*.**

＊語源に照らせば「欺くこと、裏切り、欺瞞」といった意味になるが、この語義は古い。

exception nf 例外、除外 [étymologie 語源] 〈ex [外に] + [つかむ、取る]〉→「取り除いて」

私たちのいるキャンプ場を除いて、地域全体は晴れていました。
Toute la région était ensoleillée, à l'*exception* de notre camping.

interception nf 途中で奪うこと、傍受、インターセプト [étymologie 語源] 〈inter [間で] + [つかむ、取る]〉

メッセージを傍受して、警察はテロ攻撃を阻止することができた。
Grâce à l'*interception* d'un message, la police a pu stopper l'attaque terroriste.

perception nf 知覚、認識 [étymologie 語源] 〈per [完全に] + [つかむ、取る]〉

一人一人が世の中について独自の認識を持っている。
Chaque personne a sa propre *perception* du monde.

46　　style 1　**style 2**　style 3

économie

Plusieurs conditions sont nécessaires pour devenir économiquement *indépendant*. ➡p.99

indépendant(e) adj 独立（自立）した ＜ **indépendance** nf

去年、ジャンヌは親元から独立した。
Jeanne est devenue *indépendante* de ses parents l'année dernière.

---

solitaire adj 孤独な、単独の ＜ **solitude** nf

おじは孤独な生涯を送った。　**Mon oncle a mené une vie *solitaire*.**

isolé(e) adj 孤立した ＜ **isolement** nm

彼は社内で孤立無援だと感じている。
Il se sent *isolé* et sans aide au sein de l'entreprise.

seul(e) adj 一人だけの、孤独の

今週末、一人で家にいました。　**Je suis resté(e) *seul(e)* à la maison ce week-end.**

abandonné(e) adj 捨てられた、見放された ＜ **abandon** nm

この地域には、2、3の廃村がある。
Il y a quelques villages *abandonnés* dans cette région.

égal

À travail égal, *salaire* égal.

➡ p.101

salaire nm　（被雇用者が支払われる）給料、給与

予備校教師時代、私は時給24,000円をもらっていた。

Quand j'étais professeur dans une école préparatoire, je touchais un *salaire* horaire de 24 000 yens.

> ＊語源を遡れば「古代ローマ時代、兵士に塩 sel **nm** を買うために金 salarium が支払われたこと」に由来する。兵士 soldat **nm** は「その塩銭のために働く人」の意味。ちなみに salade **nf** は「野菜に塩をかけたもの」から、sauce **nf** は「塩漬け（salaison）にされたもの」が由来、また「加熱して食べるソーセージ」saucisse **nf** や「（サラミのように）そのまま食べるもの」saucisson **nm** も「塩味のものから作られた」という意味合い。

rémunération nf　（広く一般的な）報酬、給与、賃金

森氏は法外な報酬を要求した。

M. Mori nous a demandé une *rémunération* exorbitante.

paye nf　（給与や報酬などの）支払い、給料

明日は給料日です。　**Demain c'est le jour de *paye*.**

prime nf　（賞与）ボーナス、手当

従業員はクリスマスボーナスを受け取りました。

Les employés ont reçu une *prime* à Noël.

allocation nf　（給付される）手当

誰が家族手当を受け取る資格を有していますか？

Qui a droit aux *allocations* familiales ?

traitement nm　国家公務員の給与

公務員は俸給を受け取る。　**Les fonctionnaires perçoivent un *traitement*.**

explicite

Ses explications sur le *changement* climatique étaient simples et sans équivoque.

➡ p.103

changement climatique nm　気候変動

気候変動は、言うなれば地球の病だ。

Le *changement climatique* est, pour ainsi dire, une maladie de la terre.

réchauffement climatique nm　地球温暖化

地球温暖化の最大の原因はなんですか？
Quelle est la principale cause du *réchauffement climatique* ?

gaz à effet de serre nm　温室効果ガス

二酸化炭素は温室効果ガスです。
Le dioxyde de carbone est un *gaz à effet de serre*.

combustibles fossiles loc. nmpl　化石燃料

化石燃料のない未来は来るのでしょうか？
Y aura-t-il un avenir sans *combustibles fossiles* ?

pollution de l'air nf　大気汚染

この国の大気汚染は実に深刻だ。　**La *pollution de l'air* dans ce pays est vraiment grave.**
＊他の「汚染」は、「環境汚染」pollution de l'environnement、「水質汚染」pollution des eaux などという。

désertification nf　砂漠化

世界のあちこちで、砂漠化が加速度を帯びて進んでいる。
La *désertification* s'accélère dans de nombreuses régions du monde.

--- 49　style 1　style 2　style 3 --

fermer

…, le gouvernement a ordonné la fermeture définitive de toutes les *usines* de l'entreprise. ➡p.105

usine nf　工場　usine de voitures, directeur(trice) d'usine

昨日、生徒たちは自動車工場を見学した。
Hier, les élèves ont visité l'*usine* de voitures.

　＊ただし、以下のfabrique, manufacture を含めて usine を用いることが多い。

fabrique nf　（中規模の製造）工場

彼らは靴工場で働いていた。
Ils travaillaient dans une *fabrique* de chaussures.

manufacture nf　（手作業が主の）工場

磁器工場が不況で倒産した。
Une *manufacture* de porcelaine a fait faillite à cause de la récession.

atelier nm （工場内の）部門、作業場、小工場

夫は修理工場の主任です。　**Mon mari est le chef d'un *atelier* de réparation.**

lock-out nm　工場閉鎖、ロックアウト

ここ数年、この地域ではロックアウトが相次いでいる。
Au cours des dernières années, il y a eu des *lock-out* en série dans cette région.　＊見出し語は単複同形。

---

50 | style 1 | style 2 | style 3

finance

…, le directeur a décidé d'utiliser les ressources restantes pour financer une *startup*.　▶p.107

英語からの借用語 anglicisme

startup nf　（企業して間もない）新会社、新興企業

新会社の大半は2〜3年後には倒産している。
La plupart des *startups* font faillite après deux ou trois ans.

＊一般には定着していない、フランス政府が提唱した置き換え語。

start-up nf　パソコンの起動		*jeune pousse
airbags nmpl　エアーバッグ		*sacs gonflables
hacker, hackeuse n　ハッカー		*fouineur
post-it nm　ポストイット		*papillon
webcam nf　ウェブカム（インターネット上の生放送カメラ）		*cybercaméra

＊新しい単語がフランス語に加わる際、名詞の男女の別が問題になる。通常は、既存の類義語の性を反映する。たとえば、start-up = entreprise nouvelle et innovante から「会社」が女性名詞なので、start-up も女性とみなされる。ただし、「コロナウイルス」coronavirus は、un virus から男性名詞だが、COVID19「新型コロナウイルス感染症」は「病気」disease ＝ maladie に合わせて女性名詞とされる。ややこしや。

---

51 | style 1 | style 2 | style 3

forme

…, il faut déposer une demande formelle auprès de la *préfecture*.　▶p.109

préfecture nf　（日本の）都道府県、県庁

おじは1980年に大阪府で生まれた。
Mon oncle est né dans la *préfecture* d'Osaka en 1980.

＊日本は47の都道府県 préfecture からなっている。

département nm 県

両親はイヴリーヌ県在住です。

Mes parents habitent dans le *département* des Yvelines.

*フランスは、本土96県と5つの海外県 (D.O.M. =les départements d'outre-mer) からなる。なお、行政区分による大きさの順に並べると、département > arrondissement > canton > commune となる。

arrondissement nm 区、郡

私は (パリの) 18区にアパルトマン (マンション) を買った。

J'ai acheté un appartement dans le 18ème *arrondissement*.

canton nm 小郡

その川は2つの小郡を隔てている。

La rivière sépare les deux *cantons*.

commune nf 市町村

その町では、毎年春に骨董市を催している。

La *commune* organise des brocantes chaque printemps.

52 　style 1 　style 2 　style 3

fréquent

Les églises sont des *édifices* remarquables. Pourtant, de moins en moins de gens les fréquentent... ➡p.111

édifice nm 　(外観が壮観な、大きくて立派な) 大建造物

五重塔はわが町の最も見事な建物の1つである。

La pagode à cinq étages est l'un des *édifices* les plus spectaculaires de notre ville.

bâtiment nm 　(広く一般的に) 建物、建造物、ビルディング

あれは日本の伝統的な建物です。

C'est un *bâtiment* traditionnel japonais.

immeuble nm 　(住居とオフィス) 共用ビル

あの広い空き地には、オフィスビルが建築される予定です。

Un *immeuble* de bureaux sera construit dans ce grand terrain vacant.

gratte-ciel nm 高層ビル

高層ビルの写真を撮るのが好きです。
J'aime prendre des photos des *gratte-ciel*.
＊「高層ビル」はimmeuble de grande hauteur (I.G.H.) とも呼ばれる。

construction nf （家屋だけでなく橋やダムなどの）建造物

この都市は実に美しい建造物を有している。
Cette ville possède de très belles *constructions*.

architecture nf 建築、建築学

私はこの町の建築が本当に好きです。
J'aime beaucoup l'*architecture* de cette ville.

-------- 53 style 1 style 2 style 3

général

Lors des *élections*, ces personnes finiront généralement …

➡p.113

élections nfpl 選挙

階下に住んでいる人が選挙に立候補した。
Une personne vivant en bas s'est présentée aux *élections*.

élire v （投票で）選出する、選挙する

住民は新しい市長を選出する。
Les habitants vont *élire* un nouveau maire.

électeur, électrice n 有権者、選挙人

各有権者は2票を受け取ります。
Chaque *électeur* va recevoir deux bulletins.

vote nm 票、投票

私たちはすべての票を数えなければなりません。
Nous devons compter tous les *votes*.

voter v 投票する

東京都知事選で誰に投票する？
Tu vas *voter* pour qui aux élections du gouverneur de Tokyo ?

candidat(e) n 候補者

その候補者は実行不可能としか思えない計画を発表した。

Le *candidat* a publié un programme qui semblait irréalisable.

＊ cand は「白」で、candidat は元々「白い衣服をまとった者」が語源。古代ローマで、選挙の「立候補者」は純潔を表す「白い衣服（toga と呼ばれた）」をまとって選挙活動をしたとされる。なお「（選挙や職への）立候補」は candidature **nm** という。

---

54 · style 1 | style 2 | style 3

grand

Ils recherchaient un pays dont la grandeur politique et la protection sociale leur *permettrait* de voir grandir leurs enfants en toute sécurité.  p.115

mettre [送る（ラテン語 mittere）、置く]

permettre v 許す
étymologie 語源 〈 per [通して] + [送る] 〉 → 「通るのを許す」　< permission nf

自己紹介させてください。アラン・デュボアと言います。

Permettez-moi de me présenter. Je m'appelle Alain Dubois.

émettre v 放つ、述べる、発行する　étymologie 語源 〈 é [外に] + [送る] 〉　< émission nf

その国は、もう温室効果ガスを排出しないと約束しています。

Le pays s'engage à ne plus *émettre* de gaz à effet de serre.

---

admettre v （場所や組織に入ることを）認める、許す
étymologie 語源 〈 ad [〜のほうへ] + [送る] 〉 → 「中に送り込むのを認める」　< admission nf

学校は二人の新入生を受け入れた。

L'école a *admis* deux nouveaux étudiants.

---

promettre v 約束する　étymologie 語源 〈 pro [前もって] + [送る] 〉　< promesse nf

もう二度としないと約束して。

Promets-moi que tu ne le referas plus.

---

transmettre v 伝える、放送する
étymologie 語源 〈 trans [向こうへ、越えて] + [送る] 〉
< transmission nf

奥様によろしくお伝えください。

Transmettez mes amitiés à votre femme.

haut

Ma *maison* est hautement sécurisée.

➡p.117

maison nf　家

この家は築150年の古さです。

Cette *maison* est vieille de 150 ans.

＊Cette maison a 150 ans. も類義で「築150年です」となる。「一戸建ての家」とはっきりさせるな
　ら une maison individuelle といった言い方をすることもある。

collocations
家に住む　habiter dans une maison／家にいる　être à la maison, être chez soi
家に帰る　rentrer à la maison, rentrer chez soi／家を貸す（借りる）　louer une maison
家を建てる　se faire construire une maison

appartement nm　（一室）アパルトマン、マンション

町の中心街にあるマンションを探しています。

Nous cherchons un *appartement* en centre-ville.

＊「3部屋のアパルトマン」なら un appartement de trois pièces（あるいは単に un trois(-)pièces）と
　いう。建物全体を言うなら un immeuble を使う。

studio nm　ワンルームマンション、アトリエ、スタジオ

うちのワンルームマンションは、28平方メートルです。

Mon *studio* fait 28 mètres carrés.

pavillon nm　（郊外の小さな庭つきの）一戸建て

ディジョンでは、半年間、郊外の一戸建てを借りていました。

À Dijon, j'ai loué un *pavillon* de banlieue pendant six mois.

＊見出し語は、日常会話では「家」や「別荘」の意味でも使われる。

résidence nf　住居、高級マンション

おばは、ほぼ毎週末には別荘（セカンドハウス）に行く。

Ma tante va presque tous les week-ends dans sa *résidence* secondaire.

＊résidence secondaire は「別荘、セカンドハウス」のこと。

logement nm　住宅、住まい

この地域は住宅問題がかなり深刻です。

Les problèmes de *logement* sont assez graves dans cette région.

habitation nf 居住、住居、住宅

私の住宅保険は高額です。
Mon assurance *habitation* coûte cher.

---

honneur

Les Vikings avaient un code d'honneur qu'ils suivaient à la *lettre*. ▶ p.119

lettre / litera [文字] **lect** [読み・話す]

lettre nf 文字、手紙、（複数で）文学

娘は文学部の学生です。
Ma fille est étudiante à la faculté des *lettres* [étudiante en lettres].

---

littéral(e) adj 文字通りの étymologie 語源〈[文字] + al [～の]〉 < **littéralement** adv

この文書は彼（彼女）のスピーチの直訳です。
Ce document est une traduction *littérale* de son discours.

littéraire adj 文学の
étymologie 語源〈[文字] + aire [～に関する]〉→「文学の」 < **littérairement** adv

ファンタジーは非常に人気のある文学ジャンルです。
La fantaisie est un genre *littéraire* très populaire.

littérature nf 文学 étymologie 語源〈litterat「読み書きができる」+ ure [状態]〉

私の父は、大学でロシア文学を教えています。
Mon père enseigne la *littérature* russe à l'université.

lecture nf 読書 étymologie 語源〈[読み・話す] + ure [状態]〉

読むことを学ぶのは、5歳ごろから始まると言われています。
On dit que l'apprentissage de la *lecture* commence vers l'âge de cinq ans.

lecteur, lectrice n 読者 étymologie 語源〈[読み・話す] + eur [人]〉

ナポレオンは活字中毒だった。
Napoléon était un *lecteur* compulsif.

＊直訳は「強迫的な読者」となる。

industrie

Le _pain_ est un des aliments les plus consommés en France, ...　➡p.121

pain nm　パン

焼きたてパンとカフェオレが、私のお決まりの朝食です。
Je prends généralement du _pain_ frais et du café au lait pour le petit-déjeuner.

＊pain de mie「食パン」、pain de campagne 「田舎パン」、pain complet「小麦パン、全粒粉パン」などなど。

baguette nf　バゲット

バゲットを2つください。　**Deux _baguettes_ s'il vous plaît.**

viennoiserie nf　ペイストリー、菓子パン、ヴィエノワズリー

妻は私たちに、いくつかのペイストリーを作ってくれました。
Ma femme nous a préparé quelques _viennoiseries_.

＊イースト発酵させたパン生地、多様なペイストリー生地を焼いた菓子パンのこと。

croissant nm　クロワッサン

アーモンドクロワッサンが大好きです。　**J'adore les _croissants_ aux amandes.**

＊フランス語では「クロワッサン」は pain ではなくviennoiserie に分類される。

gâteau nm　ケーキ

ケーキを切ってもらえる？　**Tu peux couper le _gâteau_ ?**
＊ただし、スポンジ生地のケーキは pâtisserie nf と呼ばれる。

industrie

応用例文の内容「フランスの現状」に絡んで。

mariage nm　結婚、結婚式

＊ラテン語 maritare は「愛と性を司る女神Mari の庇護のもとに結びつく」という意味。なお、日本語の 「結婚」 は明治期に作られた単語。

(se) marier v	mariage nm	marié(e) adj	maritalement adv
結婚させる、(avec と) 結婚する	結婚、結婚式	結婚した	(結婚はしていないが) 夫らしく、夫婦のように

Phrase d'exemple d'application 応用例文

Le nombre de *mariages* en France diminue d'année en année. Les couples ne se *marient* plus et préfèrent vivre en concubinage ou se pacser. Ces couples non *mariés* fondent une famille et vivent de la même manière qu'un couple *marié*.

＊音声はナチュラルスピードのみ

【Traduction japonaise】和訳

フランスでの結婚の数は年々減っている。カップルはもはや結婚はせず、同棲*1するか、Pacs*2（連帯民事契約）することを好む。こうした未婚のカップルは家庭を築き、結婚した夫婦と同じように生活する。

＊1：同棲とは「籍を入れないが、結婚と同じく、一夫一婦の関係にある相互関係」のこと。
＊2：Pacs（Pacte civil de Solidarité の略称）は「同性または異性の成人2名による、共同生活を送るために締結される契約」（「フランス民法」第515-1条）をいう。

--- 58 style 1 | style 2 | style 3 ---

large

応用例文の内容「待ちきれない思い」から。

| ennui nm　心配、困ったこと、退屈、物憂さ |

＊日本語「アンニュイ」の語源になった単語。「物憂い感じ」や、その様「悩み、心配、倦怠」などを意味する。

(s') ennuyer v	ennui nm	ennuyeux, ennuyeuse adj	ennuyeusement adv
困らせる、退屈させる、退屈する	心配、困ったこと、退屈、物憂さ	嫌な、厄介な、退屈な	退屈して、うんざりして

頻出度 A
頻出度 B
頻出度 C

Phrase d'exemple d'application 応用例文

Juliette attendait *ennuyeusement* Roméo sur un banc. Elle s'endormait à moitié en lisant un gros livre qui avait l'air *ennuyeux*. Les pigeons volaient près d'elle et paraissaient l'*ennuyer* également, mais lorsqu'elle a vu Roméo arriver avec un énorme bouquet de fleurs, l'*ennui* a disparu de ses yeux en un instant.

＊音声はナチュラルスピードのみ

【Traduction japonaise】和訳

ジュリエットはベンチでロミオを所在なげに待っていた。 彼女は面白くなさそうな分厚い本を読みながら、なかば眠っていた。鳩が近くを飛び、それもまた彼女をイライラさせているようだった。ところが、ロミオが巨大な花束を持ってやってくるのを見て、倦怠は一瞬にして彼女の目から消えてなくなった。

long

Après avoir longuement *débattu*, le tribunal a décidé d'allonger le délai du jugement. ➡️p.125

bat［打つ］

débattre v 議論する、討論する étymologie 語源 〈 dé［完全に］+ battre［打つ →戦う］〉→「相手を打ち負かす」 < **débat** nm

その問題は教授会で討論された。
L'affaire a été *débattue* lors de la réunion du corps professoral.

---

bâton nm 棒、棒状のもの

子どもたちが棒で蛇をたたいていた。
Les enfants donnaient des petits coups de *bâton* au serpent.

＊「（野球やクリケットの）バット」は batte nf という。

(se) battre v 殴る、打ち負かす、たたく、殴り合う、戦う < **battement** nm

私はあきらめません、最後まで戦います。
Je n'abandonnerai pas, je vais *me battre* jusqu'à la fin.

batterie nf ドラムス、バッテリー

ドラムスを演奏できる？ **Tu sais jouer de la *batterie* ?**

＊「バッテリー（電池）」の意味になるのは battre〈［（連続して）打つ］+ erie［技術］〉→「プラスとマイナスの極板が交互にいくつか連なった構造」に由来する。

combattre v （敵と）戦う、（危険などに）立ち向かう
étymologie 語源 〈 com［一緒に］+ battre［打つ］〉→「打ち合う」 < **combat** nm

私たちは自由と平和のために戦います。
Nous *combattrons* pour la liberté et la paix.

long

Après avoir longuement débattu, le tribunal a décidé d'allonger le *délai* du jugement. ➡️p.125

délai nm （猶予のための）期限、期間

この本の返却期限は切れています。
Vous avez dépassé le *délai* pour rendre ce livre.

terme nm （契約などの）期限

貸借契約の期限はすでに切れている。
Le contrat de location est déjà arrivé à son *terme*.

échéance nf （支払いの）期限、期日

支払いの期日は請求書に記されている。
La date d'*échéance* est marquée sur la facture.

date limite loc.nf （書類などを提出する）期限、締切日

このレポートの提出期限はいつですか？
Quelle est la *date limite* pour ce rapport ?

＊date limite de consommation なら「賞味期限」の意味、dernière limite あるいは dernier délai は「最終期限」の意味。

---

60   style 1   **style 2**   style 3

manifeste

Les manifestations contre l'augmentation des *taxes* duraient depuis plusieurs mois sans aucune concession du gouvernement. ➡ p.127

taxe nf （商品やサービスに課される）税金　< taxer v

この価格は税抜きです。
Ce prix est hors *taxes*.

＊「税抜き」は hors taxes の頭文字をとって H.T. と略す。「税込み」は toutes taxes comprises（T.T.C.）と表記される。

---

impôt nm （直接税・間接税を含めた総称として、通常年度単位で納める）税金

所得税が変更されます。
L'*impôt* sur le revenu va être modifié.

＊contributions nfpl も類義語だが、現在では impôt を用いることが多い。なお、「税率」は taux de l'impôt nm という。

droit nm （許可、認可に課せられる）税金、納付金

商品を輸入する場合、関税を支払う必要があります。
Lorsque vous importez des marchandises, il faut payer des *droits* de douane.

mort

... : une seule *erreur* et c'est la chute mortelle.

➡ p.129

erreur nf 　（正しいことから逸脱した）間違い、ミス

電話がかってきたが、間違い電話だった。
On a téléphoné, mais c'était une *erreur*.

---

faute nf 　（正しいものが欠けた、基準から外れた）過ち、間違い

娘はディクテ（書き取り）で1箇所間違えた。
Ma fille a fait une *faute* à sa dictée.

---

tort nm 　（道理から外れた）間違い

彼女が君を非難するのは間違っています。
Elle a *tort* de te faire des reproches.

---

inexactitude nf 　（不注意や急いて犯す不正確な）間違い、ミス

その物語は間違いだらけだ。
Ce récit fourmille d'*inexactitudes*.

---

méprise nf 　（混同から生じる）思い違い、取り違い

勘違いして薬を飲み誤った。
Par *méprise*, j'ai pris le mauvais médicament.

---

gaffe nf 　失言、へま

それを彼（彼女）に話すなんて、へまをやったな。
Tu as fait une *gaffe* en lui parlant de ça.

---

impair nm 　失策、へま

とちらないでよ。
Ne fais pas d'*impair*.

naturel

Elle évolue aussi rapidement que le monde qui l'entoure et doit naturellement emprunter des *mots* à d'autres langues.

➡p.131

mot nm　語、単語、言葉

彼女はひと言も言わずに出かけた。　**Elle est partie sans un *mot*.**

---

phrase nf　文

この否定文は少し複雑すぎませんか？
Cette *phrase* négative n'est pas un peu trop compliquée ?

locution nf　言い回し、句

いくつかのラテン語の言い回しは、今日でも使用されています。
Plusieurs *locutions* latines s'utilisent encore aujourd'hui.

vocabulaire nm　語彙、ボキャブラリー

これが覚えておくべき語彙のリストです。
Voici une liste de *vocabulaire* à mémoriser.

discours nm　演説、スピーチ、発言

彼（彼女）のスピーチはとても感動的でした。　**Son *discours* était très touchant.**

dialogue nm　対話、話し合い

彼らの対話は長い間続いた。　**Le *dialogue* entre eux a duré longtemps.**
＊「独り言」は monologue nm という。

entretien nm　会見、面談

彼は社長と面談させてほしいと申し入れた。
Il a demandé à avoir un *entretien* avec son patron.

discussion nf　議論、討論

私たちは子どもたちの将来について長い議論をしました。
Nous avons eu une longue *discussion* sur l'avenir de nos enfants.

expression nf　表現、言い回し

この比喩表現を知っていますか？　**Connaissez-vous cette *expression* figurée ?**

conversation nf　会話、会談

祖母は母とよく長電話している。
Ma grand-mère a souvent de longues *conversations* téléphoniques avec ma mère.

nouveau

J'ai décidé de renouveler mon abonnement à la *bibliothèque* …　➡ p.133

bibliothèque nf 　図書館、書斎

* biblio は「物の」を意味する単語。実は、フランス語 librairie **nf**「書店」を英語の library「図書館」と混同する人が多い。またご存知のように、フランス語 travailler「働く、勉強する」を to travel「旅をする」と取り違える人は後を絶たない。そんなミスをしやすい faux amis「偽の友」の代表例(名詞)をいくつか挙げておきたい。

faux amis [偽の友] の代表例 (名詞)

F. (フランス語)	E. (英語)	E. (英語)	F. (フランス語)
librairie	bookshop, bookstore	library	bibliothèque
conférence	lecture	reading	lecture
délai	time limit	delay	retard
endroit	place	square	place (publique)
essence	petrol [gasoline, gas]	oil	pétrole
expression	phrase	sentence	phrase
pain	bread	pain	douleur
voiture	car	coach, intercity bus	car

obliger

Une intervention du gouvernement est-elle *vraiment* obligatoire ?　➡ p.135

vraiment adv 　本当に、実際に　(dans un sens de « très »)

本当に暑い。　**Il fait *vraiment* chaud.**

réellement adv 　現実に、実際に　(qui est une réalité)

本当に問題があります。　**Nous avons *réellement* un problème.**

tout à fait adv 　まったく、完全に (dans le sens de « exactement »)

計画を開始する準備がまったく整っていません。
Nous ne sommes pas *tout à fait* prêts à commencer le projet.

effectivement adv 　その通り、確かに　(dans le sens de « en effet »)

あなたが私に言ったように、この本は確かにとてもよいです。
Comme tu me l'as dit, ce livre est *effectivement* très bien.

véritablement adv 　実際に、本当に (qui correspond à la vérité)

和牛 (日本の牛肉) は本当に口の中でとろけます。
Le bœuf japonais fond *véritablement* dans la bouche.

penser

Il était assis près de la *cheminée* et bourrait pensivement sa pipe. ⮕p.137

cheminée nf　暖炉

うちの猫はいつも暖炉のそばで寝ている。
Mon chat dort toujours près de la *cheminée*.

---

manteau de cheminée loc. nm　マントルピース

マントルピースを何枚もの写真で飾った。
J'ai décoré le *manteau de* ma *cheminée* avec plusieurs photos.

garde-feu nm　（火除けの）衝立て（金網）

暖炉用の衝立てが必要だ。
J'ai besoin d'un *garde-feu* pour ma cheminée.

bougie nf　蝋燭

フランスでは、蝋燭は部屋の雰囲気に変化を与える大事な要素です。
En France, les *bougies* sont un élément important qui change l'atmosphère d'une pièce.

applique nf　壁にかけた装飾品、ウォールライト、壁面照明

ベッドの上に2つウォールライトを付けました。
J'ai fait installer deux *appliques* au-dessus de mon lit.

vitrine nf　飾り棚

母は磁器のコレクションを大きなガラスの飾り棚（陳列ケース）に入れた。
Ma mère a mis sa collection de porcelaine dans une grande *vitrine* en verre.

lampadaire nm　フロアスタンド

姉（妹）が居間のフロアスタンドを贈ってくれた。
Ma sœur m'a offert un *lampadaire* pour mon salon.

canapé nm　ソファ

毎週日曜には、父がソファで昼寝をします。
Tous les dimanches, mon père fait la sieste sur le *canapé*.

table basse loc. nf　コーヒーテーブル

私の夫はコーヒーテーブルにニスを塗った。
Mon mari a verni la *table basse*.

personnel

L'utilisation des données personnelles sur *internet* a permis une personnalisation des services très précise.　➡p.139

internet nm　インターネット

1日何時間ぐらいインターネットをしますか？
Combien d'heures par jour utilisez-vous *internet* ?

---

service en ligne loc. nm　オンラインサービス

85歳の祖父は銀行のオンラインサービスを利用しています。
Mon grand-père de 85 ans utilise les *services* bancaires *en ligne*.

télécharger v　ダウンロードする、アップロードする

このソフトは自動的にアップロードされます。
Ce logiciel sera *téléchargé* automatiquement.

page d'accueil loc. nf　ホームページの表紙（最初のページ）

ホームページ（の表紙）を新しくしました。　**Nous avons refait notre *page d'accueil*.**

fournisseur (d'accès internet) nm　プロバイダー

どのプロバイダーが一番安いですか？　**Quel *fournisseur* est le moins cher ?**

---

remarquable

Après avoir remarqué les possibilités médicinales d'une plante *aquatique*, …
　➡p.141

aqua [水]

aquatique adj　水の、水生の、水辺の　étymologie（語源）〈［水］＋ tique［〜の］〉

この湖は水生生物の宝庫だ。　**La vie *aquatique* de ce lac est magnifique.**
＊ちなみに、東京湾の Aqua Line は「海底を走る道路」の意味。

---

aquarium nm　水槽、水族館　étymologie 語源〈［水］＋ arium［館、場所］〉

水槽の魚がいきいきと泳いでいる。　**Les poissons de l'*aquarium* nagent avec vivacité.**

aquarelle nf　水彩画、透明水彩（画法）　étymologie 語源〈［水］＋ relle［色彩］〉

いつ水彩画を始めたのですか？　**Quand avez-vous commencé l'*aquarelle* ?**

aquaculture nf 水産養殖（業）、（植物の）水耕（法） étymologie 語源〈［水］＋culture［耕すこと］〉

ここは巨大な水産養殖施設だ。 **C'est une immense installation d'*aquaculture*.**
＊aquiculture とも綴られる。

68 style 1 **style 2** style 3

résolution

Malgré certaines résolutions de la part du gouvernement pour tenter de résoudre ce problème, beaucoup de *préjugés* persistent. ➡p.143

préjugé nm （はっきりした理由や知識なしに抱く）偏見、先入観

偏見にとらわれてはならない。
Il ne faut pas se laisser envahir par les *préjugés*.

parti pris nm 先入観、（意見の）偏り、バイアス

ジャーナリストは、公正、公平な立場でなくてはなりません。
Un journaliste doit être impartial, sans *parti pris*.
＊ préjugé よりも改まった単語、une idée préconçue「先入観」も類義。

prévention nf （実際の経験をする前に持つ）偏見、先入観

彼は新しい秘書に最初から偏見を抱いている。
Il a des *préventions* contre la nouvelle secrétaire.

injustice nf 不公平、不当な行為 ＜**injuste** adj

断固として、私たちはこの不公平を正さなくてはなりません。
Résolument, nous devons réparer cette *injustice*.

＊なお、「どこにも正義なんてありゃしない」Il n'y a pas de justice.（英語：There's no justice in the world.）は深刻な会話ではなく、戯言として使われることがある。

partialité nf 偏った態度、えこひいき、不公平 ＜**partial(e)** adj

一部の司法官（判事）たちは不公平で非難された。
Certains magistrats ont été accusés de *partialité*.

racisme nm 人種差別 ＜**raciste** adj n

人種差別は私たちの社会にいまだに存在しています。
Le *racisme* est encore présent dans notre société.

sexisme nm 性差別 ＜**sexiste** adj n

性差別と戦わなければなりません。 **Il faut lutter contre le *sexisme*.**

respect

Dans la vie de tous les jours, il faut être respectueux des *traditions* et s'adresser respectueusement aux personnes plus âgées.

➡ p.145

tradition nf　伝統、習わし

この習わしの起源は何ですか？　**Quelle est l'origine de cette *tradition* ?**

---

habitude nf　（個人的な）習慣

息子は遅く寝るという悪い習慣が身についてしまった。
Mon fils a pris la mauvaise *habitude* de se coucher tard.

mœurs nfpl　風習、風俗、（世間の）習慣

テレワーク（在宅勤務）は、世間一般の習慣になりつつある。
Le télétravail entre dans les *mœurs*.

culture nf　文化

私はアラブ文化をとても尊敬しています。
J'admire beaucoup la *culture* arabe.

civilisation nf　文明

アステカ文明の終焉は残酷なものだった。
La disparition de la *civilisation* aztèque a été brutale.

---

signification

... : un manque d'*innovation*, une baisse significative de la qualité ...

➡ p.147

nov［新しい］

innovation nf　革新、改革、イノベーション

étymologie (語源) 〈 in［中に］＋［新しいこと］〉→「（技術的に）新しいものを取り入れること」

われわれは情報部門の技術革新を進めています。
Nous faisons progresser l'*innovation* technologique dans le secteur de l'information.

---

innover v　（物を）革新する、新しいものを取り入れる

イノベーションを起こすには、リスクを冒すことができなくてはならない。
Pour *innover*, il faut savoir prendre des risques.

rénovation nf 改修、改造

étymologie 語源 〈re [再び] + [新しいこと]〉→「(制度などで) 新たに取り入れること」

新しい知事は駅周辺の都市改造 (再開発) を提案した。
Le nouveau gouverneur a proposé une *rénovation* urbaine autour de la gare.

rénover v 新しくする、改修する

うちのワンルームマンションのリフォームが急務です。
Il y a un besoin urgent de *rénover* notre studio.

novice adj n 新米 (の)、初心者   étymologie 語源 〈[新しい] + ice [〜の・人]〉

初心忘れるべからず。 **N'oubliez jamais votre enthousiasme de *novice*.**
＊「初心者、新米」はdébutant(e) という言い方もする。

---

71   style 1   **style 2**   style 3

spécial

Les insectes feront un jour partie de notre *alimentation* quotidienne. C'est pourquoi le chef de ce restaurant s'est spécialisé...

→p.149

alimentation nf   (集合的に食用とするもの全般) 食料

自然食品を食べることは、健康にとって大事です。
Une *alimentation* naturelle est importante pour être en bonne santé.

---

aliment nm 食料、食品

うちの冷蔵庫は冷凍食品でいっぱいだ。
Notre congélateur est plein d'*aliments* surgelés.

nourriture nf 食物、食べ物

彼は食べ物にたくさんのお金を使う。 **Il dépense beaucoup d'argent en *nourriture*.**

vivres nmpl (米や麦などの) 食糧

漁船員は1週間の食糧を積んで出帆した。
Le marin pêcheur est parti avec une semaine de *vivres*.

boisson nf 飲み物、アルコール飲料 (= boisson alcoolisée)

何を飲む？ **Qu'est-ce que tu prends comme *boisson* ?**

appétit nm 食欲

ワインを飲むと食欲が増します。 **Le vin ouvre l'*appétit*.**

suffisant

La production de pétrole pourrait … Cette *ressource* énergétique n'étant pas suffisante …　▶p.151

ressource nf　（通常は複数で）資源

この沿岸一帯の鉱物資源は豊富だ。
Les *ressources* minières de cette zone côtière sont abondantes.

énergie nf　エネルギー

このエンジンは省エネになりますか？　**Ce moteur économisera-t-il de l'*énergie* ?**
＊具体的なエネルギーの種類には、énergie nucléaire「原子力（核）エネルギー」、énergie solaire「太陽エネルギー」、énergie hydroélectrique「水力エネルギー」等々がある。

combustible nm　燃料

どんな燃料をお使いですか？　**Quel *combustible* utilisez-vous ?**

pétrole nm　石油

原油価格が高騰している。　**Le prix du *pétrole* brut est à la hausse.**

charbon nm　石炭

バーベキュー用に炭を買ってもらえますか？
Tu peux acheter du *charbon* de bois pour notre barbecue ?

gaz nm　ガス

ガスが漏れています。　**Il y a une fuite de *gaz*.**
＊具体的には gaz naturel「天然ガス」、gaz de schiste「シェールガス」などがある。

total

Comme le dit le proverbe, *un malheur ne vient jamais seul*.

total　応用例文、最後の1行　▶p.153

フランスで使う諺（日本語にうまく該当する例のない諺）

泣きっ面に蜂　**Un malheur ne vient jamais seul.**
＊直訳は「不運は決してひとりではやってこない」となる。

他人にかまうな。　**Chacun pour soi et Dieu pour tous.**
＊直訳は「自分のことは自分で、他の人のことは神様に」。

食欲は食べるほどにわいてくる。　**L'appétit vient en mangeant.**
＊文字通りの意味でも、また「欲には切りがない」という比喩的な意味でも使われる。

夜は知恵を運ぶ。　**La nuit porte conseil.**
＊「きちんと睡眠が取れたらいいアイデアが浮かんでくる」といった意味合い。

真実は子どもの口から。　**La vérité sort de la bouche des enfants.**
＊大人は嘘をつくが、子どもはそうではないということ。

きちんとした計算が良い友を作る。　**Les bons comptes font les bons amis.**
＊勘定のけじめが友情の要（かなめ）であるということ。

--- 74　style 1　style 2　style 3

unique

Valoriser la communication devient *inévitablement* l'unique moyen …　➡ p.155

in [不・逆・反対] ＋形容詞 -ment **adv**

inévitablement **adv**　必然的に

この新しい製品の仕様であれば必然的にもっと多くの財源が必要になる。
Ces nouvelles spécifications demanderont *inévitablement* plus de ressources financières.

incorrectement **adv**　不正確に、間違って

そのスピーチは間違って書き写された。
Le discours a été retranscrit *incorrectement*.

inconsciemment **adv**　無意識に、知らずに

私は無意識のうちに反応しました。　**J'ai réagi *inconsciemment*.**

indépendamment **adv**　無関係に

わが社では、昇進は年功とは関係なしに行われます。
Dans notre entreprise, l'avancement se fait *indépendamment* de l'ancienneté.

indifféremment **adv**　無差別に、区別なく

新しい労働法は男女の別なく関係があります。
La nouvelle loi sur le travail touche *indifféremment* les hommes et les femmes.

indirectement adv　間接的に、遠回しに

多くの国が間接的に戦争兵器の開発に資金を提供している。
Beaucoup de pays financent _indirectement_ le développement d'armes de guerre.

infiniment adv　無限に、非常に

本当にありがとうございます。　**Je vous remercie _infiniment_.**
＊「際限なく感謝いたします」が直訳。

75　style 1　**style 2**　style 3

visuel

D'un point de vue technique, chaque élément visuel est travaillé de manière à correspondre parfaitement avec l'objet sur lequel il est projeté. La ville de Lyon en a d'ailleurs fait un _évènement_ majeur au mois de décembre …

➡p.157

évènement, événement nm　（人の関心を集める）行事

今年の夏は、芸術イベントを開催します。
Nous allons organiser un _évènement_ artistique cet été.

---

manifestation nf　（商業的・政治的な）イベント、公園

この地域の文化イベントの予定一覧はオンラインで入手できます。
L'agenda des _manifestations_ culturelles de la région est accessible en ligne.

＊manifestation は「事前の登録・届出を要する」が、évènement, événement はその必要がない。
なお、manifestation は「デモ」の意味にもなる。

festival nm　（決まった日月に開催される）祭典

カンヌ映画祭は5月に開催されます。
Le _festival_ de Cannes aura lieu en mai.

cérémonie nf　（儀式に則った宗教的な）式典、セレモニー

その結婚式は感動的でした。
La _cérémonie_ de mariage était émouvante.

banquet nm　宴、宴会

宴もたけなわである。
Le _banquet_ bat son plein.

festin nm （豪華な）宴会、饗宴

シェフが私たちに王の饗宴を用意してくれました。
Le chef nous a préparé un *festin* de rois.

fête nf （プライベートな）パーティー、（村などでの）祭り

土曜の夜にパーティーに来ますか？
Tu viens à la petite *fête* samedi soir ?

＊「夜のパーティー」なら soirée nf という単語も使われる。

--- 75 style 1 | style 2 | **style 3**

visuel 応用例文の内容「イベント」に絡んで。

chaleur nf 暑さ、熱さ、熱情

＊ラテン語 carele「熱い」から。「物が持つ熱さ」や「体感する熱さ、暑さ」を指す。

chauffer v	chaleur nf	chaleureux, chaleureuse adj	chaleureusement adv
暖める、温める、暖かくなる	暑さ、熱さ、熱情	熱烈な、熱のこもった、温かな	熱意をこめて、熱心に、温かく

音声♪ 2_06.mp3

Phrase d'exemple d'application 応用例文

La soirée s'annonçait inoubliable. L'accueil était très *chaleureux* et la nourriture délicieuse. Le vin était enivrant et on pouvait déjà sentir la *chaleur* nous monter à la tête. L'ambiance commençait à *chauffer*. Les invités dansaient et se serraient *chaleureusement* dans les bras.

＊音声はナチュラルスピードのみ

【 Traduction japonaise 】 和訳

その夜のパーティーは忘れられないものとなりそうだ。歓迎はとても熱烈で、食べ物はおいしかった。ワインに陶酔し、皆すでに熱気が頭にまで立ち上るのを感じとれた。周りの雰囲気も熱を帯び始めた。招待客は踊り、熱く互いに抱き合っていた。

---

76 **style 1** ~~style 2~~ ~~style 3~~

brave

L'*explorateur* était un homme brave qui n'avait peur de rien. ➡p.159

-eur, -euse /-trice [〜する人]

> **explorateur, exploratrice** n 探検家 **< explorer**「探検する」
>
> 探検家はいつもコンパスを持って旅している。
> **Un *explorateur* voyage toujours avec sa boussole.**

---

compositeur, compositrice n 作曲家 **< composer**「作曲する」

できることなら、将来は作曲家になりたい。
Si possible, je veux être *compositeur* dans le futur.

---

metteur(se) en scène loc.n 演出家、(映画) 監督 **< mettre en scène**「演出する」

その監督のディレクターズチェアがオークションにかけられた。
Le fauteuil du *metteur* en scène a été mis aux enchères.

＊通常の「監督用の椅子」なら fauteuil (de) metteur en scène という。「(映画) 監督、(ラジオ・テレビの) ディレクター」は réalisateur(trice) ともいう。

---

pêcheur, pêcheuse n 釣り人、漁師 **< pêcher**「(魚を) 釣る」

彼は漁師の一人息子だ。
Il est le fils unique d'un *pêcheur*.

---

producteur, productrice n 生産者 **< produire**「生産する」

生産者は消費の動向を注視しなくてはならない。
Les *producteurs* doivent garder un œil sur les tendances de consommation.

＊「消費者」は consommateur(trice) という。

---

vendeur, vendeuse n 売り子、販売員 **< vendre**「売る」

あの販売員の接客は素晴らしい。
Le service client de ce *vendeur* est merveilleux.

continuer

Nous devons également garder un œil sur la *concurrence* et continuer d'innover.

➡p.161

concurrence nf 競争、競合

彼らはこの役職をめぐって競い合っている。
Ils sont en *concurrence* pour ce poste.

compétition nf （同じものを求めての）競争、スポーツ競技

いくつものチームが競技会から撤退した。
Plusieurs équipes se sont retirées de la *compétition*.

rivalité nf （二人の人間が互いに競い合う）対抗（意識）

私たちの間に対抗心はありません。
Il n'existe aucune *rivalité* entre nous.

＊〈 rive[川岸] ＋al[〜の人] 〉
　→「川の覇権をめぐって競い合う対岸の人」から。

combativité nf 闘争（性）、戦闘意欲

勝利は彼（彼女）の闘志にかかっている。
La victoire dépendra de sa *combativité*.

émulation nf 競争心

新しいコーチはわれわれの競争心をいつもあおる。
Le nouvel entraîneur suscite toujours l'*émulation* chez nous.

＊「競争心」は esprit de compétition nm ともいう。

compétitivité nf 競争力

われわれは競争力を高める必要があります。
Nous devons améliorer notre *compétitivité*.

2 章
88単語から発想して覚える単語例文集

頻出度 A

頻出度 B

頻出度 C

exception

Si l'on excepte la famille royale, tous les habitants du royaume s'étaient soulevés pour protester contre cette tradition qu'ils jugeaient *archaïque*.

➡ p.163

arché(o) / arch(i) [古代の、原始の]

archaïque adj　旧式な、古風な　↔ actuel, moderne

彼（彼女）の世界観はかなり古風です。

Sa vision du monde est plutôt *archaïque*.　＊ギリシア語 arkhaios から派生。

---

archaïsme nm　旧式、時代遅れ　↔ modernisme

その記者は王室制度の時代遅れを批判している。

Le journaliste critique l'*archaïsme* du système royal.

＊「古語、古くさい表現」（↔ néologisme）の意味にもなる。

archéologie nf　考古学　étymologie 語源〈[古代の] + logie [学問]〉

ジョージ・バスは水中考古学のパイオニアだった。

George Bass était un pionnier de l'*archéologie* sous-marine.

archives nfpl　古文書　「古い記録の保管庫」（ラテン語 archivum から）

私たちの古文書はすべて火事で消失した。

Toutes nos *archives* ont disparu dans l'incendie.

archétype nm　原型、手本　étymologie 語源〈[原始の] + type [形]〉

この登場人物は大胆不敵なヒーローの原型です。

Ce personnage est l'*archétype* du héros intrépide.

＊なお、ギリシア語 arkhi- に由来する arch [主な、第一の、支配(者)] という別バージョンもある

archipel nm　列島、諸島　étymologie 語源〈[主要な] + pel [海]〉

日本列島　**l'*archipel* du Japon, l'*archipel* nippon**

architecte nm　建築家、建築技師　étymologie 語源〈[第一の] + tecte [大工]〉→「棟梁」

日本で一番偉大な建築家といえば誰ですか？

Qui est le plus grand *architecte* japonais ?

monarchie nf 君主制 étymologie 語源〈mono [単独の] + [支配者]〉

英国はいまだに君主制です。
L'Angleterre est toujours une *monarchie*.

hiérarchie nf 階級（制度）、ヒエラルキー
étymologie 語源〈hiéra [神聖なる] + [支配]〉→「（天使の）階級」

彼女は序列のトップです。
Elle est au sommet de la *hiérarchie*.

---

79 | style 1 | style 2 | style 3

expérience

Tard dans la nuit, on pouvait entendre des bruits étranges s'échapper du *sous-sol* où il expérimentait sur toutes sortes de choses. ➡ p.165

sous- [下の]

sous-sol nm 地下室、地階

地下室にはワインセラーがあります。
Nous avons une cave à vin dans notre *sous-sol*.

---

sous-entendre v ほのめかす、言外に暗示する

うちの家内が太っていることを彼はそれとなくほのめかした。
Il a *sous-entendu* que ma femme était grosse.

sous-marin nm 潜水艦

休暇中に原子力潜水艦を見に行きました。
Nous sommes allés visiter un *sous-marin* nucléaire pendant les vacances.

sous-titré adj 字幕、副題

このフランス映画には字幕がありません。
Ce film français n'est pas *sous-titré*.

sous-vêtement nm 下着

毎年クリスマスには、母は私に下着を贈り続けてくれている。
Ma mère continue de m'offrir des *sous-vêtements* à chaque Noël.

faux

Le *tableau* que mon père pensait être un Picasso était en fait un faux.

➡️p.167

tableau nm （額縁に入った）絵

この絵をどこに飾りたいの？　**Où veux-tu accrocher ce *tableau* ?**

＊たとえば「壁に絵を掛ける」なら accrocher un tableau au mur で、「壁に釘を打って絵を掛ける」
のなら clouer un tableau au mur という。

peinture nf （ジャンルとしての）絵、絵画

娘は絵を習っています。
Ma fille apprend la *peinture*.　＊apprendre à peindre も同義。

toile nf 油絵

モネの油絵が競売にかけられた。　**Une *toile* de Monet a été vendue aux enchères.**

aquarelle nf 水彩画

私は水彩を始めました。　**J'ai commencé à faire de l'*aquarelle*.**

dessin nm デッサン

このデザインは非常にリアルです。　**Ces *dessins* sont très réalistes.**

illustration nf イラスト

この余白の部分にパリのイラストを1枚入れてください。
Veuillez mettre une *illustration* de Paris dans cette marge.

léger

基本形容詞 léger から展開　〈 a-[ある状態への移行]＋形容詞 〉→ 動詞（別例）。　➡️p.169

doux adj 甘い、やわらかい、優しい

＊ラテン語 dulcis「甘い」から。イタリア語 dolce「ドルチェ」は、レストランなら「甘い食べ物」を指す。
〈 –a[ある状態への移行] ＋ doux 〉→「やわらかい」「優しい」「和らいだ状態になる」

(s') adoucir v	douceur nf	doux, douce adj	doucement adv
和らげる、穏やかにする、和らぐ	やわらかさ、穏やかさ	甘い、やわらかい、優しい	そっと、静かに

Phrase d'exemple d'application 応用例文

On dit qu'avec l'âge on s'*adoucit*, que *doucement* les personnes deviennent plus *douces*, et pourtant mon vieux lapin a préféré rester bête et méchant ! Mais j'adore la *douceur* de sa fourrure.

＊音声はナチュラルスピードのみ

【 Traduction japonaise 】 和訳

人は、年とともに丸くなり、少しずつ穏やかになっていくと言われるが、（なんたることか）私の飼っている老いぼれウサギは、おバカさんで、意地悪なままでいるほうを選んだ！ でも、私はこいつのやわらかな毛が大好きだ。

---

82 | style 1 | style 2 | **style 3**

lent

基本形容詞 lent から展開　第 2 群規則動詞展開（別例）。 ▶p.171

gros adj　大きい、太い、太った

＊後期ラテン語 grossus「厚い、濃い」→ ボリュームが「大きい」。

grossir v	**grossissement** nm	**gros, grosse** adj	**grossièrement** adv
大きくなる、大きくする	太る（大きくなる）こと、増大、拡大	大きい、太い、太った	粗雑に、大まかに、無作法に、はなはだしく

音声♪ 2_08.mp3

Phrase d'exemple d'application 応用例文

Je suis passionné de nature, et j'ai donc décidé d'acheter une paire de jumelles avec un *grossissement* allant jusqu'à 30x (fois). Elles sont équipées d'un zoom, pour *grossir* ce que je regarde, et d'un stabilisateur qui, *grossièrement*, me permet de voir même en bougeant. En plus, elles ne sont pas très *grosses*, donc je peux les transporter pratiquement n'importe où.

＊音声はナチュラルスピードのみ

【 Traduction japonaise 】 和訳

自然に夢中なので、最大 30 ×（倍）の倍率の双眼鏡を購入することにした。見ている対象を拡大するためのズームと、大まかに言って、双眼鏡が動いていても見ることができるスタビライザー（安定化装置）を備えている。それに、さほど大きくはないので、実際、ほとんどどこにでも持ち運べる。

mondial

mondialisation の類義語。　　　　　　　　　　　　　　　➡p.173

globe nm 地球（儀）

〈 ラテン語 globus [球、塊] 〉から。

(se) globaliser v	globe nm globalisation nf	global(e) adj	globalement adv
全体的に見る、 グローバル化する	地球（儀）nm 全体化、世界化 nf	全体的な、グローバ ルな、世界規模の	全体として、 地球規模で

音声♪ 2_09.mp3

Phrase d'exemple d'application 応用例文

Depuis le début de la *globalisation*, le nombre d'espèces animales et végétales a *globalement* chuté. L'augmentation de la population et l'exploitation *globale* des ressources ont accéléré cette tendance. Cependant depuis quelques années, un mouvement écologique pour la protection de l'environnement s'est *globalisé* afin de garantir un avenir aux générations futures.

＊音声はナチュラルスピードのみ

【 Traduction japonaise 】 和訳

グローバル化が始まってから、動植物の種の数は世界的規模で減少した。 人口増加と資源の世界的な開発が、この傾向を加速させた。ところが、近年、将来の世代の未来を保証する目的で、環境保護のための生態学的な運動が世界全体に広がってきている。

normal

La vie reprenait son cours normal et les habitants pouvaient enfin *se rassembler* normalement.　　　　　　　　　➡p.175

se rassembler v （人が1箇所に）集まる、集合する

デモ参加者は市庁舎の前に集結した。

Les manifestants *se sont rassemblés* devant la mairie.

＊この文には se grouper も使える。

se réunir　v　（人がある目的で）集まる

PTA のメンバーは年に 2 度集まる。
L'association des parents d'élèves *se réunit* deux fois par an.

se masser　v　（人が群がって）集まる

何十人もの好奇心旺盛な人たちがミュージシャンの周りに集まった。
Des dizaines de curieux *se sont massés* autour du musicien.

se grouper　v　（人が集団をなして）集まる、（物が集団をなして）集まる

別荘は湖の周りに集まっている。
Les villas *se groupent* autour du lac.

converger　v　（物が集中して）集まる

みんなの視線が彼女に集まっている。
Tous les regards *convergent* sur elle.

85　style 1　style 2　style 3

passion

Le professeur enseignait passionnément la *physique* à ses étudiants.

➡p.177

physique　nf　物理学

兄（弟）は、大学で物理学を教えて 10 年になります。
Mon frère enseigne la *physique* à l'université depuis 10 ans.

---

mathématiques　nfpl　数学

私は数学がまるでだめです。
Je suis nul(le) en *mathématiques*.

chimie　nf　化学

明日、化学の試験があります。
J'ai un test de *chimie* demain.

biologie nf　生物学

娘は大学で生物学を勉強したがっている。

Ma fille veut étudier la *biologie* à l'université.

＊-logie nf「学、論」: géologie「地質学」、psychologie「心理学」、zoologie「動物学」、astrologie「占星術」、ufologie「UFO 研究」など。

---

86 style 1 style 2 style 3

raison

Il est raisonnable de penser que dans un avenir proche, l'*intelligence* artificielle prendra de plus en plus de décisions à la place de l'homme.

➡p.179

intelligence nf　知能、頭のよさ、理解力

彼女は実務を心得ている（ビジネスの理解力がある）。

Elle est spécialisée en *intelligence* d'affaires.

---

capacité nf　（特定のことを行う）能力

その仕事は君の能力を超えています。

Cette tâche est au-dessus de tes *capacités*.

---

faculté nf　（個人が持っている）能力

海外で仕事をしたいなら、優れた順応力が必要です。

Il faut une bonne *faculté* d'adaptation si on souhaite travailler à l'étranger.

---

aptitude nf　（適性としての）能力

あなたの娘さんには音楽の素質があります。

Votre fille a des *aptitudes* pour la musique.

---

compétence nf　（特定分野の処理、判断する）能力

彼にはこの分野を判断する力はありません。

Il n'a pas de *compétence* en ce domaine.

---

jugement nm　判断力

私の同僚はときとして判断力を欠く。

Mon collègue manque parfois de *jugement*.

talent nm　才能

この少女はとても才能がある。
Cette jeune fille a beaucoup de *talent*.

---

87 **style 1**　style 2　style 3

sensible

Cependant la sensibilité *écologique* de beaucoup de pays reste encore trop faible …　➡ p.181

éco [生物とその環境に関する]

écologie nf　生態学、エコロジー　étymologie 語源〈éco + logie［学］〉

緑はエコロジーの色です。
Le vert est la couleur de l'*écologie*.

écologiste n　エコロジスト　étymologie 語源〈éco + logie［学］+ ste［人］〉

環境保護論者がどんどん選挙に立候補している。
De plus en plus d'*écologistes* se présentent aux élections.

écocide nm　（戦争や汚染による）生態系破壊、環境破壊　étymologie 語源〈éco + cide［殺す］〉

生態系破壊は人類に対する犯罪です。
L'*écocide* est un crime contre l'humanité.

écosystème nm　生態系　étymologie 語源〈éco + système［系］〉

この地域の生態系は脅かされている。
L'*écosystème* de la région est menacé.

écotoxicologie nf　（化学・放射性物質による）生態系汚染学
étymologie 語源〈éco + toxico［（矢に塗る）毒］+ logie［学］〉

生態毒性学の研究者は水生環境の汚染に関する報告を発表した。
Une chercheuse en *écotoxicologie* a publié un rapport sur la pollution des milieux aquatiques.

terrible

Quand j'avais huit ans, les *ascenseurs* me terrifiaient.

➡ p.183

ascenseur `nm` エレベーター

エレベーターが故障している。

L'*ascenseur* est en panne.

＊「エレベーターが動きません」なら L'ascenseur ne marche pas. という。

escalator `nm` エスカレーター

子どものころ、エスカレーターに乗るタイミングがうまくつかめなかった。

Quand j'étais enfant, je n'arrivais pas à trouver le bon moment pour monter sur l'*escalator*.

＊escalier mécanique あるいは escalier roulant ともいう。

porte automatique `loc. nf` 自動ドア

この自動ドアはときに開くのが遅いことがある。

Cette *porte automatique* peut parfois être lente lors de son ouverture.

trottoir roulant `loc. nm` 動く歩道

動く歩道の上でも早歩きをしてしまう。

Je marche vite même sur un *trottoir roulant*.

頻出度順 4品詞一覧

頻度順 A 　4品詞の日常使用頻度が上位 5000 語以内・仏検 5 級〜準 2 級レベル

＊頻度順 A は32語。

頻度	動詞 v	名詞 nm, nf	形容詞 adj	副詞 adv	2 章に応用例文と和訳を掲載
1	activer	activité / activation	**actif, active**	activement	
2	baisser	baisse	**bas, basse**	bas	
3	compléter	complément	**complet, complète**	complètement	
4	**considérer**	considération	considérable	considérablement	
5	**courir**	courant	courant(e)	couramment	
6	**définir**	définition	**définitif, définitive**	définitivement	
7	diriger	direction	**direct(e)**	directement	spécifier ★
8	**effectuer**	efficacité	efficace	efficacement	
9	**exclure**	exclusion	**exclusif, exclusive**	exclusivement	
10	faciliter	facilité	**facile**	facilement	
11	favoriser	**faveur**	favorable	favorablement	
12	finaliser	**fin**	final(e)	enfin / finalement	
13	forcer	force	**fort(e)**	fort / fortement	
14	franchir	franchise	**franc, franche**	franchement	
15	habituer	**habitude**	habituel(le)	habituellement	
16	justifier	justice, justesse	**juste**	justement	
17	libérer	**liberté**	libre	librement	

頻度	動詞 v	名詞 nm, nf	形容詞 adj	副詞 adv	
18	nécessiter	nécessité	**nécessaire**	nécessairement	
19	noter	**note**	notable	notamment	
20	**ouvrir**	ouverture	ouvert(e)	ouvertement	
21	**passer**	passage	passé(e) / passable	passablement	
22	pouvoir	possibilité	**possible**	possiblement	dépendre ⋆
23	**pratiquer**	pratique	pratique	pratiquement	
24	**préciser**	précision	précis(e)	précisément	
25	progresser	progrès, progression	**progressif, progressive**	progressivement	
26	publier	publication	**public, publique**	publiquement	
27	réaliser	réalité	**réel(le)**	réellement	
28	simplifier	simplicité	**simple**	simplement	
29	tarder	retard	tardif, tardive	**tard / tardivement**	
30	vérifier	**vérité**	vrai(e)	vraiment	
31	vivre	**vie**	vif, vive	vivement	
32	**vouloir**	volonté	volontaire	volontairement	

頻度順 B　4品詞のうち3品詞の日常使用頻度が上位 5000 語以内・仏検5級～2級
レベル

＊頻度順 B は 43 語。

頻度	動詞 v	名詞 nm, nf	形容詞 adj	副詞 adv	2 章に応用例文と和訳を掲載
33	actualiser	actualité	**actuel(le)**	actuellement	
34	**aimer**	amour	amoureux, amoureuse	amoureusement	

35	apparaître	**apparence**	apparent(e)	apparemment	
36	calmer	calme	**calme**	calmement	
37	certifier	certitude	**certain(e)**	certainement	
38	clarifier	clarté	**clair(e)**	clairement	
39	**comparer**	comparaison	comparable	comparativement	
40	contrarier	contrainte / contraire	**contraire**	contrairement	
41	corriger	correction	**correct(e)**	correctement	
42	encourager	**courage**	courageux, courageuse	courageusement	
43	**décider**	décision	décidé(e)	décidément	désespoir ★
44	différencier	différence	**différent(e)**	différemment	
45	durer	durée	**durable**	durablement	
46	économiser	**économie**	économique	économiquement	
47	égaliser	égalité	**égal(e)**	également	
48	expliquer	explication	**explicite**	explicitement	
49	**fermer**	fermeture	fermé(e)	fermement	
50	financer	**finance**	financier, financière	financièrement	
51	former	**forme**	formel(le)	formellement	
52	fréquenter	fréquence	**fréquent(e)**	fréquemment	
53	généraliser	généralité	**général(e)**	généralement	
54	grandir	grandeur	**grand(e)**	grandement	
55	hausser	hauteur	**haut(e)**	hautement	
56	honorer	**honneur**	honorable	honorablement	

57	industrialiser	**industrie**	industriel(le)	industriellement	mariage ⋆
58	élargir	largeur	**large**	largement	ennui ⋆
59	allonger	longueur	**long, longue**	longuement	
60	manifester	manifestation	**manifeste**	manifestement	
61	mourir	**mort**	mort(e) / mortel(le)	mortellement	
62	naturaliser	nature	**naturel(le)**	naturellement	
63	renouveler	nouveauté	**nouveau (nouvel), nouvelle**	nouvellement	
64	**obliger**	obligation	obligatoire	obligatoirement	
65	**penser**	pensée	pensif, pensive	pensivement	
66	personnaliser	personnalisation	**personnel(le)**	personnellement	
67	remarquer	remarque	**remarquable**	remarquablement	
68	résoudre	**résolution**	résolu(e)	résolument	
69	respecter	**respect**	respectueux, respectueuse	respectueusement	
70	signifier	**signification**	significatif, significative	significativement	
71	spécialiser	spécialité	**spécial(e)**	spécialement	
72	suffire	suffisance	**suffisant(e)**	suffisamment	
73	totaliser	totalité	**total(e)**	totalement	
74	unir	unité	**unique**	uniquement	
75	voir	vue	**visuel(le)**	visuellement	chaleur ⋆

頻度順 C　4品詞のうち2品詞の日常使用頻度が上位 5000 語以内・仏検4級〜準1級レベル

＊頻度順 C は 13 語。

頻度	動詞 v	名詞 nm, nf	形容詞 adj	副詞 adv	2章に応用例文と和訳を掲載
76	braver	bravoure	**brave**	bravement	
77	**continuer**	continuation	continu(e)	continuellement	
78	excepter	**exception**	exceptionnel(le)	exceptionnellement	
79	expérimenter	**expérience**	expérimental(e)	expérimentalement	
80	fausser	faute	**faux, fausse**	faussement	
81	alléger	légèreté	**léger, légère**	légèrement	doux ★
82	ralentir	lenteur	**lent(e)**	lentement	gros ★
83	mondialiser	mondialisation	**mondial(e)**	mondialement	globe ★
84	normaliser	normalité	**normal(e)**	normalement	
85	passionner	**passion**	passionnant(e)	passionnément	
86	raisonner	**raison**	raisonnable	raisonnablement	
87	sensibiliser	sensibilité	**sensible**	sensiblement	
88	terrifier	terreur	**terrible**	terriblement	

★：対応する2章に1章と同形式で ［Phrase d'exemple d'application：応用例文］ と ［和訳］を掲載した箇所（対応語）を示す。

index

*太字は見出語。1章・2章の例文（よく使う言い回し・基本例文・応用例文の一部など）の単語は含まない。

A

abaissement **nm** ---------------------- 12

abaisser **v** ---------------------------- 12

abandonné(e) **adj** ------------------- 221

abonnement **nm** -------------------- 134

absence **nf** --------------------------- 197

absent(e) **adj** ------------------------ 197

absurde **adj** --------------------------- 86

accalmie **nf** ---------------------------- 80

accéder **v** ---------------------------- 120

accomplir **v** ---------------------------- 14

accomplissement **nm** --------------- 14

acquérir **v** ---------------------------- 190

acte **nm** -------------------------------- 74

acteur **nm** ----------------------- 74, 195

actif **adj** ---------------------------- 9, 187

action **nf** ------------------------ 74, 195

activation **nf** ----------------------------9

active **adj** ---------------------------------9

activement **adv** ---------------------------9

activer **v** ----------------------------------9

activité **nf** ------------------------- 9, 195

actrice **nf** ------------------------ 74, 195

actualiser **v** --------------------------- 73

actualité **nf** --------------------------- 73

actuel(le) **adj** -------------------- 73, 210

actuellement **adv** --------------------- 73

(s') adapter **v** ------------------------ 82

admettre **v** --------------------------- 227

adorable **adj** ------------------------- 211

adoucir **v** ----------------------------- 250

(s') adresser **v** ----------------------- 146

adversaire **n** --------------------------- 52

affaires **nfpl** --------------------------- 204

affecter **v** ------------------------------ 98

affermir **v** ---------------------------- 106

âge **nm** -------------------------------- 194

aggressif **adj** --------------------------- 58

aggressive **adj** ------------------------- 58

agrandir **v** ---------------------------- 116

agrandissement **nm** --------------- 116

aimable **adj** ---------------------------- 76

aimablement **adv** --------------------- 76

aimer **v** ------------------------- 75, 211

airbags **nmpl** -------------------------- 224

ajuster **v** ------------------------------- 40

à l'époque de **loc. adv** ---------------- 28

aliment **nm** -------------------- 122, 241

alimentaire **adj** ------------------------ 14

alimentation **nf** -------------- 150, 241

allégé(e) **adj** ------------------------- 170

allégement **nm** ---------------------- 170

allègement **nm** ---------------------- 170

alléger **v** ------------------------------ 169

allocation nf ----------------------- 222

allonger v ------------------------- 125

amabilité nf ------------------------ 76

ambiance nf ------------------------ 202

ambiguïté nf ------------------------ 90

améliorer v ------------------------- 84

(s') améliorer v -------------------- 170

ami(e) n ---------------------------- 76

amour nm -------------------------- 75

amoureuse adj ---------------------- 75

amoureusement adv ---------------- 75

amoureux adj ----------------------- 75

analyser v -------------------------- 148

anglicisme nm --------------------- 132

anormal(e) adj --------------------- 176

antipathique adj -------------------- 88

apercevoir v ----------------------- 158

apparaître v ----------------------- 77

appareil nm ------------------------ 28

apparemment adv ------------------ 77

apparence nf -----------------77, 212

apparent(e) adj --------------------- 77

apparition nf ----------------------- 78

appartement nm ------------------- 228

appart'hôtel nm -------------------- 210

appétit nm ------------------------ 241

applique nf ------------------------ 237

apprécier v ------------------------ 172

(s') apprêter à + inf. v ------------ 130

aptitude nf ------------------------ 254

aquaculture nf -------------------- 239

aquarelle nf -------------------238, 250

aquarium nm --------------------- 238

aquatique adj ----------------- 142, 238

archaïque adj ----------------- 164, 248

archaïsme nm --------------------- 248

archéologie nf --------------------- 248

archétype nm --------------------- 248

archipel nm ----------------------- 248

architecte nm --------------------- 248

architecture nf -------------------- 226

archives nfpl --------------------- 248

aride adj -------------------------- 24

armée nf -------------------------- 128

arriver à + inf. v ------------------- 54

arrondissement nm --------------- 225

article nm ------------------------ 26

ascenseur nm --------------------- 256

association à but non lucratif nf

------------------------------------ 110

assurer v ------------------------- 162

atelier nm ------------------------ 224

atmosphère nf --------------------- 202

attentat nm ----------------------- 199

attente nf ------------------------- 98

attentif adj ----------------------- 36

attentive adj ---------------------- 36

attirant(e) adj --------------------- 211

index

auberge **nf** ----------------------72, 209

auberge de jeunesse **nf** ---------- 209

auditorium **nm** --------------------- 134

au premier regard **loc. adv** --------- 76

au ralenti **loc. adv** -------------------- 172

au sein de qqch **loc** ----------------- 102

authenticité **nf** --------------------- 168

authentique **adj** --------------------- 187

autobiographie **nf** ----------------- 187

autocorrection **nf** --------------------- 90

autocrate **n** ------------------------- 187

automatique **adj** -------------------- 187

autonome **adj** --------------------10, 187

autonomie **nf** ----------------------- 187

autoriser **v** -------------------------- 60

autosuffisance **nf** ------------------ 152

autrefois **adv** -------------------------- 20

avalanche **nf** ----------------------- 212

aventure **nf** ----------------------- 160

B

baguette **nf** ------------------------ 230

baisse **nf** ------------------------------ 11

baisser **v** ------------------------------ 11

banquet **nm** ------------------------ 244

bas **adj** **adv** ---------------------11, 188

basse **adj** ------------------------------ 11

bâtiment **nm** ----------------------- 225

bâton **nm** -------------------------- 232

batterie **nf** -------------------------- 232

battre **v** ----------------------------- 232

bavardage **nm** ---------------------- 191

bénéfice **nm** ------------------------- 108

bénéficier **v** --------------------------- 86

bénéfique **adj** ---------------------- 156

bibliothèque **nf** --------------------- 236

bien-être **nm** ----------------------- 156

biologie **nf** -------------------------- 254

bloqué(e) **adj** ----------------------- 184

bluffer **v** ------------------------------52

boisson **nf** -------------------------- 241

bougie **nf** --------------------------- 237

bourrer **v** --------------------------- 138

bravade **nf** ------------------------- 160

brave **adj** ----------------------159, 246

bravement **adv** --------------------- 159

braver **v** ---------------------------- 159

bravo **int** --------------------------- 160

bravoure **nf** ------------------------ 159

bruit **nm** --------------------------- 190

budgétaire **adj** ---------------------- 216

burnout **nm** ------------------------ 170

C

câble **nm** -----------------------------94

calmant(e) **adj** ----------------------- 80

calme **adj** ---------------------79, 213

calmement **adv** --------------------- 79

calme **nm** ---------------------------- 79

calmer **v** ---------------------------- 79

campagne **nf** --------------------64, 206

canapé **nm** -------------------------- 237

candidat(e) **n** ---------------------- 227

canton **nm** ------------------------- 225

capacité **nf** ------------------------- 254

capteur **nm** ------------------------ 118

catégoriquement **adv** --------------- 84

célébration **nf** ----------------------- 50

célébrité **nf** ------------------------- 182

centre commercial **nm** ----------- 201

centre-ville **nm** --------------------- 207

cérémonie **nf** ----------------------- 244

certain(e) **adj** ------------------81, 214

certainement **adv** -------------------- 81

certes **adv** ---------------------------- 82

certificat **nm** ------------------------- 82

certifier **v** ---------------------------- 81

certitude **nf** ------------------------- 81

chaleur **nf** -------------------------- 245

chaleureuse **adj** -------------------- 245

chaleureusement **adv** ------------- 245

chaleureux **adj** --------------------- 245

changement climatique **nm**

------------------------------104, 222

changer **v** -------------------------- 210

charbon **nm** ------------------------ 242

charmant(e) **adj** -------------------- 211

chauffer **v** -------------------------- 245

cheminée **nf** -------------------138, 237

chercheur **nm** ---------------------- 142

chercheur agronome **nm** ----------- 24

chercheuse **nf** ---------------------- 142

chercheuse agronome **nf** ---------- 24

chevelure **nf** ------------------------ 166

chiffre d'affaires **nm** -------------- 148

chimie **nf** --------------------------- 253

chiot **nm** ----------------------------- 76

chômage **nm** ----------------------- 106

chômer **v** --------------------------- 213

choquant(e) **adj** -------------------- 184

circonstances **nfpl** ------------------ 202

civilisation **nf** ---------------------- 240

civique **adj** ------------------------- 136

clair(e) **adj** ------------------------83, 215

clairement **adv** ----------------------- 83

clarification **nf** ----------------------- 84

clarifier **v** ---------------------------- 83

clarté **nf** ----------------------------- 83

clientèle **nf** -------------------------- 48

cobaye **nm** -------------------------- 166

code **nm** ----------------------------- 120

(se) cogner **v** ------------------------- 94

collaborateur **nm** ------------------ 162

collaboration **nf** --------------------- 30

collaboratrice **nf** ------------------- 162

collaborer **v** -------------------------- 58

collectif adj --------------------------- 152

combativité nf --------------------- 247

combattre v ------------------------- 232

combustible nm ------------------- 242

combustibles fossiles loc. nmpl

-------------------------------------- 223

comique adj -------------------------- 86

commerçant(e) n -------------------- 42

commune nf ------------------------ 225

compagnie nf ----------------------- 204

comparable adj ---------------------- 85

comparaison nf ---------------------- 85

comparateur nm -------------------- 86

comparatif adj ----------------------- 86

comparative adj --------------------- 86

comparativement adv -------------- 85

comparer v --------------------85, 216

compassion nf ---------------------- 178

compétence nf -------------------82, 254

compétition nf ---------------- 154, 247

compétitivité nf -------------------- 247

complément nm ----------------- 13, 14

complémentaire adj ----------------- 14

complet adj --------------------13, 188

complète adj ------------------------- 13

complètement adv ------------------- 13

compléter v -------------------------- 13

complexe adj ------------------------ 64

complication nf ---------------------- 64

compliqué(e) adj --------------------- 64

compliquer v ------------------------ 64

composer v -------------------------- 22

compositeur nm ------------------- 246

composition nf --------------------- 209

compositrice nf -------------------- 246

concept nm -------------------------- 220

conception nf ----------------- 178, 221

concession nf ---------------------- 128

concevoir v -------------------------- 98

concurrence nf ---------- 48, 162, 247

conférence nf ------------------------ 60

confiance nf ------------------- 154, 180

confins nmpl ------------------------ 160

confirmation nf -------------------- 110

confirmer v -------------------------- 90

conformité nf ---------------------- 206

confucianisme nm ----------------- 146

congrès nm -------------------------- 58

connaissance nf ---------------------- 74

conquérir v -------------------------- 58

consacrer v -------------------------- 50

conscience nf ---------------------- 180

conseil nm --------------------------- 54

conseiller v -------------------------- 34

conservateur adj ------------------- 164

conservatrice adj ------------------ 164

considérable adj --------------------- 15

considérablement adv -------------- 15

considération nf ---------------------- 15

considérer v -------------------15, 189

consommer v ------------------------ 122

conspirateur adj ---------------------- 60

conspiratrice adj ---------------------- 60

construction nf --------------------- 226

construire v-------------------- 122, 207

consultant(e) n ---------------------- 40

contacter v---------------------------- 22

contagieuse adj --------------------- 178

contagieux adj ---------------------- 178

continent nm------------------------ 162

continu(e) adj ---------------------- 161

continuation nf --------------------- 161

continuel(le) adj-------------------- 162

continuellement adv --------------- 161

continuer v ------------------ 161, 247

continuité nf----------------------- 162

contraindre v------------------------ 88

contraint(e) adj-------------------- 88

contrainte nf------------------------ 87

contraire adj -------------------87, 216

contraire nm ----------------------- 87

contrairement adv-------------------- 87

contrarier v-------------------------- 87

contrariété nf----------------------- 88

contrebasse nf----------------------- 12

contrevérité nf --------------------- 215

contribuer v ------------------------ 30

converger v ------------------------- 253

conversation nf ------------------- 235

correct(e) adj-------------------89, 217

correctement adv --------------------- 89

correcteur nm----------------------- 90

correction nf ------------------------ 89

correctrice nf ----------------------- 90

correspondance nf ----------------- 200

correspondre v--------------------- 200

corriger v----------------------------- 89

coup d'état loc. nm ------------------ 199

courage nm --------------------91, 218

courageuse adj ---------------------- 91

courageusement adv----------------- 91

courageux adj------------------------ 91

couramment adv --------------------- 17

courant(e) adj nm -------------------- 17

coureur nm ------------------------- 18

coureuse nf------------------------- 18

courir v -------------------------17, 190

courrier nm------------------------- 18

course nf --------------------------- 18

critique adj ------------------------- 66

croissant nm ----------------------- 230

culte nm --------------------------- 112

culture nf -------------------------- 240

CV nm ------------------------------ 205

D

date limite loc. nf -------------------- 233

débat nm ---------------------------- 136

débattre v --------------------- 126, 232

déception nf ------------------------ 221

décidé(e) adj -------------------------- 93

décidément adv --------------------- 93

décider v ------------ 56, 93, 218, 219

décisif adj ---------------------------- 94

décision nf ---------------------------- 93

décisive adj --------------------------- 94

déclarer v ---------------------------- 84

décourager v ------------------------- 92

découverte nf ----------------------- 204

déçu(e) adj --------------------------- 40

défavorable adj ----------------------- 30

défavoriser v ------------------------- 30

défi nm -------------------------------- 74

déficit nm ---------------------------- 72

définir v ------------------------ 19, 191

définitif adj ---------------------- 19, 106

définition nf ------------------------- 19

définitive adj -------------------- 19, 106

définitivement adv ------------------- 19

déformer v ------------------------- 215

délai nm ----------------------- 126, 232

délivrer v ---------------------------- 42

démarche nf ----------------------- 110

démissionner v -------------------- 213

démotivé(e) adj ---------------------- 40

dénoncer v ------------------------- 106

département nm ------------------- 225

dépendamment adv --------------- 202

dépendance nf ---------------------- 202

dépendant(e) adj ------------------- 202

dépendre v ------------------------- 202

dépense nf -------------------------- 100

déployer v -------------------------- 24

déposer v --------------------------- 110

de qualité loc. adj --------------------- 16

déraisonnable adj ----------------- 180

(se) dérouler v ---------------------- 50

descendant(e) n ------------------- 164

désertification nf ------------------ 223

désespéré(e) adj -------------------- 219

désespérément adv ---------------- 219

désespérer v ----------------------- 219

désespoir nm --------------------32, 219

déshonneur nm -------------------- 120

déshonorant(e) adj ---------------- 120

désobligeant(e) adj ---------------- 136

dessin nm --------------------------- 250

détail nm---------------------------- 140

de temps en temps loc. adv -------- 191

détermination nf ------------------- 10

détruire v -------------------- 122, 207

développer v----------------------- 210

d'habitude loc. adv -------------------- 80

dialogue nm ------------------------ 235

différemment adv -------------------- 95

différence nf ------------------------ 95

différencier v ------------------------ 95

différent(e) adj --------------95, 220

difficile adj ------------------------ 28

difficulté nf -------------------------- 28

dilemme nm ----------------------- 214

diplomate n ------------------------ 214

diplômé(e) n --------------------82, 214

direct(e) adj -------------------21, 192

directement adv --------------------- 21

directif adj -------------------------- 22

direction nf-------------------------- 21

directive adj ------------------------ 22

directive nf ------------------------- 22

dirigeant(e) n ---------------------- 22

diriger v ---------------------------- 21

discours nm ----------------------- 235

discrimination nf------------------ 102

discussion nf----------------------- 235

discuter v -------------------------- 198

disparaître v ----------------------- 78

disponible adj --------------------- 134

disposer v -------------------------- 152

dissolution nf---------------------- 144

distraction nf ---------------------- 217

divertissement nm ---------------- 217

documentaire adj ----------------- 216

document nm ------------------------ 90

don nm ---------------------------- 112

donnée nf -------------------------- 140

dossier nm ------------------------ 192

douce adj -------------------------- 250

doucement adv --------------------- 250

douceur nf ------------------------ 250

doux adj --------------------------- 250

droit nm --------------------------- 233

durabilité nf ----------------------- 98

durable adj ------------------97, 220

durablement adv -------------------- 97

durant prép ------------------------- 98

dur(e) adj -------------------------- 98

durée nf ---------------------------- 97

durer v --------------------------97, 128

E

échéance nf ----------------------- 233

échec nm ----------------------154, 195

éclaircir v -------------------------- 84

éclairer v --------------------------- 84

éclater v ---------------------------- 42

écocide nm ------------------------ 255

écologie nf ------------------------ 255

écologiste n ----------------------- 255

économe adj ---------------------- 100

économie nf ------------------99, 221

économique adj ---------------------- 99

économiquement adv ---------------- 99

économiser v ----------------------- 99

économiste n ---------------------- 100

écosystème nm --------------------- 255

écotoxicologie nf ------------------- 255

écriture nf -------------------------- 217

édifice nm --------------------- 112, 225

éducation nf ----------------------- 146

effectif adj ---------------------- 24

effective adj ------------------------ 24

effectivement adv -------------24, 236

effectuer v---------------------23, 193

effet nm --------------------------- 24

efficace adj -------------------------- 23

efficacement adv --------------------- 23

efficacité nf -------------------------- 23

égal(e) adj --------------------101, 222

également adv --------------------- 101

égaler v ---------------------------- 102

égaliser v---------------------------- 101

égalité nf --------------------------- 101

élargir v --------------------------- 123

élargissement nm ----------------- 124

électeur nm------------------------- 226

élections nfpl ---------------------- 226

électrice nf ------------------------- 226

élire v ---------------------------- 226

émettre v ---------------------------- 227

émotion nf -------------------180, 218

empêcher (de) v --------------------- 74

empêcher v ------------------------- 128

emploi du temps loc. nm ----------- 170

émulation nf ----------------------- 247

en avoir marre loc. v----------------- 54

encourageant(e) adj ----------------- 92

encouragement nm ----------------- 92

encourager v ----------------------- 91

énergie nf--------------------------- 242

énergiquement adv ---------------- 219

énervant(e) adj --------------------- 88

enfin adv --------------------------- 31

engagé(e) adj ----------------------- 144

engagement nm -------------------- 182

(s') engager v ---------------------- 104

enlever v -------------------------- 164

ennui nm -------------------------- 231

ennuyer v -------------------------- 231

ennuyeuse adj --------------------- 231

ennuyeusement adv --------------- 231

ennuyeux adj --------------------- 231

enregistrement nm --------------- 124

enseigne nf------------------------- 174

entourer v-------------------------- 132

en toute sécurité loc. adv----------- 116

entraînement nm ------------------ 203

(s') entraîner v-------------------- 203

entreprise nf------------------------ 204

entretien nm -------------26, 193, 235

entrevue nf ------------------------- 193

entrouvert adj ----------------------- 48

entrouvrir v ------------------------ 48

en vain loc. adv ---------------------- 32

environnement nm ---------------- 202

époque nf ------------------------- 194

équateur nm ---------------------- 102

équipe nf ---------------------------- 30

équitable adj ----------------------- 26

équivalent nm -------------------- 100

équivalent(e) adj ------------------ 102

ère nf------------------------------- 194

erreur nf -------------------------- 234

éruption nf ----------------------78, 212

escalader v------------------------ 130

escalator nm ---------------------- 256

essence nf ------------------------- 197

essentiel(le) adj ----------------44, 197

étape nf ----------------------------- 10

État nm----------------------------- 220

étranger nm ----------------------- 114

étrangère nf ----------------------- 114

être confronté(e) à loc. v ----------- 182

être viré(e) v ----------------------- 80

étude nf --------------------------- 193

évanouissement nm --------------- 12

événement nm --------------------- 244

évènement nm --------------------- 244

évoluer v -----------------------74, 210

examen nm ------------------------- 205

excepter v -------------------------- 163

exception nf ----------- 163, 221, 248

exceptionnel(le) adj --------------- 163

exceptionnellement adv --------- 163

exclu(e) adj ------------------------- 26

exclure v ----------------25, 164, 193

exclusif adj -------------------------- 25

exclusion nf ------------------------- 25

exclusive adj ------------------------ 25

exclusivement adv-------------------- 25

exclusivité nf ----------------------- 26

(s') exercer v----------------------- 203

exercice nm ------------------------- 203

expérience nf ---------------165, 249

expérimental(e) adj --------------- 165

expérimentalement adv ---------- 165

expérimenté(e) adj ---------------- 166

expérimenter v -------------------- 165

expert(e) n ------------------------- 166

explication nf----------------------- 103

explicite adj ----------------- 103, 222

explicitement adv------------------- 103

expliquer v ------------------------- 103

exploit nm -------------------------- 130

explorateur nm ---------------160, 246

exploration nf ---------------------- 205

exploratrice nf ---------------160, 246

expression nf -----------------217, 235

extraterrestre n ---------------------- 60

F

fabricant(e) n ----------------------- 98

fabrique nf ------------------------ 223

facile adj ------------------------27, 194

facilement adv ----------------------- 27

facilité nf ----------------------------- 27

faciliter v ----------------------------- 27

facteur nm ---------------------------- 70

faculté nf ------------------------28, 254

faible adj ----------------------------- 20

faire appel à qqn/qqch loc. v

--------------------------------------- 112

faire pencher la balance (en faveur

de qqn/qqch) loc. v ----------------- 30

faire tout son possible loc. v -------- 64

famine nf ----------------------------- 24

fascinant(e) adj ---------------------- 74

fastidieuse adj ---------------------- 126

fastidieux adj ----------------------- 126

faussaire n ------------------------- 168

fausse adj --------------------------- 167

faussement adv -------------------- 167

fausser v---------------------------- 167

fausseté nf -------------------------- 168

faute nf ------------------------167, 234

fautif adj ---------------------------- 168

fautive adj -------------------------- 168

faux adj ------------------------167, 250

faveur nf ------------------------29, 194

favorable adj ------------------------- 29

favorablement adv ------------------- 29

favoriser v ---------------------------- 29

favoritisme nm ---------------------- 30

ferme adj ---------------------------- 106

fermé(e) adj ------------------------- 105

fermement adv --------------------- 105

fermentation nf ---------------------- 16

fermer v ---------------------- 105, 223

fermeture nf ------------------------ 105

festin nm ---------------------------- 245

festival nm-------------------------- 244

fête nf -------------------------------- 245

fidélisation nf ---------------------- 140

file d'attente nf -------------------- 124

fin nf------------------------------31, 195

final(e) adj --------------------------- 31

finalement adv ---------------------- 31

finaliser v ---------------------------- 31

finance nf -------------------- 107, 224

financement nm ------------------- 108

financer v --------------------------- 107

financier adj nm -------------- 107, 108

financière adj nf -------------- 107, 108

financièrement adv --------------- 107

finir v-------------------------------- 32

firme nf ------------------------------ 204

flamme **nf** ---------------------------- 36

forcé(e) **adj** -------------------------- 34

force **nf** ------------------------------- 33

forcer **v** ------------------------------- 33

formalité **nf** ----------------------- 110

formation **nf** ---------------------- 110

forme **nf** ---------------------- 109, 224

formel(le) **adj** --------------------- 109

formellement **adv** ----------------- 109

former **v** --------------------------- 109

formulaire **nm** ------------------- 22, 192

formule **nf** ------------------------- 102

fort(e) **adj** **adv** ------------------ 33, 196

fortement **adv** ------------------- 33, 219

fortifier **v** ----------------------------- 34

fournisseur (d'accès internet) **nm**

------------------------------------- 238

franc **adj** -------------------------- 35, 197

franche **adj** ---------------------------- 35

franchement **adv** --------------------- 35

franchir **v** ----------------------------- 35

franchir le cap **loc. v** ----------------- 36

franchise **nf** -------------------------- 35

franchiser **v** -------------------------- 36

franchissable **adj** -------------------- 36

frénétiquement **adv** ---------------- 184

fréquemment **adv** ------------- 111, 191

fréquence **nf** ----------------------- 111

fréquent(e) **adj** ------------- 111, 225

fréquentable **adj** ------------------ 112

fréquentation **nf** ------------------ 112

fréquenter **v** ---------------------- 111

fresque **nf** -------------------------- 158

frustration **nf** ---------------------- 128

fulgurant(e) **adj** ------------------- 174

G

gaffe **nf** ------------------------------- 234

gagner **v** ---------------------- 190, 197

gain **nm** ------------------------- 52, 198

garde-feu **nm** ----------------------- 237

garder un œil sur qqn/qch **loc. v**

------------------------------------- 162

gardiennage **nm** -------------------- 118

gâteau **nm** -------------------------- 230

gaz **nm** ------------------------------- 242

gaz à effet de serre **nm** ----------- 223

général(e) **adj** --------------- 113, 226

généralement **adv** ------------------ 113

généralisation **nf** ------------------ 114

généraliser **v** ---------------------- 113

généraliste **n** ---------------------- 114

généralité **nf** ----------------------- 113

global(e) **adj** ------------------------ 252

globalement **adv** ------------------- 252

globalisation **nf** -------------------- 252

globaliser **v** ------------------------ 252

globe **nm** ---------------------------- 252

grand(e) adj ----------------- 115, 227

grandement adv -------------------- 115

grandeur nf ------------------------ 115

grandir v -------------------------- 115

grandissant(e) adj ----------------- 116

gratte-ciel nm --------------------- 226

grimpeur nm ----------------------- 130

grimpeuse nf ----------------------- 130

gros adj --------------------------- 251

grosse adj ------------------------- 251

grossièrement adv ----------------- 251

grossir v ---------------------- 196, 251

grossissement nm ----------------- 251

(se) grouper v --------------------- 253

guerre nf -------------------------- 199

guerrier nm ------------------------ 120

guerrière nf ----------------------- 120

H

habitant(e) n ---------------------- 42

habitation nf ---------------------- 229

habitude nf ------------- 37, 197, 240

habitué(e) adj --------------------- 38

habituel(le) adj ------------------- 37

habituellement adv ---------------- 37

habituer v ------------------------- 37

hacker nm ------------------------- 224

hackeuse nf ------------------------ 224

hanté(e) adj ----------------------- 78

hausser v -------------------------- 117

haut(e) adj nm --------- 117, 118, 228

hautain(e) adj --------------------- 118

hautbois nm ----------------------- 118

haut de gamme adj ---------------- 118

hautement adv --------------------- 117

hauteur nf ------------------------- 117

hiérarchie nf ----------------------- 249

hobby nm -------------------------- 217

honneur nm ----------------- 119, 229

honorable adj ---------------------- 119

honorablement adv ---------------- 119

honoraire adj ----------------- 120, 216

honorer v -------------------------- 119

honorifique adj -------------------- 120

hôtel nm --------------------------- 209

humeur nf ------------------------- 76

hyperactif adj ---------------------- 10

hyperactive adj --------------------- 10

hypermarché nm ------------------- 201

I

identifier v ------------------------- 168

identité nf ------------------------- 96

idiot(e) n -------------------------- 20

illustration nf --------------------- 250

illustrer v -------------------------- 178

immeuble nm ---------------------- 225

immigration nf --------------------- 114

immortel(le) **adj** ---------------------- 130

impact **nm** -------------------------- 182

impair **nm** -------------------------- 234

impensable **adj** ---------------------- 138

impersonnel(le) **adj** --------------- 140

important(e) **adj** --------------------- 20

impossibilité **nf** ---------------------- 52

impossible **adj** ------------------------ 52

impôt **nm** --------------------------- 233

impraticable **adj** ---------------------- 54

inactif **adj** ---------------------------- 10

inactive **adj** -------------------------- 10

incendie de forêt **loc. nm** ----------- 212

incertain(e) **adj** ----------------------- 82

inclure **v** ----------------------------- 26

inconsciemment **adv** --------------- 243

incorrect(e) **adj** ----------------------- 90

incorrectement **adv** ---------------- 243

indécis(e) **adj** ------------------------- 94

indécision **nf** ------------------------- 94

indéfini(e) **adj** ------------------------ 20

indéfiniment **adv** --------------20, 152

indéfinissable **adj** -------------------- 20

indépendamment **adv** ------------- 243

indépendant(e) **adj** ----------- 100, 221

indifféremment **adv** -----------96, 243

indifférence **nf** ----------------------- 96

indifférent(e) **adj** --------------------- 96

indirectement **adv** ----------------- 244

indispensable **adj** -------------------- 44

industrialiser **v** -------------------- 121

industrie **nf** ----------------- 121, 230

industriel(le) **adj** -------------------- 121

industriellement **adv** -------------- 121

inefficace **adj** ------------------------- 24

inégal(e) **adj** ------------------------- 102

inévitablement **adv** ---------- 156, 243

inexactitude **nf** --------------------- 234

inexplicable **adj** -------------------- 104

inexpliqué(e) **adj** ------------------- 104

infini(e) **adj** -------------------------- 32

infiniment **adv** ---------------------- 244

infirmier **nm** ----------------------- 189

infirmière **nf** ----------------------- 189

influencer **v** -------------------------- 96

information **nf** ---------------- 200, 206

infox **nf** ------------------------------ 18

infranchissable **adj** ------------------ 36

infrarouge **adj** ---------------------- 118

(s') initier **v** ------------------------- 70

injustice **nf** ------------------------- 239

innovation **nf** ----------------- 148, 240

innover **v** --------------- 134, 162, 240

inondation **nf** ----------------------- 212

insatiable **adj** ----------------------- 160

insignifiant(e) **adj** ----------------- 148

inspecteur **nm** ----------------------- 68

inspection **nf** ----------------------- 208

instruire v -------------------- 122, 207

instrument nm --------------------- 207

insuffisamment adv --------------- 152

insuffisant(e) adj ------------------ 152

intégrer v --------------------------- 82

intelligence nf --------------------- 254

intensif adj ------------------------- 122

intensive adj ----------------------- 122

interactif adj ----------------------- 10

interaction nf ---------------------- 195

interactive adj --------------------- 10

interactivité nf --------------------- 62

interception nf --------------------- 221

interculturel(le) adj ---------------- 96

interdire v -------------------------- 46

intéressant(e) adj ------------------ 197

internat nm ------------------------- 84

internet nm ------------------------- 238

interrogatoire nm ------------------ 68

intervention nf --------------------- 136

interview nf ------------------------- 193

invention nf ------------------------ 205

(s') investir v ----------------------- 70

investissement nm ----------------- 108

investisseur nm -------------------- 108

investisseuse nf -------------------- 108

involontaire adj -------------------- 72

isolé(e) adj ------------------------- 221

J

joli(e) adj --------------------------- 211

jouer aux courses (hippiques) loc. v

------------------------------------- 38

joueur nm --------------------------- 52

joueuse nf --------------------------- 52

jugement nm ------------------------ 254

jumeau adj -------------------------- 88

jumelle adj -------------------------- 88

juste adj adv --------------------39, 198

justement adv ---------------------- 39

justesse nf -------------------------- 39

justice nf ---------------------------- 39

justifiable adj ----------------------- 40

justification nf ---------------------- 40

justifier v --------------------------- 39

L

laisser place à qqch loc. v --------- 122

lampadaire nm --------------------- 237

(se) lancer v ------------------------ 160

langage nm ------------------------- 217

langue nf ---------------------------- 217

large adj ----------------------123, 231

largement adv ---------------------- 123

largesse nf -------------------------- 124

largeur nf --------------------------- 123

lecteur nm -------------------------- 229

lectrice nf --------------------------- 229

lecture nf ------------------------- 229

léger adj ---------------------- 169, 250

légère adj ------------------------- 169

légèrement adv -------------------- 169

légèreté nf ------------------------ 169

lent(e) adj -------------------- 171, 251

lentement adv --------------------- 171

lenteur nf ------------------------- 171

lettre nf -------------------------- 229

liaison nf ------------------------- 36

libéral(e) adj --------------------- 42

libéralisme nm -------------------- 42

libération nf ---------------------- 42

libérer v -------------------------- 41

liberté nf --------------------- 41, 199

libre adj -------------------------- 41

librement adv --------------------- 41

licencier v ------------------------ 213

littéraire adj --------------------- 229

littéral(e) adj -------------------- 229

littérature nf --------------------- 229

localiser v ------------------------ 56

lock-out nm ----------------------- 224

locution nf ------------------------ 235

logement nm ----------------------- 228

logiquement adv ------------------- 180

loisirs nmpl ----------------------- 88

long adj ----------------------- 125, 232

longtemps adv --------------------- 126

longue adj ------------------------- 125

longuement adv -------------------- 125

longueur nf ------------------------ 125

loyal(e) adj ----------------------- 48

lumineuse adj --------------------- 158

lumineux adj ---------------------- 158

lutte nf --------------------------- 144

luxe nm ---------------------------- 62

M

maigrir v -------------------------- 196

maire n ---------------------------- 48

maison nf -------------------------- 228

malade n --------------------------- 189

malbouffe nf ----------------------- 174

manières nfpl ---------------------- 146

manifestant(e) n ------------------- 128

manifestation nf ------------------- 127, 244

manifeste adj nm ----- 127, 128, 233

manifestement adv ----------------- 127

manifester v ----------------------- 127

manoir nm -------------------------- 166

manquer v -------------------------- 34

manteau de cheminée loc. nm

------------------------------------ 237

manufacture nf --------------------- 223

marché nm -------------------------- 82

mariage nm ------------------------- 230

marié(e) adj ----------------------- 230

marier **v** ----------------------------- 230

marin **nm** ---------------------------- 138

maritalement **adv** ----------------- 230

marquant(e) **adj** -------------------- 142

marque **nf** ----------------------------- 62

marquer **v** ----------------------------- 142

(se) masser **v** ----------------------- 253

maternelle **nf** ----------------------- 146

mathématiques **nfpl** -------------- 253

maudit(e) **adj** ------------------------- 54

maussade **adj** ------------------------ 76

médecin **nm** --------------------------- 188

médecine **nf** -------------------------- 188

médical(e) **adj** ----------------------- 188

médicament **nm** --------------------- 188

médisance **nf** ------------------------ 190

mémoriser **v** --------------------------- 52

mensonge **nm** -------------------84, 215

menteur **nm** ---------------------- 215

menteuse **nf** ----------------------- 215

mentir **v** ----------------------------- 215

méprise **nf** ------------------------- 234

message **nm** ----------------------- 201

messe **nf** --------------------------- 112

metteur en scène **loc. nm** ---------- 246

metteuse en scène **loc. nf** --------- 246

mettre au point **loc. v** -------------- 166

mignon(ne) **adj** ------------------76, 211

milieu **nm** --------------------------- 202

militaire **adj** **n** -----------------86, 216

modifier **v** --------------------------- 124

mœurs **nfpl** ------------------------- 240

moine **n** ----------------------------- 214

monarchie **nf** ----------------------- 249

monde **nm** -------------------------- 174

mondial(e) **adj** -------------- 173, 252

mondialement **adv** ---------------- 173

mondialisation **nf** ----------------- 173

mondialiser **v** ---------------------- 173

mondialité **nf** ----------------------- 174

monopole **nm** ----------------------- 214

monotone **adj** ----------------------- 214

mort(e) **nf** **adj** ---------------- 129, 234

mortalité **nf** ------------------------- 130

mortel(le) **adj** ---------------------- 129

mortellement **adv** ------------------ 129

mot **nm** -------------------------- 217, 235

moteur **nm** -------------------------- 218

motif **nm** ----------------------------- 218

motivation **nf** ----------------------- 218

motiver **v** ----------------------------- 92

mourir **v** ---------------------------- 129

moyens **nmpl** ------------------------ 86

N

nation **nf** ---------------------------- 220

naturalisation **nf** ------------------ 132

naturaliser **v** ----------------------- 131

nature nf ---------------------------- 131

naturel(le) adj -------------- 131, 235

naturellement adv ---------------- 131

naturisme nm --------------------- 132

nécessaire adj ----------------43, 200

nécessairement adv ---------------- 43

nécessité nf ------------------------ 43

nécessiter v ------------------------ 43

nerveuse adj ----------------------- 92

nerveux adj ------------------------ 92

normal(e) adj ---------------- 175, 252

normalement adv ----------------- 175

normalisation nf ----------------- 176

normaliser v --------------------- 175

normalité nf --------------------- 175

notable adj ------------------------ 45

notablement adv ------------------- 46

notamment adv -------------------- 45

note nf --------------------------45, 200

noter v ---------------------------- 45

notice nf --------------------------- 46

nourriture nf -------------------- 241

nouveau(nouvel) adj ------ 133, 236

nouveauté nf --------------------- 133

nouvelle adj nf---------- 133, 134, 201

nouvellement adv----------------- 133

novice adj n ---------------------- 241

O

objets trouvés loc. nmpl -------------- 22

obligation nf ----------------------- 135

obligatoire adj --------------------- 135

obligatoirement adv -------------- 135

obligé(e) adj ----------------------- 136

obliger v ---------------------- 135, 236

observation nf --------------------- 205

obtenir v ------------------------16, 189

occasionnellement adv ----------- 191

oh là là ! int --------------------- 14

opposant(e) n ---------------------- 176

opposer v ------------------------- 114

opposition nf---------------------- 209

ouragan nm ----------------------- 212

ouvert(e) adj ----------------------- 47

ouvertement adv -------------------- 47

ouverture nf ----------------------- 47

ouvrier nm ------------------------ 106

ouvrière nf ------------------------ 106

ouvrir v ------------------------47, 201

ovni nm ------------------------60, 205

P

page d'accueil loc. nf --------------- 238

pain nm---------------------------- 230

pairs nmpl ------------------------- 142

paix nf ---------------------------- 199

papier nm -------------------------- 192

paraître **v** ----------------------------- 78

paranormal(e) **adj** ------------------ 176

parcourir **v** ----------------------------- 18

parfois **adv** --------------------------- 191

parier **v** --------------------------------- 38

parole **nf** ----------------------------- 217

partenariat **nm** --------------------- 162

partialité **nf** ------------------------- 239

partie intégrante de **loc. nf** ------- 132

parti pris **nm** ------------------------- 239

parvenir à + inf. **v** ------------------- 80

passable **adj** --------------------------- 49

passablement **adv** --------------------- 49

passage **nm** ----------------------------- 49

passager **nm** --------------------------- 50

passagère **nf** --------------------------- 50

passant(e) **n** --------------------------- 50

passé(e) **adj** --------------------------- 49

passé **nm** ------------------------------- 50

passer **v** ------------------------49, 202

passe-temps **nm** -------------------- 217

passion **nf** --------------------177, 253

passionnant(e) **adj** ---------------- 177

passionné(e) **adj** -------------------- 178

passionnel **adj** ---------------------- 178

passionnelle **adj** -------------------- 178

passionnément **adv** ---------------- 177

passionner **v** ------------------------- 177

patient(e) **n** ------------------------- 189

patrie **nf** ----------------------------- 220

pavillon **nm** -------------------------- 228

paye **nf** ------------------------------- 222

pays **nm** ------------------------------- 220

pêcheur **nm** -------------------------- 246

pêcheuse **nf** -------------------------- 246

peinture **nf** -------------------------- 250

pensant(e) **adj** ---------------------- 138

pensée **nf** ----------------------------- 137

penser **v** -----------------------137, 237

penseur **nm** -------------------------- 138

pensif **adj** ----------------------------- 137

pensive **adj** -------------------------- 137

pensivement **adv** ------------------- 137

perception **nf** ----------------------- 221

perdre **v** ------------------------------- 198

performance **nf** -------------------- 118

performant(e) **adj** -------------------- 56

période **nf** ----------------------------- 194

permettre **v** ------------------------- 227

persister **v** --------------------------- 144

personnalisation **nf** --------------- 139

personnaliser **v** -------------------- 139

personnalité **nf** --------------------- 140

personne **nf** ------------------------- 140

personnel **adj** **nm** ----- 139, 140, 238

personnelle **adj** -------------------- 139

personnellement **adv** ------------- 139

perspective **nf** ---------------------- 208

perte **nf** ----------------------------- 148

pesticide **nm** **adj** ---------------------- 56

pétrole **nm** -------------------------- 242

pharmacien **nm** -------------------- 189

pharmacienne **nf** ----------------- 189

phase **nf** ---------------------------- 166

phrase **nf** -------------------------- 235

physique **nf** -------------------- 178, 253

pillage **nm** -------------------------- 120

poids **nm** --------------------------- 196

point **nm** --------------------------- 154

polémique **adj** ------------------------ 136

polissage **nm** ----------------------- 16

pollution de l'air **nf** --------------- 223

populaire **adj** ----------------------- 158

popularisation **nf** -------------------- 46

porte automatique **loc. nf** ---------- 256

positif **adj** --------------------------- 208

positive **adj** ------------------------- 208

posséder **v** ---------------------------- 52

possibilité **nf** ------------------------ 51

possible **adj** --------------------51, 202

possiblement **adv** -------------------- 51

post-it **nm** --------------------------- 224

potion **nf** --------------------------- 166

pouvoir **v** ---------------------------- 51

praticable **adj** ------------------------- 54

pratiquant(e) **n** --------------------- 54

pratique **adj** **nf** -----------53, 98, 203

pratiquement **adv** -------------------- 53

pratiquer **v** ------------------------- 53

précis(e) **adj** -------------------------- 55

précisément **adv** --------------------- 55

préciser **v** ---------------------55, 204

précision **nf** ------------------------- 55

prédire **v** ---------------------------- 52

préfecture **nf** ----------------------- 224

préjugé **nm** --------------------144, 239

prescription **nf** --------------------- 14

prévention **nf** ---------------------- 239

prévoir **v** --------------------------- 158

prime **nf** ---------------------------- 222

primordial(e) **adj** -------------44, 156

principe **nm** ------------------------- 102

privilégier **v** ----------------------- 172

procédure **nf** ----------------------- 126

procès **nm** -------------------------- 126

procurer **v** --------------------------- 44

(se) procurer **v** --------------------- 190

producteur **nm** -------------------- 246

productrice **nf** ---------------------- 246

produire **v** -------------------------- 32

profit **nm** --------------------------- 198

progrès **nm** ------------------------- 57

progresser **v** --------------------57, 210

progressif **adj** -----------------57, 204

progression **nf** ---------------------- 57

progressive **adj** ---------------------- 57

progressivement adv --------------- 57

prolonger v ------------------------ 126

promettre v ------------------------ 227

promotion nf ----------------------- 218

propagande nf ----------------------- 18

propager v -------------------------- 18

proposer v ------------------------- 199

proposition nf --------------------- 209

propriétaire n ---------------------- 72

protection nf ---------------------- 116

proverbe nm ------------------------ 154

public adj nm -------------59, 60, 205

publication nf ---------------------- 59

publicité nf ------------------------ 60

publier v ------------------------ 26, 59

publique adj ------------------------ 59

publiquement adv ------------------- 59

puissamment adv ------------------ 219

pureté nf --------------------------- 16

Q

QI nm ----------------------------- 205

quelquefois adv -------------------- 191

quotidien(ne) adj ------------------ 150

R

racisme nm ------------------------ 239

radical(e) adj --------------------- 104

raffiné(e) adj --------------------- 16

raison nf ---------------------- 179, 254

raisonnable adj -------------------- 179

raisonnablement adv -------------- 179

raisonnement nm ------------------ 180

raisonner v ----------------------- 179

ralentir v ------------------------ 171

ralentissement nm ---------------- 172

rallonge nf ----------------------- 126

rapport nm -------------------------- 40

rapporter v ----------------------- 108

(se) rassembler v ------------- 176, 252

réactif adj ------------------------- 10

réaction nf ----------------------- 195

réactive adj ------------------------ 10

réalisateur nm ----------------- 32, 62

réalisation nf --------------------- 62

réalisatrice nf ------------------ 32, 62

réaliser v -------------------------- 61

réalisme nm ------------------------ 62

réalité nf --------------------------- 61

recette nf -------------------------- 198

réchauffement climatique nm

------------------------------------ 223

rechercher v ----------------------- 116

recherches nfpl -------------------- 193

réclamer v ------------------------- 104

recommander v -------------------- 150

reconsidérer v ---------------------- 16

redonner v ------------------------ 142

réduire **v** ----------------------------- 72

réel(le) adj ----------------------61, 206

réellement adv -----------------61, 236

refermer **v** ------------------------- 106

refléter **v** -------------------------- 114

réforme nf ------------------------- 206

réfugié(e) n ------------------------ 116

régime nm ----------------- 34, 176, 196

régression nf------------------------- 58

relâcher **v** -------------------------- 68

relancer **v** ------------------------- 176

relire **v** ------------------------------ 90

remarquable adj ------------ 141, 238

remarquablement adv ------------ 141

remarque nf ----------------------- 141

remarquer **v** ------------------------ 141

remède nm-------------------------- 188

remplir **v** ----------------------------- 22

remporter **v**------------------------ 190

rémunération nf ------------- 102, 222

renforcer **v** -------------------------- 30

renouveler **v** ----------------------- 133

renouvellement nm --------------- 134

rénovation nf ------------------ 134, 241

rénover **v** -------------------------- 241

renseignement nm --------------- 201

rentable adj ------------------------ 100

renvoyer **v** ------------------------- 213

réouverture nf ---------------------- 48

repasser **v** ------------------------- 50

répondre **v** ------------------------ 200

réponse nf ------------------------- 200

reproduire **v** ---------------------- 168

république nf ----------------------- 60

résidence nf ----------------------- 228

résolu(e) adj ----------------------- 143

résolument adv --------------------- 143

résolution nf -----------------143, 239

résoudre **v**------------------------- 143

respect nm -------------------145, 240

respectable adj -------------------- 146

respecter **v** ------------------------ 145

respectif adj ------------------------ 146

respective adj ---------------------- 146

respectivement adv --------------- 146

respectueuse adj -------------------- 145

respectueusement adv ----------- 145

respectueux adj -------------------- 145

responsable adj -------------------- 200

ressentir **v** -------------------------- 42

ressource nf ----------------------- 242

resurgir **v** -------------------------- 18

retard nm --------------------------- 65

retardataire n------------------------ 66

retarder **v** --------------------------- 66

retourner **v** ------------------------ 14

retraite nf --------------------------- 72

réunion nf ---------------------80, 198

réunir **v** ----------------------------- 156

(se) réunir **v** ------------------- 198, 253

réussite **nf** --------------------------- 194

réveillon **nm** -------------------------- 50

révolutionnaire **adj** **n** ------------- 216

révolution **nf** ----------------------- 199

rivalité **nf** --------------------------- 247

rumeur **nf** --------------------------- 190

rythme **nm** -------------------------- 172

S

salaire **nm** -------------------------- 222

sanctuaire **nm** ----------------------- 50

sans artifice(s) **loc. adj** ---------------- 64

satellite **nm** -------------------------- 10

sauterelle **nf** ----------------------- 150

sauvegarder **v** ----------------------- 72

sauver **v** ----------------------------- 72

scénario **nm** -------------------------- 32

SDF **nm** ------------------------------ 205

séance **nf** ---------------------------- 134

sécheresse **nf** ----------------------- 213

secours **npl** -------------------------- 66

secrétaire **n** ------------------------- 216

sécuriser **v** -------------------------- 118

sensation **nf** ----------------------- 130

sensibiliser **v** ---------------------- 181

sensibilité **nf** ----------------------- 181

sensible **adj** ------------------- 181, 255

sensiblement **adv** ------------------- 181

sens **nm** ------------------------------ 182

sentir **v** ----------------------------- 182

(se) sentir **v** ------------------------ 170

serein(e) **adj** -------------------------- 78

service en ligne **loc. nm** ------------- 238

seul(e) **adj** -------------------------- 221

sexisme **nm** ------------------------- 239

signe **nm** ---------------------------- 148

significatif **adj** ---------------------- 147

signification **nf** ------------ 147, 240

significative **adj** -------------------- 147

significativement **adv** ------------- 147

signifier **v** -------------------------- 147

simple **adj** ---------------------63, 206

simplement **adv** --------------------- 63

simplicité **nf** ------------------------- 63

simplification **nf** -------------------- 64

simplifier **v** ------------------------- 63

SMIC **nm** ---------------------------- 205

société **nf** --------------------------- 204

soldat **nm** --------------------------- 42

solitaire **adj** ------------------------ 221

solution **nf** ---------------------32, 144

solutionner **v** ---------------------- 144

sommet **nm** ------------------------- 193

sort **nm** ------------------------------ 34

sous-entendre **v** ------------------- 249

sous-marin **nm** --------------------- 249

sous-sol **nm** --------------------- 166, 249

sous-titré **adj** ---------------------- 249

sous-vêtement **nm** ----------------- 249

soutien **nm** --------------------------- 66

souvent **adv** ----------------------- 191

spécial(e) **adj** ---------------- 149, 241

spécialement **adv** ------------------ 149

spécialisation **nf** ------------------- 150

spécialiser **v** ----------------------- 149

spécialiste **n** ----------------------- 150

spécialité **nf** ---------------------- 149

spécification **nf** --------------- 150, 192

spécifier **v** -------------------------- 192

spécifique **adj** ---------------------- 192

spécifiquement **adv** --------------- 192

spectacle **nm** ------------------ 158, 208

stable **adj** ---------------------------- 100

startup **nf** --------------------- 108, 224

start-up **nf** ------------------------- 224

stimulant(e) **adj** --------------------- 70

stratégie **nf** ------------------------- 140

structure **nf** ----------------------- 207

studio **nm** -------------------------- 228

succès **nm** -------------------------- 194

suffire **v** -------------------------64, 151

suffisamment **adv** ----------------- 151

suffisance **nf** ----------------------- 151

suffisant(e) **adj** -------------- 151, 242

suggestion **nf** ------------------------ 48

suicide **nm** --------------------------- 56

supérette **nf** ------------------------ 201

supermarché **nm** ------------------- 201

supplémentaire **adj** ----------------- 12

supprimer **v** ----------------------- 164

surnaturel(le) **adj** ------------------ 132

surveillance **nf** --------------------- 118

survie **nf** ------------------------- 44, 58

suspect(e) **adj** **nm** --------------68, 208

synergie **nf** ------------------------- 156

T

tableau **nm** --------------------46, 250

table basse **loc. nf** -------------------- 237

tâche **nf** ------------------------------ 44

talent **nm** --------------------------- 255

tant bien que mal **loc. adv** ---------- 84

tapis roulant **nm** ------------------- 124

tard **adv** **nm** ----------------65, 66, 207

tarder **v** ------------------------------ 65

tardif **adj** ----------------------------- 65

tardive **adj** ---------------------------- 65

tardivement **adv** -------------------- 65

taux **nm** ----------------------------- 16

taxe **nf** ------------------------------ 233

technologie **nf** ------------------------ 28

télécharger **v** ----------------------- 238

tendance **nf** ------------------------- 114

tension **nf** ----------------------------- 12

tentative nf ------------------------ 176

terme nm ----------------------------- 233

terreur nf --------------------------- 183

terrible adj -------------------- 183, 256

terriblement adv ------------------- 183

terrifiant(e) adj -------------------- 184

terrifier v ---------------------------- 183

terroriser v ------------------------ 184

terrorisme nm --------------------- 184

toile nf ------------------------------- 250

tort nm ------------------------------- 234

total(e) adj nm --------- 153, 154, 242

totalement adv -------------------- 153

totaliser v -------------------------- 153

totalitaire adj ----------------------- 154

totalitarisme nm ------------------ 154

totalité nf --------------------------- 153

tout à fait adv ----------------------- 236

tradition nf --------------------96, 240

traduire v --------------------------- 90

traitement nm --------------- 142, 222

transformation nf ------------- 62, 206

transmettre v --------------------- 227

travail nm ------------------------- 193

trébucher v -------------------------- 94

tremblement de terre loc. nm

------------------------------------- 212

trésor nm -------------------------- 160

tribunal nm ---------------------- 126

trône nm ----------------------------- 164

trottoir roulant loc. nm ------------- 256

trou noir loc. nm ----------------------- 74

tsunami nm ------------------------- 212

TVA nf -------------------------------- 205

U

uniforme nm ----------------------- 156

uniformité nf ----------------------- 156

unique adj --------------------155, 243

uniquement adv-------------------- 155

unir v --------------------------------- 155

unitaire adj -------------------------- 156

unité nf------------------------------- 155

usine nf ------------------------------- 223

V

vaccin nm ---------------------------- 136

vaccination nf ---------------------- 136

valoriser v ------------------------- 156

véhicule nm ------------------------- 66

vendeur nm ------------------------- 246

vendeuse nf ------------------------ 246

véridique adj ------------------------ 68

vérification nf ---------------------- 68

vérifier v------------------------------- 67

véritable adj------------------------- 68

véritablement adv ----------------- 236

vérité nf-------------------------67, 208

VF **nf** ---------------------------------- 205

victoire **nf** --------------------------- 195

vie **nf** ------------------------------69, 208

viennoiserie **nf** --------------------- 230

vif **adj** ----------------------------------- 69

village **nm** -------------------------------- 206

ville **nf** --------------------------------- 207

violemment **adv** --------------------- 218

virer **v** -------------------------------- 213

visite médicale **nf** -------------------- 12

visualiser **v** ------------------------- 158

visuel(le) **adj** ---------- 157, 244, 245

visuellement **adv**------------------- 157

vitrine **nf**---------------------------- 237

vivacité **nf** --------------------------- 70

vivant(e) **adj** --------------------------- 70

vive **adj** --------------------------------- 69

vivement **adv**--------------------------- 69

vivre **v**-------------------------------- 69

vivres **nmpl**----------------------------70, 241

vocabulaire **nm**--------------------- 235

vocation **nf** --------------------------- 44

voir **v** -------------------------------- 157

voire **adv** --------------------------------- 86

voisin(e) **n** --------------------------- 64

volcan **nm** --------------------------- 78

volontaire **adj** **n** ------------------ 71, 72

volontairement **adv** ---------------- 71

volonté **nf** ---------------------------- 71

volontiers **adv** ------------------------ 72

VOST **nf**---------------------------------- 205

vote **nm** ----------------------------------- 226

voter **v**---------------------------------- 226

vouloir **v** ----------------------71, 209

vrai(e) **adj** ---------------------------- 67

vraiment **adv**--------------------67, 236

vraisemblable **adj** -------------------- 68

vue **nf** ---------------------------------- 157

vulgariser **v**------------------------- 178

W

webcam **nf**-------------------------- 224

●著者

久松健一（ひさまつけんいち）
東京生まれ。現在、明治大学商学部教授。NHKラジオ講座の講師も担当する。実用フランス語技能検定試験（仏検）関連の書籍やバイリンガル叢書の執筆、仏和・英仏・熟語辞書の編集・執筆など、これまで70冊を超える書籍を手がけてきた。

Michel Gonçalves

フランス、サン＝ジェルマン＝アン＝レー出身。ポルトガル人の両親のもとに生まれ、バイリンガル環境の中で育つ。母語のフランス語以外に4つの言語を操る。オーストラリアで国際貿易を学ぶ。現在、英・仏会話学校 Share Language School シェアランゲージスクール代表。

●本文デザイン	3Bears
●イラスト	高木一夫
●録音	一般財団法人 英語教育協議会（ELEC）
●ナレーター	Claire Renoul（クレール・ルヌール）
	Detey Sylvain（ドゥテ・シルヴァン）
●編集協力・DTP	オフィスミィ
●編集担当	柳沢裕子（ナツメ出版企画株式会社）

本書に関するお問い合わせは、書名・発行日・該当ページを明記の上、下記のいずれかの方法にてお送りください。電話でのお問い合わせはお受けしておりません。
・ナツメ社webサイトの問い合わせフォーム
　https://www.natsume.co.jp/contact
・FAX（03-3291-1305）
・郵送（下記、ナツメ出版企画株式会社宛て）
なお、回答までに日にちをいただく場合があります。正誤のお問い合わせ以外の書籍内容に関する解説・個別の相談は行っておりません。あらかじめご了承ください。

ナツメ社Webサイト
https://www.natsume.co.jp
書籍の最新情報（正誤情報を含む）はナツメ社Webサイトをご覧ください。

88のキーワードから広がる
芋づる式フランス語単語・表現集
2021年9月1日　初版発行

著　者	久松健一	©Hisamatsu Ken'ichi, 2021
	Michel Gonçalves	©Michel Gonçalves, 2021
発行者	田村正隆	

発行所　**株式会社ナツメ社**
　　　　東京都千代田区神田神保町 1-52　ナツメ社ビル 1F（〒 101-0051）
　　　　電話　03（3291）1257（代表）　　FAX　03（3291）5761
　　　　振替　00130-1-58661

制　作　**ナツメ出版企画株式会社**
　　　　東京都千代田区神田神保町 1-52　ナツメ社ビル 3F（〒 101-0051）
　　　　電話　03（3295）3921（代表）

印刷所　**大日本印刷株式会社**

ISBN978-4-8163-7073-1　　　　　　　　　　　　　　　Printed in Japan
〈定価はカバーに表示してあります〉〈落丁・乱丁本はお取り替えします〉
※本書の一部または全部を著作権法で定められている範囲を超え、ナツメ出版企画株式会社に無断で複写、複製、転載、データファイル化することを禁じます。